（2021）

# 公共政策评论

## Public Policy Review

主　　编◎姚先国　金雪军

执行主编◎蔡　宁

/2021/

经济管理出版社

ECONOMY & MANAGEMENT PUBLISHING HOUSE

PUBLIC POLICY REVIEW

图书在版编目（CIP）数据

公共政策评论.2021/姚先国，金雪军主编.—北京：经济管理出版社，2022.4
ISBN 978 - 7 - 5096 - 8472 - 6

Ⅰ.①公…　Ⅱ.①姚…②金…　Ⅲ.①政策科学—中国—文集　Ⅳ.①D601 - 53

中国版本图书馆 CIP 数据核字（2022）第 090794 号

组稿编辑：杜　菲
责任编辑：杜　菲
责任印制：黄章平
责任校对：蔡晓臻

出版发行：经济管理出版社
　　　　　（北京市海淀区北蜂窝 8 号中雅大厦 A 座 11 层　100038）
网　　址：www. E - mp. com. cn
电　　话：（010）51915602
印　　刷：唐山昊达印刷有限公司
经　　销：新华书店
开　　本：787mm×1092mm/16
印　　张：13.5
字　　数：302 千字
版　　次：2022 年 7 月第 1 版　　2022 年 7 月第 1 次印刷
书　　号：ISBN 978 - 7 - 5096 - 8472 - 6
定　　价：88.00 元

## 主　编
姚先国　金雪军

## 执行主编
蔡　宁

## 主编助理
张雨薇

## 学术顾问委员会
（按姓氏拼音排序）

蔡　昉　中国社会科学院人口与劳动经济研究所
常修泽　国家发改委宏观经济研究院经济所
陈学彬　复旦大学金融研究院
丁学良　香港科技大学人文社会科学学院
黄祖辉　浙江大学中国农村发展研究院
蓝蔚青　浙江省公共政策研究院
蓝志勇　中国人民大学公共管理学院
严　强　南京大学政府管理学院
姚　远　中国人民大学社会与人口学院
郁建兴　浙江大学公共管理学院
张俊森　香港中文大学社会科学学院
郑永年　新加坡国立大学东亚研究所
竺乾威　复旦大学国际关系与公共事务学院
朱正威　西安交通大学公共政策与管理学院

## 主办单位
浙江省公共政策研究院
浙江大学公共政策研究院

# 目 录

# 数字科技

作者

金雪军
朱玉成

# 对促进数字经济健康发展的建议[①]

新一轮科技革命和产业变革席卷全球，催生出人工智能等"新技术"、智能机器人等"新劳动力"、数字孪生等"新土地"、金融科技等"新资本"、区块链等"新思想"。近年来，数字技术支撑的新产品、新服务、新业态、新商业模式成为经济增长的主引擎、创新创业的主阵地和转型升级的主动能。加快发展数字经济，构建以数据价值化为前提、数字产业化和产业数字化为核心、数字化治理为依托的"四化"协同发展生态成为从中央到地方、从政府到企业的共识。

## 一、数字经济发展中的四大问题及解决思路

（一）数字产业化：新型基础设施建设仍须健全，全产业链数字化进程有待提升

一方面，数字产业化的大楼盖得很高，但"地基"不牢，积极推动移动、安全、高速、泛在的新型数字基础设施建设刻不容缓。另一方面，全产业链数字化有待加强，亟须"扩链"、"补链"、"增链"。数字产业发展既存在脱离产业基础，一味追求"新特奇"、"高大上"的问题，也存在"偏消费端"，即"偏产业链后端"的现象。

1. "固基础"：强化新型数字基础设施建设，破解技术"卡脖子"问题

第一，加大人工智能、大数据、云计算、物联网和区块链等为代表的

———————————

[作者简介] 金雪军，浙江大学公共政策研究院执行院长、教授、博士生导师；朱玉成，浙江大学公共政策研究院研究员。

① 浙江省科技项目 2021C25048 阶段成果。

"云、网、端"一体化新型数字基础设施建设，积极推动城市大脑、工业互联网、"5G+4K"等技术攻关和产业化应用。第二，梳理"卡脖子"技术攻关与应用清单，解决制约关键流程、重要领域、特殊工艺的数字技术瓶颈，提升数字化原始创新能力。

2. "壮产业"：积极培育数字经济新增长点，延伸数字产业链条长度

第一，积极扶持最近涌现的在线教育、线上文娱、新零售等新兴业态和"宅经济"、"无人超市"、"云逛街"等数字经济消费模式，拓展数字技术应用的广度、深度与长度。第二，积极培育按需制造、个性化定制、产业链协同制造等新模式，推动实施一批无人配送、智能制造、智慧养老、远程医疗等新兴数字化产业集群。

（二）产业数字化：数字经济渗透效应发挥不够，产业数字化发展不充分不平衡

一方面，传统产业数字化转型较为缓慢，覆盖全流程、全产业链、全生命周期的数据链建设尚不成熟。另一方面，产业数字化发展不充分不平衡问题突出，呈现"三产优于二产、二产优于一产"的特征，全产业链"智慧化"升级仍存在短板。

1. "促转型"：推进实体经济数字化转型，破解数字化改造成本问题

第一，引导有条件的企业加快传统制造装备联网、关键工序数控化等数字化升级改造，推动新一代数字技术向传统产业的扩展、融合与应用。第二，从成本上为企业数字化改造"减负"。其中，所得税抵扣、进口税收优惠等税收激励和设备购置补贴、技术改造资金等帮扶基金能起到"推一下"和"拉一把"的效果。

2. "增融合"：推广智能制造新模式，多措并举推进企业"上云用云"

第一，通过"机器换人"、智能改造对机器设备和生产流程等进行优化升级，以协同制造平台整合企业间分散的生产能力，以网络化协作弥补单一企业资源不足，实现"数据信息共享、供需产能对接、生产过程协同"。第二，加大对企业"上云用云"指导力度，鼓励企业设备"上云"和业务系统向云端迁移。

（三）数字化治理：数字经济治理能力有待提升，公共服务平台建设亟须完善

一方面，数据治理和监管相对落后，数字经济治理能力有待提升。对数字经济领域"赢者通吃"的垄断现象，以及"大数据杀熟"、平台强制"二选一"、数据操纵等风险的监管和治理还需完善。另一方面，数字化公共服务平台建设相对落后，数字化顶层设计亟须完善。适合数字经济发展的标准支撑体系、推广应用体系和人才服务体系还不够完善，服务执行有"痛点"、服务宣传有"堵点"、服务落地有"阻点"。

1. "强政策"：完善财税扶持政策，发挥政府基金"资本杠杆"作用

第一，完善研发投入补助、创新激励补贴、订单采购补贴等政府补贴，强化税

收减免、加计扣除等税收优惠。第二，依托政府性金融服务共享平台开展线上融资需求对接服务，通过政府基金的杠杆撬动风险投资、天使投资、创业投资等社会资本投资数字经济发展。

2. "优服务"：强化智慧型政府建设，统筹推进"互联网＋"政务服务

第一，强化政府部门间（G2G）的政务协同。推进政务数据资源跨地区、跨层级、跨部门共享和交换，在更广范围内推进标准统筹。第二，优化政府对企业（G2B）的政策供给。运用大数据提升政府产业政策的科学性，利用数字技术和"算法监管"更有效地调控经济和监管市场。第三，提升政府对群众（G2C）的便利服务。通过流程再造打通办事便利化改革的"中阻梗"和"最后一公里"，提升人民群众"获得感"。

（四）数字价值化：数据产权制度安排有待完善，数据要素与交易市场尚未广泛建立

一方面，产权制度安排有待完善，数据权属界定不清晰容易引发数据滥采滥用、数据交易纠纷等问题，如菜鸟与顺丰因快递柜数据相互封杀、京东因支付费率终止与支付宝合作等。另一方面，数据价值增值开发尚不充分，数据要素市场尚未广泛建立。数据交易行业总体处于初级阶段，交易深度不够、动力效应不足，数据资产评估、大数据质押、大数据融资等配套业态尚不成熟。

1. "重确权"：完善数据市场法律法规，加速数据要素价值化进程

第一，加快建立数据资源产权、交易流通和安全保护等基础制度和法律法规，组织开展数据标准研制工作，着重解决数据的权责关系、定价机制、数据安全、隐私保护等问题。第二，推进数据采集、存储、传输、管理、应用等全生命周期价值管理，强化数据产品、算法、服务及衍生品的增值开发。

2. "育市场"：大力培育数据要素市场，加大数据安全监管力度

第一，发展数据资产评估、登记结算、交易撮合等市场运营体系，完善大数据质押、大数据融资等配套业态，发展知识资产评估、知识产权信用担保等知识产权评估、保险、贷款、投资、交易服务支撑体系。第二，运用大数据、区块链等技术构建数字安全制度体系，落实风险评估、信息安全等级保护等网络安全制度。

## 二、推动数字经济健康发展的关键抓手

（一）数字经济与创新平台构建——夯实数字产业之"基"

第一，以企业主体为抓手，达成"倍增提质"。充分发挥企业的创新主体作用，积极探索"企业出题、政府立题、协同解题"的创新链产业链对接模式，使企业成为创新要素集成、科技成果转化的生力军。第二，以创新要素为根本，推动

"集聚裂变"。加快形成要素联动的创新生态系统，使政策、金融、市场、服务等创新生态环境日益完善，平台、人才、技术等创新资源得到有效集聚。

（二）数字经济与知识产权保护——砌好产权保护之"墙"

第一，实施数字经济知识产权创造工程。由政府制订计划并开展特定的共性技术、战略性技术研发，为数字经济发展提供基础性技术和共性核心技术。第二，实施知识产权服务促进计划。政府可委托专业机构全面调研数字经济企业知识产权服务需求，并集中到相关数据系统中整理分析，完善知识产权金融服务、知识产权交易、知识产权投融资对接等服务。第三，让知识产权保护的篱笆"通上电"。整合自我保护、行政保护和司法保护等多种维权方式，破解知识产权维权周期长、取证难、赔偿低、效果差等问题。

（三）数字经济与人才队伍建设——筑好人才引育之"巢"

第一，实施数字经济人才培养计划。融通"教育链—人才链—创新链—产业链"，打造"政企社协同、产教训融合、育选用贯通"的培养体系。第二，突出市场发现、市场认可、市场评价的引才机制。大力建设数字经济人才库、"人才码"，通畅高层次数字化人才的"绿色通道"。第三，构建灵活的人才管理模式。充分赋予地方"引、育、留、用、管"自主权，加强人才政策突破，探索灵活的人才引进、使用、培养、保障和激励政策。

（四）数字经济与风险监控防范——编好风险监管之"网"

第一，加强共享时代下的信息安全保护。科学界定数据信息开放和共享的边界，强化对用户数据公开、隐私、保密、许可等制度约束，监督企业遵循"合法、最低、必要"原则收集用户信息并妥善管理敏感信息。第二，完善"事前"、"事中"、"事后"监管体系。采用底线原则与负面清单管理方法，优化"事前监管"；探索大数据、区块链等技术在监管中的使用，完善"事中监管"；及时调整既有政策的边界及监管要求，改进"事后监管"。

作者

徐 林
冯俊杰

# 数字化改革的理论与实践研究

## 一、引言

　　随着以大数据、人工智能、云计算以及 5G 通信技术为代表的新型信息技术的迅速发展，人类社会已经逐渐迈入了数字时代，全世界都在掀起一场数字化浪潮，如美国政府 2012 年便提出了数字化战略，来推动本国的数字化进程，英国政府提出了"数字政府即平台"以及制定《政府数字化战略》等，开启了政府数字化的探索。我国政府显然早已探得数字化浪潮的先声，习近平总书记在党的十九大报告中提到，要建设创新型国家，建设数字中国、智慧社会，推动互联网时代的数字中国建设。浙江省作为中国数字化建设的先行区更是牢牢抓住时代的浪潮，2021 年 4 月 20 日，省委书记袁家军在浙江省数字化改革第一次工作例会上指出，要准确把握数字化改革的内涵要求和重点任务，高质量推进数字化改革，打造全球数字变革高地。数字化改革是一场重塑性的制度革命，是从技术理性走向制度理性的跨越，本质是改革，根本要求是制度重塑。杭州市西湖区三墩镇的数字化改革实践是新时期浙江省基层治理中数字化改革探索的先导，其数字化改革在治理理念、工作流程再造以及制度重塑上取得了非凡成就，值得探讨。

## 二、文献综述

　　现有文献围绕数字政府建设的内涵、数字化与数字政府改革的主要内容等

---

　　[作者简介] 徐林，浙江大学公共政策研究院首席专家，浙江大学公共管理学院教授、博士生导师；冯俊杰，浙江大学公共管理学院硕士研究生。

领域进行了比较深入的讨论，全面探讨了数字政府缘起与发展。

（一）数字政府以及数字化改革的具体内涵

学术界对数字政府或者数字化改革没有定论，我们基于大量文献阅读，根据各学者不同的分析视角得出，数字政府是一个比较宽泛且多元的概念，不同的学者有着不同的定义。①从数字政府的表象来看，王伟玲（2019）提出数字政府是一种全新的政府形态，这种政府形态是由工业社会发展到信息社会的产物，也是数字化转型的终极目标。张晓和鲍静（2018）从英国的数字政府建设的过程总结出，数字政府就是一个平台，是大众可以获取政府提供的优质公共服务的平台。Marchionini 等（2003）、许峰（2020）则将数字政府定义为政府对外界环境做出反应而采取行动的一种现象。②从实践的角度来看，姚水琼和齐胤植（2019）指出，美国的数字化实践旨在为公民提供方便、快捷、无差别的服务，并且要求政府逐渐适应数字化；胡税根和杨竞楠（2019）指出，新加坡的数字政府是在顶层设计、数据管理、公民参与等多领域开展的一种创新实践。③从运行过程的角度来看，吴静等（2020）认为，数字政府侧重点在于运用全新的信息技术来增强政府的行政效率。戴长征和鲍静（2017）则将提供优质的公共服务，提升公众的满意度以及增加公众参与列为重点。④从运行机制的角度来看，黄璜（2020）在顶层设计、政策层面、业务架构、技术基础等方面对数字政府进行了定义。刘淑春（2018）则解释了经济调节、市场监管、公共服务、社会管理、环境治理、政府运行"六位一体"的数字化转型。张成福和谢侃侃（2020）认为，政府需要运用数字技术改变其运作机制中的结构、功能、工作流程，再造其治理模式和职能模式。⑤从思维模式的角度来看，钟伟军（2019）提出，数字政府应该从用户的角度进行转型与改革，凡事"以用户为中心"，北京大学课题组（2020）则强调在数字化的过程中，重要的是在组织中建立数字化决策、执行和监督的思维模式，而不是仅仅将政府、人、事物简单的数字化就算完成了任务。

（二）数字化以及数字政府改革的主要内容

数字化革命是人类社会踏入数字化社会后的必然变革。数字化是一个崭新的概念，其主要依托一个工具来实现，这个工具便是新型的信息技术、数字技术，或者说是数字技术生态系统，它由物联网、5G 通信技术、云计算、大数据分析、人工智能、区块链、计算能力七个要素组成。这七个要素构成的数字技术生态系统的最大潜能在于促进了技术之间的相互结合（张成福和谢侃侃，2020）。这种数字技术之间的结合构成了一个平台，即数字化平台，通过这个平台，社会公众、政府各部门、非政府组织之间完成了信息、数据的交换，同时，公民和非政府组织也依靠这个数字化平台办理事务、表达诉求。数字化无疑提升了公众办事的体验感；而政府也依靠数字化平台来打通各个部门之间相对隔离的状态，处理日常事务并以此来提高政府治理的效率。这种新的格局就是"数字化"。浅显地说，数字化即是将传统行政工作整体迁移到计算机和网络中。数字化改变了传统的行政管理模式，赋予了行政管理和服务以新的模式，如政府自动化办公、政府政务在线、民众在线查询与办理政务、政府各部门之间的视频会议等（潘志安等，2019）。数字化还是实现良政的手段。一是数字化对政治活动的公开性具有良好的提升作用。即数字化工具如信息技术具有塑造政治参与的开放型结构、破除信息不对称和信息垄断以及支持廉价信息公开等方面的作用。二是数字化对政府治理具有一定的优化效应，集中体现为数字化工具如大数据、物联网强化了政府对其公职人员的内在监督。数字化工具帮助政府建立了先进的监督系统与机制，对公务人员的内在腐败行为形成了强大的警告与约束作用。三是数字化技术的普及在一定程度上强化了社会对公共权力的外在监督。这表现为数字化工具帮助公民社会越来越容易收集权力腐败行为的证据，数字化网络为曝光权力腐败行为提供了广阔的信息平台，同时由数字化工具所构筑的网络空间也是形成网络舆论力量的策源地（叶战备等，2018）。可以说数字化是数字政府建设的前提，数字化即是政府运用数字技术的生态系统（即上述的5G通信技术、云计算、大数据分析、人工智能）等应用于各类组织中来推动其业务结构和流程的再造，以更好地实现组织目标的过程（郑跃平等，2014）。它增强了政府活动的公开性，使政治活动受到了内部与外部的双重监督，为更好地实现良政发挥了重要的作用。

数字化改革是我国近来最为重视的一场变革，其涉及面广、影响深，主要表现在以下几个方面：

首先，数字化改革逐渐改变了政府的治理理念。由原来的以政府为中心的管理型政府逐渐转变为以公民为中心的服务型政府（钟伟军，2019）。这是一种持久而缓慢的变革，它会随着政府数字化改革的不断深入而持续发酵。以浙江省为例，数字化改革已经由原先的"最多跑一次"到之后的"数字化转型"，再到现在的数字化改革。以"最多跑一次"为开端的数字化改革确实是政府为转变其治理理念而迈出的一大步。"最多跑一次"改革了政府的办事模式，对政府的办事流程及行为流程进行了再造，也是政府开始向以公民为中心的服务型政府转变的一大实践。政府的工作重心从对社会、企业、公民进行管理，转而向他们提供服务。也就是说，数字化改革在增强城市政府的有效性、透明性、责任性的同时，积极动员非政府组织和市民参与城市公共事务管理（徐晓林和刘勇，2006），在提升城市政府的治理能力的同时，也逐渐唤醒了市民自治意识，增强了公民参与政治的积极性，这在一定程度上对政府的行为起着监督作用，间接促使政府转变其治理理念。

其次，数字化改革对政府办事流程的变革。传统的政府活动是以政府为中心而进行管理的过程。企业和公民在与政府打交道的过程中总是处于被动的状态，他们往往需要花费大量的时间在政府的各个部门之间穿行，并耗时许久才能完成一件简单的政务活动，彼时的办事流程明显是以政府职能为中心的。而在进行了数字化改革后，政府的办事流程变革主要表现在以下几个方面：①办事模式的变革。传统的政府办事流程需要企业、公民自行至政府办事大厅进行多次操作，而数字化改革旨在使公民可以随时随地在任何设备上获取高质量、无缝、个性化的政府数字信息和服务（章燕华和王力平，2020）。公民只需要在政务服务网站准备前期工作，上传资料，并在相应的职能部门提交事项，资料审核后即可完成。这一过程缩短了办事时间，提高了办事效率，改善了公民的办事体验，省去了公民在各个政府部门之间游走的时间成本和金钱浪费。数字政府基于新型信息技术所具有的多媒体传输、传递迅捷以及形式灵活等优势，通过信息互联互通、无缝集成，在跨系统、跨辖区、跨部门、跨职能中进行流程再造和业务整合，形成作业单元流程链，为企业和公众提供"前台一口受理，后台协同办理"的公共服务全新体验（叶战备等，2018）。其背后正是政府办事模式的变革，即由以政府职能为中心到向公民提供有效服务为中心的变革。②部门间协同机制的变革。传统的政府的组织构架建立在科层制基础上。一项政务活动往往超越单个部门、单个政府层级的权力界限，需要动用多个部门、层级的资源，但传统行政管理是垂直行政，沟通靠公文、会议等"上传下达"，跨部门协调需来回沟通（刘淑妍和李斯睿，2019）。不同层级的部门之间各行其是，难以长期稳定地相互合作。在数字化改革阶段，政府可以运用大数据和人工智能技术化解部门分割、政企分割等影响政务服务效率的顽疾（于君博，2021）。数字化改革逐渐使整个政府组织建立在统一的数字化平台上，尽管组织各个部门之间是相互独立的，但通过统一的电子政务平台，各个部门可以将办事所需的资料、数据、人员信息等上传至统一的政务平台，而其他的协同部门可以按需获取其完成政务所需的相应资料，各部门之间通过政务平台相互合作、互通有无。跨部门、跨层级的政务沟通可以一键直达，办事找人实现一体化。跨区域、跨层级、跨单位（部门）协同机制得以建立起雏形。③信息传递机制的变革。传统的政府间的信息传递是典型的上传下达，这是基于科层制的上下级之间的信息传递，即上行沟通和下行沟通。这类沟通虽然效果明显，但是范围仅蜷缩在同一部门的上下层级之间，而部门之间的横向沟通甚至斜向沟通则受到限制，通过公文、电话或者会议来进行部门之间的沟通局限性较大。在数字化改革阶段，有赖于数字化平台，行政组织更为扁平化和网络化（陈鹏，2019）。数字化改革改变了传统政务事项办理中存在的环节多、手续复杂、节奏慢的问题。各种数据、图表图片、各类文件都将以数字化形式保存在计算机存储器里，这些电子数据通过数字化平台和互联网可以无限制地在网络之间流通，从一个部门瞬时传递到需要数据的另一个部门，相比以往的公文、电话、会议等方式进行信息传递，不但能够节省时间，而且可以提高准确率（潘志安等，2019）。各个部门通过在平台内向指定的协同部门传递信息，可以在第一时间得到对方的准确回应和配合，以往信息在传递过程中出现的迟缓、失真等问题伴随数字化改革迎刃而解。信息可以无障碍地流向需要它的任何层级和部门，这完全颠覆了传统低效率的信息传递机制，实现了信息传递机制的再造。

最后，数字化改革有助于政府的廉政建设。廉政建设一直是我国政府在进行内部建设时长期提及的重中之重。尽管国家三令五申强调廉政，但我国的公共资产、国有资产仍在面临着不断流失的风险，随着我国逐步实施数字化改革，政府内部贪污腐败的行为得到了有效的遏制。数字化以及其生态系统，即物联网、5G 通信技术、云计算、大数据分析、人工智能等新型信息技术为政府控制内部腐败问题提供了有力的工具，其中大数据技术发挥了核心作用。一方面，随着国家征信系统的健全，政府信息公开的完善，政府官员的个人公务和私人行为都会留下数据，如车辆运行、手机通话、短信、微信、电子邮箱、出行记录、聊天数据、资金往来等各种各样的线上和线下数据。只要开发和运用大数据技术，通过数据采集和挖掘就可获得特定部门或官员的各种类型信息（刘筱勤，2015）。再对数据进行相应的分析便可以锁定贪污腐败的对象及其具体行为，这大大提高了侦查腐败行为的效率，甚至可以将贪腐行为扼杀在萌芽中。另一方面，大数据时代政府部门有能力通过数据开放的方式，实现公众参与和廉政建设过程的无缝对接，廉政价值构建有了更广泛、更厚实的民众基础（曾盛聪，2017）。在数字化改革的背景下，民众参与廉政建设的积极性和主动性被进一步调动，即使是普通公民也可以通过数字化平台将贪腐官员的行为、信息公之于众并要求纪委和监察部门对贪腐官员的违纪违法行为立案调查，这在一定程度上对官员形成了一种威慑作用。

（三）文献评述

数字政府是各国追求的目标，数字化转型或者是数字化改革是实现数字政府的手段。数字政府的建设，或者说数字化改革由主体、工具、目的、流程要素（特点）组成。①数字化改革的主体是各国的政府，政府行政力量是推动数字化进展的主要因素和首要力量。②没有好的工具作为载体，数字化改革将无从下手。全新的信息技术如 5G 通信技术、大数据、人工智能、物联网等，这些工具是数字化改革的技术支撑，要重视信息技术的发展和完善。政府要适应科技的进步并加以合理地运用。数字化改革仍然在探索中，需要从政策顶层设计加以规范和引导。③数字化改革的目的：一是在于用先进的信息技术改变政府的办事模式，提升政府的工作效率；二是体现以人为本，或者说是"以用户为中心"，如何提高公民的办事便捷性，提升公民的满意度与参与度是数字化改革的难点所在。④数字化改革的流程，政府需要对政务流程、组织构架、决策流程、管理流程进行重塑，在数字化的浪潮下利用信息技术这一工具对政府的工作流程进行再造，以帮助实现数字化改革的两大目的，即提高政府的工作效率，提升公众的办事体验和满意度。

据此我们可以认为数字政府即是数字化转型的结果，是指由政府主导，社会公民、非政府组织等其他主体参与的通过物联网、云计算、大数据、人工智能等新兴信息技术工具提供技术、打造平台，秉持以人为本的观念，依靠数字化平台重塑政府的办事流程，简化程序，精简职能，并旨在提升政府治理能力、更好地为社会公民服务和维护全体社会利益，达到社会善治目的的一种新型治理模式。

而在数字政府改革内容方面。虽然随着数字化改革的推进，政府的治理理念得到转变，办事流程不断改进，廉政建设提上日程。但随着改革的步步深入，由浅水区进入深水区，政府面临的挑战越来越多。以下问题依然是政府需要努力的方面：①扩大公民参与。政府应聚焦于使用者的需求和公民的期望，在公共政策的制定和公共服务的提供上，充分听取公民的意见，并依据需求，提供优质的服务。②提供高品质的、个性化的服务。数字化改革把自助式的、大众化的服务带给了大众，公民可以通过互联网登录政务网，或者使用 APP（如浙里办）随时自助办理业务，政府也会通过数字技术尽快为公民提供服务。不过这些服务都是大众化、普遍化的服务，如何提供高品质、根据不同人群提供个性化的服务也是对政府的考验。③网络隐私安全。政府通过大数据分析以及人工智能等技术获取了大量公职人员的网络信息并对其进行比对分析以确保公职人员的清明廉洁，但是大量的私人信息也被包含其中，需要在不涉及个人隐私问题的同时监视公职人员。由网络信息泄露而引发的信息安全问题也是值得提防的。

## 三、理论框架（分析框架）

"数字政府建构"即是数字化改革运用新兴的数字化信息技术为依托赋能数字治理并推动建成全新的数字政府的一个过程，本文主要围绕数字化改革赋能数字治理，从而推进数字政府实现超前治理的治理理念转变、精准治理的治理机制创新以及政社联动的治理协同新格局（见图1），其中数字化改革可以细分为理念创新、机制创新和治理协同三个层面。而数字治理可以细分为超前治理、精准治理和政社联动三个层面。

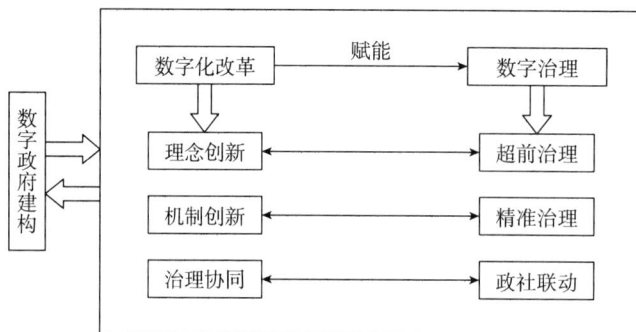

图1　本文分析框架

数字化改革主要借助数字化技术手段，运用物联网、5G 通信技术、云计算、大数据分析、人工智能等技术不断优化整合政府资源，协同政府各层级、各部门，打造统一的互联网政务平台。它推动了政府治理理念的转变、治理机制的创新以及形成了政社联动的治理协同新格局，这对于提升政府的治理能力，破解基层治理难题以及推进地方数字政府建设的作用不言而喻。首先是政府的治理理念创新，这是我国地方政府开始数字化改革所经历的第一步。在传统意义上，政府的职能更多的是"救火式"的治理，往往在问题出现后，政府才开始发现、分析和处理问题，但随着我国逐步迈入数字化时代，对社会进行事后管理不能更好地适应社会、经济发展的要求，这需要政府转变治理理念，树立超前治理的全新治理理念。其次是治理机制的创新，治理机制是政府治理社会的特定方式与程序。治理机制具有历史性，会随着政府治理背景的变化而变化。随着数字化改革的持续推进，政府治理机制悄然发生了变革，其中最突出的特点便是精准治理。最后是治理协同，实现治理的协同性即要求政府治理的效果能够恰好达到公民所要求的程度，因此以民为本是实现治理协同性的重中之重。

政府数字化改革以及其推动的数字治理是数字化时代政府治理的新方向，可为基层政府的数字政府建构乃至社会治理提供新的治理思路与模型。首先，超前治理引导的治理理念创新。超前治理打破了传统的治理理念，对政府治理理念的更新具有划时代的意义。数字政府运用大数据技术收集海量数据并使用人工智能对数据进行分析，利用分析而得的信息洞察未来趋势，有效增强信息把控和预警能力，使政府对基层治理的各个环节、各个层次、各个领域之间的局势做出合理的预判，并根据超前预判的各种情形制定合适的方案，针对未来的局势实施恰当的政策，防患于未然，做到超前治理。其次，精准治理引导的治理机制创新。政府治理社会由原本的无所不管、无所不包但无法准确施政逐渐转变为对待特定问题采取特别、准确的方法，即"具体问题，具体分析"，真正实现"对症下药"。以科技为支撑的精准治理，利用大数据技术收集和分析了应对特定问题的各种信息，并以此制定准确的方案，面对准确的人群，实施准确的政策，有效降低了政府的治理成本，极大提升了政府的施政效率，实现了有效治理。最后，政社联动引导的治理协同。数字技术手段的广泛应用，自我管理理念的普遍传播、便捷与快速的信息表达渠道的诞生，客观上为社会公民参与政治创造了可能性，同时扩大和深化了社会公民、组织参与政治的范围与程度，并因此助推政府充分反思单纯管理社会的治理理念，将为公民服务的治理理念渗透到居民生活的方方面面，不断提升基层治理专业化和精细化水平。政府只有树立以民为本的理念、深入基层，通过民意调查、议事会等政社联动的活动准确地了解老百姓关心的问题、关切的事务，同时运用大数据手段收集这些关乎民生问题的数据，并借助人工智能分析存在的难点、疑点，切实解决实际问题，才能观百姓所观、想百姓所想、为百姓所为。

## 四、案例解析：三墩镇数字化治理案例

为进一步加快数字治理进程，深化政府数字化改革，构建基层数字政府，杭州三墩镇以基层治理四平台和全科网格为基础，打造了基层社会治理的"数字驾驶舱"，稳步推进了基层治理的整体性、系统性和智慧化，实现了超前治理的治理理念转变、精准治理的治理机制创新以及政社联动的治理协同新格局。

（一）数字化改革赋能超前治理

三墩镇通过对接西湖区公安分局、数据资源局和实地走访等方式，基本完成三墩镇社会治理涉及楼、企、人、房、车等方面的数据采集，建立三墩镇大数据资源库，并利用大数据对收集的数据进行分析预测，洞悉了区域内未来各类事件的发展趋势以及政府实施治理需要的各项要求，建立了"五圈"指挥体系，以便对辖区内事务进行超前治理。三墩镇严格按照"四统一"要求，建成集"事件协同、视频监控、分析研判、指挥调度"于一体的基层治理综合信息指挥中心，并以公安的六防区为底图，整合了应急管理圈、行政执法圈以及基层网格圈等网格资源，即架构了"1 个核心指挥圈、6 个风险防控圈、12 个应急管理圈、30 个联合执法圈、125 个基层网格圈"的"宝塔形"的指挥体系，每个防区设置了由公安、交警、行政执法、市场监管、镇应急管理等部门正职或副职领导担任的区域长，可以直接指挥区域内的应急站和联合执法小组，实现指挥指令的一键直达。

（二）数字化改革赋能精准治理

新冠肺炎疫情时期，三墩镇首先推出了企业疫情防控"一码通"平台，及时掌握了辖区内企业的复工复产情况和疫情防控动态，当企业复工复产稳固扎实推进后，三墩镇利用大数据技术将辖区内 180 余家重点企业在三维智能地图上进行标注，显示出定点负责相应企业的镇领导及公务人员的信息，能够实时查询各个企业的基本状况、基础信息以及每个企业受新冠肺炎疫情影响的情况，同时可以对全镇大小企业的复工率和复产率进行数据分析与统计。三墩镇还开发了企业平安码应用平台，三墩镇执法人员通过专属的手持终端对辖区相应企业进行上门扫码检查，在此基础上通过评估模型和智能题库生成企业的专属二维码，即平安码，平安码分为三个等级，分别为红、黄、绿三码，每个颜色代表一个等级。为了更为精准地管控辖区内的企业，三墩镇在原有企业二维码的基础上生成独特的"一企一码"，每个企业对应唯一的二维码，真正实现精细管控、精准治理。对于检查有问题的企业，会产生执法类事件流转相关职能部门，实现事件的闭环化处置。此外，三墩镇根据不同区域开发了更为精准的"平安五色图"。平安五色图根据区域划分为红、橙、黄、蓝、绿五级，每一层级代表的安全等级递减，红色的区域情况最为危险而绿色

的区域安全等级最高。依托数字化改革工作，三墩镇推进数字化与基层治理工作融合创新，根据"平安"、"平安五色图"牢牢管控辖区内红码的居民与相关企业，红色、橙色的中高风险区域，精准落地治理措施，更好地为有需要的企业和公民提供及时、便捷和高效的服务，提升基层政府的办事效率和治理能力。

（三）数字化改革赋能治理协同

三墩镇利用数字化改革的契机深化了以人民为中心的服务理念，深入贯彻落实政社联动。首先，数字化赋能跨部门信息协同，镇中心专线接入了交警、公安专网，深入对接110联动平台、119报警平台、数字城管、智慧厨房、区值班中心等十大平台，基本实现全域视频、物联感知、人房企事等信息的一网共享。三墩镇在警源、诉源、访源的基础上进一步扩大事件来源，开辟了视频分析源、市民微信上报源等九大事件来源渠道，统筹派单处置。2020年，指挥中心解决非警务类事件共计13025件，占所有警情事件的68.9%。其次，三墩镇建立了矛盾纠纷分流交办机制，通过"简单纠纷当场解决，复杂纠纷跟进处置"的方式进行事件的高效流转，通过各部门常驻调解员的方式形成跨部门、跨事权、多方参与、多元融合的矛盾纠纷联调机制。最后，三墩镇进一步深化"数字驾驶舱"的开发应用，在"三墩发布"公众号上开辟了"随手拍"模块，并将数据接入"数字驾驶舱"智慧平台，搭建便利、快捷、直接的信息收集平台，市民只需动动手指、拍照上传就能轻松与政务部门联动，共同参与建设三墩镇的新未来。

# 五、启示与政策建议

杭州市三墩镇创造性地将大数据技术作用于数字化改革，利用大数据技术实现了数据的收集和共享，以此打破了长期存在于政府内部的消极反馈型"救火式治理"、收效甚微的低效模糊治理和政府与社区群众之间沟通不畅的政社壁垒，最大限度地实现了洞察未来的超前治理、准确高效的精准治理和政社联动的新型治理协同模式，让数字化、智慧化、精细化贯穿基层社会治理的全过程，为基层社会治理提供了新的思路，为全面提升社会基层治理效能贡献了新方案。其启示在于：

（一）数字化改革的核心是"人"

数字化改革自始至终都是围绕"人"来展开的，数字化改革是以"为人民服务"为宗旨的改革，旨在为人民群众的生活提供便利，以达到"惠民生"的目的。为了使人民对政府的满意度维持在一个较高的水平，在数字化改革的过程中，还有两个问题亟待解决：①数字时代背景下政府需要解决的社会公平问题。随着数字化改革的不断推进，作为副产物的数字鸿沟不可避免地产生了。它是一道横亘在不同国家、地区、行业、企业、社区以及人与人之间的沟壑，不同的社会公民因为地区、行业、教育等背景不同导致他们能获取的数字资源不尽相同，政府在不断推进数字化改革的同时要提高警惕，避免数字资源的贫富差距过分悬殊，应尽可能地维护社会弱势群体的利益，保障社会的公平和正义。②数字时代背景下政府需要解决的数据安全问题。数字化建立在数据的共享和交换的基础上，但是数字化在通过数据高频流通带来便利的同时很可能意味着数据的泄露。政府需要竭尽所能维护数据的安全性，严格区分公共数据与私人数据，时刻做好私人数据的加密工作，避免公权力对私人空间的侵犯，创造一个数据安全的数字化新时代。

（二）政府作为"元治理者"，应成为合格的"甲方"

数字化改革是政府服务意识、行政运行机制和政府工作流程的全领域、全过程、全要素的改革，从某种程度上说，数字化改革将导致一系列可以预见的变化，包括日渐消失的等级界限、逐渐细化高效的办事流程、不断增长的跨功能团队和跨部门团队、更加合作的政府组织文化以及更加容易跨越的组织边界，这些都对政府提出了新的挑战。为了应对这一系列高难度的挑战，政府需要尽快转变治理观念，加强自身的内部建设，提升治理水平和治理能力。例如，运用数字化技术、思维和认知自觉对治理机制、组织架构、工作流程、组织文化等进行系统性、全方位重塑以匹配数字化时代的要求。数字化改革的预期效应只有内嵌在合适的认知、文化、社会和正式的规范、规则、关系中，才可能得到实现。

（三）发挥数字化改革的杠杆作用

政府应借助数字化改革的契机，以政府的数字化改革为杠杆，撬动社会多个领域的数字化建设。浙江省数字化改革"1 + 5 + 2"工作体系中的"5"除数字政府和党政机关外，还涉及数字经济、数字社会和数字法治等民生领域。政府在推动自身不断数字化的同时背负着推动经济、社会和法治等数字化的使命。而今正值数字化改革的黄金时期，如何通过政府的数字化改革撬动其他领域的数字化改革进程就显得非常关键。数字化改革的真正难点不在于硬件，在于软件和制度建设，而浙江省数字化改革的"2"正是理论建构和规范建设。只有真正聚焦数字化制度与规范的建设，才能推动数字化改革在社会多领域的深化建设。数字化改革不仅是政府服务理念、机制、模式变化的赋能者，而且是催化剂，社会经济以及政府自身都在随之重新建构。

## 六、结论与展望

本文的主要观点分为以下三个方面：①数字化改革转变了政府的治理理念。数字化改革使政府的治理理念由"救火式治理"转变为超前治理。即政府由面临问题时的被动反馈、应对，转变到超前预测可能发生的问题，并提前规划、应对。

②数字化改革的机制创新。数字化改革对政府的治理机制创新做出了一定贡献。精准治理的机制创新帮助政府分析问题的具体症状所在，精准定位解决问题的切入点，使政府能够更准确地施政，极大地提高了政府的行政效率。③数字化改革的政社协同。数字化改革让政社联动逐渐成为可能。政府在数字化改革的同时深化以人为本的理念，利用数字化手段收集百姓的真实想法并加以解决。真真正正做到观百姓所观、想百姓所想、为百姓所为。

本文的创新点在于从治理理念、机制等角度入手，系统性地针对政府数字化改革问题进行分析，并结合案例分析法，在数字化改革对数字治理的作用方面提出了全新的观点，即政府治理理念向超前治理转变、治理机制向精准治理转变的创新和治理协同的全新模式政社联动。因此，本文在研究上具备一定的创新性和突破性。本文虽然用案例对数字化改革的问题进行了研究，但研究以定性为主，未来还需要从实证方面对政府数字化改革进行更为深入、细致的研究，利用大数据技术对收集到的足量数据进行实证分析，以深化研究的内容。

## 参考文献

[1] 许峰. 地方政府数字化转型机理阐释——基于政务改革"浙江经验"的分析 [J]. 电子政务，2020（10）：2 – 19.

[2] 张晓，鲍静. 数字政府即平台：英国政府数字化转型战略研究及其启示 [J]. 中国行政管理，2018（3）：27 – 32.

[3] Marchionini G，Samet H，Brandt L. Digital Government [J]. Communication of the ACM，2003，46（1）：25 – 27.

[4] 王伟玲. 加快实施数字政府战略：现实困境与破解路径 [J]. 电子政务，2019（12）：86 – 94.

[5] 姚水琼，齐胤植. 美国数字政府建设的实践研究与经验借鉴 [J]. 治理研究，2019，35（6）：60 – 65.

[6] 胡税根，杨竞楠. 新加坡数字政府建设的实践与经验借鉴 [J]. 治理研究，2019，35（6）：53 – 59.

[7] 吴静，张凤，孙翊等. 抗疫情助推我国数字化转型：机遇与挑战 [J]. 中国科学院院刊，2020，35（3）：306 – 311.

[8] 戴长征，鲍静. 数字政府治理——基于社会形态演变进程的考察 [J]. 中国行政管理，2017（9）：21 – 27.

[9] 黄璜. 数字政府：政策、特征与概念 [J]. 治理研究，2020，36（3）：6 – 15 +2.

[10] 刘淑春. 数字政府战略意蕴、技术构架与路径设计——基于浙江改革的实践与探索 [J]. 中国行政管理，2018（9）：37 – 45.

[11] 张成福，谢侃侃. 数字化时代的政府转型与数字政府 [J]. 行政论坛，

2020，27（6）：34－41.

[12] 钟伟军. 公民即用户：政府数字化转型的逻辑、路径与反思 [J]. 中国行政管理，2019（10）：51－55.

[13] 北京大学课题组. 平台驱动的数字政府：能力、转型与现代化 [J]. 电子政务，2020（7）：2－30.

[14] 孟天广. 政府数字化转型的要素、机制与路径——兼论"技术赋能"与"技术赋权"的双向驱动 [J]. 治理研究，2021，37（1）：5－14＋2.

[15] 徐晓林，刘勇. 数字治理对城市政府善治的影响研究 [J]. 公共管理学报，2006（1）：13－20＋107－108.

[16] 于君博. 地方政府智慧治理应避免"穿新鞋走老路" [J]. 国家治理，2021（9）：25－28.

[17] 郑跃平，梁灿鑫，连雨璐等. 地方政府部门数字化转型的现状与问题——基于城市层面政务热线的实证研究 [J]. 电子政务，2021（2）：38－51.

[18] 章燕华，王力平. 国外政府数字化转型战略研究及启示 [J]. 电子政务，2020（11）：14－22.

[19] 黄建伟，陈玲玲. 中国基层政府数字治理的伦理困境与优化路径 [J]. 哈尔滨工业大学学报（社会科学版），2019，21（2）：14－19.

[20] 郑跃平，Hindy L. Schachter. 电子政务到数字治理的转型：政治、行政与全球化——评 Digital Governance：New Technologies for Improving Public Service and Participation [J]. 公共行政评论，2014，7（1）：170－177.

[21] 刘淑妍，李斯睿. 智慧城市治理：重塑政府公共服务供给模式 [J]. 社会科学，2019（1）：26－34.

[22] 陈鹏. 人工智能时代的政府治理：适应与转变 [J]. 电子政务，2019（3）：27－34.

[23] 叶战备，王璐，田昊. 政府职责体系建设视角中的数字政府和数据治理 [J]. 中国行政管理，2018，4（7）：57－62.

[24] 潘志安，陶明，邬丹华. 国外数字政府建设经验及对我国的启示与建议 [J]. 科技广场，2019，199（3）：37－43.

[25] 刘筱勤. 大数据与廉政制度创新 [J]. 中国行政管理，2015，4（12）：113－117.

[26] 曾盛聪. 大数据时代廉政价值构建的方式转换 [J]. 中共中央党校学报，2017，21（2）：5－11.

作者

范柏乃

# 建立健全数字经济安全风险的治理机制　着力推进我国数字经济可持续高质量发展

数字经济发展面临信息基础设施安全风险、关键核心技术安全风险、数据信息运行安全风险、数字经济产业安全风险和数字经济市场安全风险。需要在总体国家安全的指引下，把安全与发展放在一起进行规划和部署，建立健全数字经济安全风险的治理机制，采取综合、前置、动态的治理措施，从单一治理转变为全局统筹、协同治理，从被动治理转变为提前研判、主动防御，从静态治理转变为动态监测、敏捷管理，着力提升数字经济安全风险的治理能力，为我国数字经济可持续高质量发展保驾护航。

第一，构建数字经济安全风险的整体性治理格局。数字经济安全风险治理是一项系统工程，需要工信、网信办、公安、发展改革委、科技、司法、教育等相关政府部门互相配合、联合行动，需要企业增强风险意识、主动作为，也需要行业协会、产业联盟、中介服务机构等发挥积极作用。要对数字经济安全风险治理进行总体部署，形成合力，才能达到良好的治理效果。建议加强对数字经济安全的研究与学习，明确数字经济安全的重大意义及其不同于传统安全的特征与治理机制。数字经济相关政策都必须坚持"统筹发展与安全"这一重要理念；建立健全多部委协同、央地联动的数字经济安全风险防控体系，在相关部委、央地之间设立常态化的工作联系机制，明确职责分工，理顺工作关系，实现高效协同、整体智治；由工信部联合多部委出台《加强数字经济安全风险防控的指导意见》，明确数字经济安全防控的总体要求、主要目标、重点任务、保障机制等，要求各地区各部门根据指导意见制定具体政策措施，全面加强数字经济安全风险治理。

[作者简介] 范柏乃，浙江大学公共管理学院教授。

第二，建立健全数字经济安全风险预警研判系统。数字经济安全风险治理要遵循前置思维，建立健全风险预警研判系统，防患于未然，提高风险治理的及时性、有效性，消除或减少可能引起的严重损失。建议组织专家学者成立数字经济安全风险研究课题组，对数字经济安全风险监测指标体系和风险判别分析模型进行研究，为建立数字经济安全风险预警研判系统提供专业支撑；建设数字经济安全风险预警研判系统平台，与已建的各级网络安全态势感知平台、互联网综合管理平台等互联互通，汇集来自不同渠道的海量数字经济运行数据，实时监测数字经济安全风险水平，动态发布数字经济安全风险指数，为相关政府部门防范和化解数字经济安全风险提供决策辅助，也为相关企业经营决策和风险管理提供有效依据；健全数字经济安全风险闭环管理制度，一旦出现数字经济安全风险预警，由相关责任主体进行通报、处置、整改、反馈等，实现快速响应，及时防范和化解数字经济安全风险。

第三，优化完善数字经济安全风险防控法律体系。解决数字经济安全风险问题，需要充分发挥立法的引领推动、规范保障作用。通过建立健全数字经济安全相关的法律法规体系，为防控数字经济安全风险提供强有力的法治保障。建议加强数字经济安全风险防控领域立法调研工作。明确具体的调研项目，通过扎实、深入的调查研究，为数字经济安全风险防控领域立法提供科学参考和重要支撑；根据数字经济安全风险防控的实际需求，加快推进相关立法工作，将行之有效的好做法、好经验、好制度提升入法，修改完善现行法律中与实际需求不适应之处；在已颁布的《数据安全法》、《个人信息保护法》、《关键信息基础设施安全保护条例》、《网络安全法》、《密码法》等法律基础上出台实施细则，推动相关法律落到实处；推动民主立法，扩大社会参与，充分吸纳数字经济领域的专家、企业以及人民群众的意见，提升数字经济安全风险防控领域的立法质量。

第四，加大对数字经济安全领域违法的执法力度。这是遏制各类数字经济安全风险的基本手段。通过查处违法行为，能够直接消除数字经济安全风险，同时有效发挥警示、导向和威慑作用。建立健全数字经济安全领域的联合执法机制。网信、市场监管、公安等相关部委以及央地之间要加强协作配合，建立联系、衔接机制，开展联合执法，形成监管合力；通过专项调研、数据共享以及动态更新，摸清与数字经济安全风险防控相关的企业底数，实现监督检查、违法规制的全覆盖；严厉打击网络安全领域的违法行为。不断提升网络安全监管的技术能力，及时发现和处理黑客攻击、侵犯公民个人信息、网络黑灰产等违法行为；强化数字经济领域的反垄断监管。在《关于平台经济领域的反垄断指南》、《外商投资安全审查办法》等基础上建立健全相关监管制度，探索创新平台垄断、外资垄断监管的方式方法，维护公平竞争的市场秩序；健全数字经济安全领域违法的公众举报与奖励机制。畅通数字经济安全领域违法的公众举报渠道，采取奖励手段提高公众参与积极性，有效发动公众参与数字经济安全风险治理。

第五，支持网络安全技术的研发升级与推广应用。网络安全技术是信息基础设施安全、数据信息运行安全的重要保障。要强化对网络安全技术的重视,大力支持网络安全技术的研发升级与推广应用。建议出台相关政策,支持网络安全技术领域的实验室、研究机构、攻防靶场等重要创新载体建设,促进产学研深度合作,扶持5G通信技术、物联网、工业互联网、车联网、人工智能、区块链等新兴数字科技领域的网络安全技术研发创新、迭代升级;组织开展新型网络安全技术的试点示范应用,在实践中检验和优化网络安全技术。在公共服务、社会管理等领域积极推进新型网络安全技术的应用,加强对企业采用新型网络安全技术的引导和支持;培育和扶持网络安全企业,建设国家级网络安全产业聚集区,推动网络安全产业发展。对网络安全领域的龙头骨干企业扶优扶强,促进网络安全领域的中小企业、创业团队发展壮大;支持企业研发拥有自主知识产权的网络安全系统。支持网络安全防护云服务平台发展,为中小企业提供网络安全防护服务。

第六,实施数字经济领域国产自主可控替代计划。推进国产替代、实现自主可控,是防控关键核心技术安全风险、数字经济产业安全风险、数字经济市场安全风险的必要路径。要加快推进国产自主可控替代计划,构建安全可控的数字经济技术体系、产业生态和市场环境。建议研究制定国产自主可控替代项目清单,梳理和明确当前要增加投入、大力支持、攻坚突破的国产自主可控替代项目,并根据重要性和紧迫性划分优先级;加大对拥有自主知识产权的数字科技领域关键核心技术研发的支持力度,特别是芯片、基础软件、操作系统等"卡脖子"技术。基于开放式创新理念,集聚创新要素,加强共性技术平台建设,加快提升创新能力;稳步推进国产化替代,推动数字经济短板领域的技术、产品和服务达到国外同等水平,降低对国外技术、产品和服务的依赖,提高国产化比例。例如,加强国产密码在信息基础设施、工业、能源、金融等重点领域的推广应用。推动信创云平台建设,打造国产软硬件整体性解决方案。鼓励和支持重点企业应用国产工业软件。

第七,强化对数字经济安全风险防控的人才支撑。人才是数字经济安全风险防控最关键的支撑因素。数字经济安全风险防控领域的安全预警、风险处置、监管执法、技术研发等都亟须大量的专业人才。建议提升政府相关监管部门人员的素质与能力,开展相关法律法规、监管制度的宣讲解读,应用新型监管平台和技术的专项培训等;加强对相关企业人员的专业培训,特别是针对重点企业,开展反垄断、公平性竞争相关的合规性指导,防控网络攻击、加强数据安全管理等的专项培训等;加强网络安全专业人才培养。推动网络空间安全专业这一新兴学科建设,支持国内一流大学建设网络空间安全学院、网络空间安全专业,根据国家需要和行业需求,开展前沿性的科学研究和高层次的人才培养。在地方探索的基础上,从国家层面建立健全网络安全领域专门的职称评审体系、职业教育体系等。

第八,深化数字经济安全风险防控领域国际合作。治理数字经济安全风险要深化国际合作,一方面,一些数字经济安全风险问题是跨越国界的,如来自境外的网络攻击;另一方面可以通过国际合作,实现互利共赢。建议积极参与全球数字经济治理规则制定，扩大话语权和影响力，推动构建网络空间命运共同体，凝聚共识，形成防控数字经济安全风险的合力；加强与其他国家在数字经济安全风险防控领域的交流与合作，特别是要加强与"一带一路"国家的交流与合作，在监测和评估数字经济安全风险、研发和应用网络安全技术、制定相关协议和标准、协调数字经济安全风险防控策略等领域，开展常态化、高层级的信息交流与沟通合作，共同应对数字经济安全风险挑战；对其他国家危害我国数字经济安全的活动和行为进行审查及监测，采取有效的应对措施，必要时采取反制手段保障我国数字经济安全。

作者

金赟

# 把握金融科技发展趋势
# 建设金融科技发展高地

　　随着大数据、人工智能、区块链等新兴前沿技术在金融领域的应用逐步深入，以科技赋能金融为核心的金融科技正以突破式创新重塑一个可持续的金融生态系统。2021年3月，"十四五"规划提出"提升金融科技水平，增强金融普惠性"的重要部署。2021年2月，浙江省"十四五"规划提出"建设杭州国际金融科技中心"的重要指示。此前，《建设杭州国际金融中心专项规划》于2019年5月发布。在金融科技日益成熟的浪潮下，浙江省有必要把握好金融科技发展趋势，利用好金融科技发展基础，加快建设杭州国际金融科技中心，为建设金融科技高地、打造新兴金融中心增添动力。

## 一、杭州建设金融科技发展高地的有利条件

　　金融科技产业雄厚。杭州金融科技产业实力强劲，坐拥众多行业领先的金融科技企业，金融科技中心城市产业发展指数[①]稳居全球第一方阵。杭州金融科技上市企业数量、市值总额、市值均值与高融资未上市企业数量、融资总额、融资均值等指标均稳居全球TOP10，其中融资未上市企业质量较好，企业融资均值全球第一（见表1）。以蚂蚁集团、恒生电子等为代表的金融科技企业均为中国金融科技领域的佼佼者。根据毕马威发布的《全球金融科技公司百强》报告，2017～2019年蚂蚁集团连续三年在全球科技金融百强榜中名列

---

[作者简介] 金赟，财通证券规划发展部副总经理。

① 金融科技发展指数（FinTech Development Index，FDI）由浙江大学互联网金融研究院司南研究室定期发布，遴选全球80余个国家进行数据采集与计算，形成金融科技国家发展指数；同时遴选全球70余座城市进行数据采集与计算，形成金融科技中心城市发展指数。该指数立足于产业、生态、体验三大维度，全面分析全球各国家及各城市金融科技生态发展。

榜首；恒生电子在保险、基金、银行、证券等 IT 服务市场占有率保持五个全国第一。

表1 2021 年全球金融科技产业指数 TOP10

| 排名 | 城市 | 国家 | 较上年排名变动 |
|---|---|---|---|
| 1 | 北京 | 中国 | — |
| 2 | 纽约 | 美国 | — |
| 3 | 旧金山 | 美国 | — |
| 4 | 上海 | 中国 | — |
| 5 | 伦敦 | 英国 | — |
| 6 | 深圳 | 中国 | ↑1 |
| 7 | 杭州 | 中国 | ↓1 |
| 8 | 芝加哥 | 美国 | — |
| 9 | 新加坡 | 新加坡 | ↑3 |
| 10 | 亚特兰大 | 美国 | ↓1 |

资料来源：《全球金融科技中心指数（2021）》。

金融科技体验优异。杭州金融科技应用与体验享誉全球，《全球金融科技中心指数》报告显示，2018～2021 年，杭州连续四年蝉联金融科技体验排名全球第一，金融科技应用率高达 93.7%。杭州银行基于业务服务场景，推出全国首个商用 5G 金融短消息平台，聚焦以新模式、新技术、新场景助力数字化金融转型的提升；阿里巴巴成为杭州亚运会官方合作伙伴，推出首个亚运会一站通平台，整合 18 个服务场景助力政府及企业服务城市治理。此外，杭州更是被誉为"全球移动支付之城"，创造了第三方支付城市服务场景的多个"第一"，第三方支付服务场景基本实现政务、医疗、交通等成熟场景全覆盖。

金融科技生态良好。杭州数字经济基础雄厚，《杭州市第四次经济普查主要数据公报》显示，近年来，以互联网产业为代表的数字经济对 GDP 增长贡献率超 50%。同时，杭州政府高度关注与鼓励金融科技的发展，强调推进金融机构数字化转型，持续出台一系列支持性政策，不仅于 2019 年发布了《杭州国际金融科技中心建设专项规划》，签约落地由世界银行和中国互金协会共建的全球数字金融中心，而且金融科技应用试点以及金融科技创新监管试点工作也不断深入推进。

## 二、杭州建设金融科技发展高地的现存挑战

金融科技业态发展分布不均衡。在支付结算金融科技发展方面，杭州一直走在全国前列，以支付宝为代表的互联网第三方支付平台已经发展成为行业标杆。杭州

在市场设施金融科技发展方面成绩颇丰，商贸旅游、交通医疗以及市政公用、政务服务等业务都能通过手机轻松完成办理。但在投资管理等金融科技发展方面，杭州还存在明显不足。在以智能投顾、电子交易服务等为代表的投资管理类金融科技创新产品与服务的应用上，本土传统金融机构与以招商银行等为代表的行业龙头在运用深度和广度上均存在差距。

金融科技支撑实体经济动能不足。杭州金融科技虽涉足范围广泛，但其支撑实体经济发展的动能仍稍显不足。一方面，中小微企业"融资难、融资贵"问题依然突出，金融科技供给与制造业需求不匹配问题仍然存在，主要表现为贷款期限与企业生产周期不匹配。数字金融助力普惠贷款发放的精准性与匹配性仍有待提升，大数据等金融科技手段助力银行业等融资机构实施精准营销、加强风险管理、提升服务效率的潜能尚未完全挖掘。另一方面，金融科技在与实体经济的融合发展过程中发掘有效需求的能力不足，在创新引领、绿色低碳、共享经济、现代供应链等新增长点的培育过程中助力资源合理配置的效力仍待提升。

新型金融业态带来的未知风险。金融科技在蓬勃发展的同时也蕴含着金融风险，不仅涵盖了传统金融的信用风险、系统性风险，还叠加了信息安全风险、道德风险等，给金融稳定和监管能力带来挑战。金融科技对信息系统的依赖程度较高，容易受到攻击和篡改，从而引发技术风险。一些金融机构在推出金融科技新型产品时，为了抢占市场而急于求成，在未经过严格测试和风险评估的情况下发布产品，触发安全事故。此外，大型金融科技公司的混业经营还增加了交叉风险，一旦发生问题将会出现巨大的系统性风险。

## 三、促进杭州建设金融科技发展高地的相关建议

提升金融科技应用深度和广度，支持金融机构数字化转型。之江实验室是浙江省委、省政府深入实施创新驱动发展战略、探索新型体制浙江路径的重大科技创新平台。实验室在开展前沿基础研究、关键技术攻关和核心系统研发、建设大型科技基础设施和重大科研平台等方面具有显著优势。蚂蚁集团是全球领先的金融科技开放平台，致力于以科技推动包括金融服务业在内的全球现代服务业的数字化升级。建议立足之江实验室基地和蚂蚁集团总部落地杭州的战略优势，出台相关政策鼓励以两者为代表的金融科技行业领先者与杭州本土传统金融机构建立金融科技战略合作发展伙伴关系，通过成立专家组、委派专家顾问等形式为各金融机构提供定制化的金融科技解决方案，助力金融机构实现数字化转型，提升金融科技应用的深度与广度。

深化金融科技成果应用，搭建企业发展支撑平台。金融科技领域内的大数据征信已经发展较为成熟的业态，应进一步推动完善基于大数据的统一社会信用体系建设，通过数据融合、替代数据等方式提升数据洞察能力；推进该体系在融资尤其

是政策性融资担保体系建设中的应用与发展，充分结合企业信用信息公示系统，建立全市政策性融资担保体系业务数据库，汇集全市政策性融资担保服务的小微企业和"三农"信用信息数据，为各类融资担保机构提供服务，助力构建全面完善的融资体系，缓解中小企业"融资难、融资贵"问题。推进融资担保行业监管部门会同银行业监管部门建立银担合作的常态化工作机制，积极搭建政银担三方沟通平台，利用区块链技术的点对点通信协议和共识机制解决银担合作中涉及的信息共享和合作准入问题。

积极探索运用监管科技，高度聚力提升监管能力。加速推动金融科技标准化进程，在符合监管规则的前提下，加强监管科技应用及金融科技创新规范管理。区块链技术已在杭州形成良好发展基础，以蚂蚁集团为代表的金融科技企业已开发BaaS（Blockchain as a Service）相关产品与服务。监管部门应利用现有技术优势，积极探索利用区块链技术的去中心化、透明性和信息不可篡改与可追溯性，实现快速获取各金融机构最直接和最具时效性的信息，提升各类交易信息记录效率，提高信息透明度和公开度。完善杭州"监管沙盒"制度体系，持续丰富申报主体，提高各类金融细分行业的参与程度，鼓励国有银行、城商行、保险机构、支付机构及征信机构等银行类和非银金融机构广泛参与；增加中小型规模科技企业的申报占比。加强事前沟通检查，考虑引入第三方风控服务、保险、仲裁等机构完善风险监测和补偿机制，防范技术创新风险。

作者

范柏乃

# 建立健全面向需求的政策支撑体系 全面推进我国数字经济高质量发展

## ——基于 500 余位数字经济从业人员和 专家学者的问卷调查

数字经济已成为推动供给侧结构性改革、产业转型升级、经济高质量发展的主导力量，是全球公认的新动能、新业态和新经济。近年来，我国数字经济发展迅速，在国民经济中的地位日益提高。根据中国信通院发布的《中国数字经济发展白皮书（2021）》，2020 年我国数字经济规模达到 39.2 万亿元，占 GDP 的比重为 38.6%、数字经济增速为 9.7%，是同期 GDP 名义增速的 3.2 倍多。

当前，我国数字经济进入了新的发展阶段，国家间、区域间的数字经济竞争愈加激烈。产业政策在推动数字经济发展中发挥着重要的引导、激励、规范作用，但面对新形势、新挑战，现有的政策与实际需求之间存在一定程度的不协调与不匹配，一些政策制定出台后，实际需求不大甚至没有需求，而一些实际需求大的政策则未及时制定出台。亟须建立健全面向需求的政策支撑体系，提高其针对性、可操作性、可落地性，助力打造数字经济新优势，全面推进我国数字经济高质量发展。

## 一、推进我国数字经济高质量发展的政策需求调查

为全面正确了解推进我国数字经济高质量发展的政策需求，2021 年 8 月 5～24 日，浙江大学公共政策研究院、九三学社浙江省委、中国非公经济人士研究基地联合组织了大样本问卷调查。问卷设计综合采用文献对比、文本分

---

[作者简介] 范柏乃，浙江大学公共管理学院教授。

析、专家访谈等方法，从供给面、需求面、环境面三个层面梳理了 16 条数字经济领域的关键政策，具有较高的信度和效度。供给面政策是指政府通过数字经济领域中直接的投入和支持推动数字经济发展。需求面政策是指政府通过刺激数字经济市场需求拉动数字经济发展。环境面政策是指政府为数字经济发展创造一系列良好的环境。调查取样采取分层抽样方法，被调查对象包括数字经济从业人员、政府管理人员、中介机构从业人员以及高校和研究机构专家学者 4 类代表性群体。共收回有效问卷 512 份，调查结果统计分析显示：

需求强度最高的 8 项政策分别是"促进数据资源开放共享"、"加强数据安全管理和数字产权保护"、"规范数字经济服务平台"、"强化数字经济人才队伍建设"、"完善数字基础设施"、"支持和鼓励传统企业数字化转型"、"维护市场有效竞争和反垄断"、"加强基础科学研究和核心技术突破"。其中，供给面政策占比50%、需求面政策占比 25%、环境面政策占比 25%。

预期效果最好的 8 项政策分别是"强化数字经济人才队伍建设"、"完善数字基础设施"、"加强数据安全管理和数字产权保护"、"加强基础科学研究和核心技术突破"、"促进数据资源开放共享"、"规范数字经济服务平台"、"加快数字经济市场主体培育"、"支持和鼓励传统企业数字化转型"。对比分析需求强度最高的 8项政策与预期效果最好的 8 项政策，有 7 项政策是重叠的。

## 二、建立健全面向需求的推进我国数字经济高质量发展的政策支撑体系的对策建议

优化完善我国数字经济政策、提升政策实施绩效，关键是面向需求建立健全政策体系，提高针对性与实用性，放大政策效应，为数字经济高质量发展提供有力支撑。建议组织数字经济领域的专家对数字经济政策需求进行常态化的跟踪调查，根据需求强度和预期效果，动态调整数字经济政策的目标、工具、范围及力度，健全完善涵盖供给、需求和环境三个层面的数字经济政策支撑体系，使数字经济政策与实际需求互相匹配、彼此协调，有力地推动我国数字经济高质量发展。具体可从以下几个方面着力：

（一）健全供给面政策，进一步提高政策推动力

1. 探索促进数据资源开放共享的政策合力

数据资源的开放共享是数字经济高质量发展的重要基础。建议：一是建立完善政府公共数据开放共享制度，推动工商、税务、商务、科技、经信、交通、电力、自然资源等政府部门将不涉及国家安全的公共数据向企业、社会公众开放。二是完善数据采集规范和标准，建设数据开放共享公共服务平台，提高数据的社会开放度。三是推动"产业大脑"建设，充分汇集供应链、产业链、创新链等数据资源，推动数据的开放共享以及深度应用。四是推动数据交易市场发展，建立数据资产价

值评估体系，培育壮大数据交易服务企业，健全和完善数据交易产业链。

### 2. 优化完善数字经济人才政策体系

要强化数字经济人才队伍建设，集聚和培育高层次数字经济人才，打造与产业链、创新链协同匹配的人才链。建议：一是制定《国家数字经济人才发展规划》，明确数字经济人才发展的总体要求、战略目标、主要任务、保障机制等。二是依托现有的各级各类人才服务平台，针对数字经济人才的特征及现实需要，为数字经济人才提供一站式、针对性、高质量的人才服务。三是以市场为导向，完善数字经济人才的职称评审办法。加大对数字经济人才培养和引进的支持力度，优化激励机制，完善配套服务。四是支持科教结合、产教融合，优化人才培养模式。建立健全从业人员数字技能提升长效机制，开展常态化、专业化的数字技能培训。

### 3. 加大数字基础设施的政策支持力度

数字基础设施是数字经济发展的基石，是数字经济竞争力的重要组成部分。建议：一是加快推动5G网络、物联网、工业互联网、IPv6等网络基础设施建设，扩大覆盖范围，实现互联互通。二是支持大数据、云计算、人工智能、区块链等数字科技前沿领域的服务平台建设，开展示范试点项目，推动服务平台业务拓展与应用推广。三是推进产业大脑建设，选择优势行业开展应用试点，探索产业大脑的基础架构、运行机制、管理模式以及业务场景等，形成可复制、可推广的模式与经验。四是提高数字基础设施的安全保障水平，应对日益凸显的数字基础设施安全风险，包括提高自主可控能力、防范和处置恶意攻击等。

### （二）强化需求面政策，进一步激发政策拉动力

#### 1. 加强对传统企业数字化转型的政策引导

要支持和鼓励传统企业数字化转型，基于数字赋能促进传统企业发展。建议：一是研究出台《推动传统企业数字化转型的指导意见》。明确传统企业数字化转型的总体要求、主要目标、重点行业、关键任务、保障机制等，为传统企业数字化转型提供有力支持及配套服务。二是提升传统企业数字化转型的意识和能力。通过线上、线下的多元化渠道，宣传传统企业数字化转型的意义与路径，开展专业化、常态化的传统企业数字化转型专题培训。三是培育和支持企业数字化转型服务平台和机构发展，为传统企业提供数字化转型总体解决方案。特别是鼓励和支持服务机构下沉到中小型传统企业，能够提供低成本、高效率的数字化转型解决方案。

#### 2. 强化基础科学研究和核心技术突破的政策激励

推动数字经济高质量发展，需要充分激发科技创新对产业的推动和支撑作用。建议：一是梳理数字经济相关基础科学研究和核心技术的重点突破清单，加大对清单内技术研发投入的支持，着力攻关"卡脖子"技术。二是依托国家科技重大专项、国家重点研发计划等科技计划，加强对基础科学研究和核心技术突破的支持，科学、准确地跟踪及评估计划实施成效。三是推动创新链和产业链两链深度融合，

推动前沿技术的产业化，支撑产业体系的高质量跃升。四是把握全球后疫情时代产业链并购机会，支持产业链头部企业并购海外优质资产，吸纳技术、管理、人才等高端资源要素。五是探索建设开放式创新公共服务平台，以"众包"为主要模式，提供高质量的创新资源共享与交易服务。

### （三）优化环境面政策，进一步夯实政策支撑力

#### 1. 细化落实数据安全管理和数字产权保护政策

在促进数据资源开放共享的同时，必须加强数据安全管理和数字产权保护。建议：一是在《数据安全法》、《个人信息保护法》等基础上出台相关实施细则。探索推进数字产权相关立法工作。二是加大相关领域的执法力度，健全相关部门协作配合机制，严厉打击侵犯数据安全和数字产权的违法行为。三是建立健全数字产权快速维权体系，从技术、制度、平台等多层面探索破解数字产权侵权取证困难、违法成本低等问题。四是完善数据安全管理制度，采取分类、分级的保护方式，落实数据安全的保护责任。建立数据安全风险预警研判系统，有效防范和化解数据安全风险。

#### 2. 建立健全数字经济服务平台规范管理政策

面对日益凸显的负面问题，要规范数字经济服务平台，推动平台健康有序发展。建议：一是研究制定《数字经济服务平台管理办法》，健全数字经济服务平台监管的法治保障。二是推动监管平台与数字经济服务平台互通互联，加强数据分析比对，提升监管能力，加大监管力度。三是探索建立数字经济服务平台信用及风险评价机制，对数字经济服务平台信用及风险开展常态化跟踪评价。根据平台信用等级和风险类型，采取差异化监管措施。四是加强对平台企业垄断的规制。推进数字经济服务平台监管制度建设，探索创新平台垄断监管的方式方法。

# 共同富裕

作者
蓝蔚青

# 建设共同富裕示范区的若干建议

党中央、国务院发出《关于支持浙江高质量发展建设共同富裕示范区的意见》后，浙江省各地、各部门和社科界开展了大量的调研和研讨。笔者在参与调研讨论和收集媒体相关信息的基础上，就如何深化认识、保障落实提出几点建议。

## 一、要更加重视公共消费、公共服务和社会保障方面的公平

人民群众对美好生活的追求具有层次性和递进性。浙江的实践证明，随着全面小康的实现，人民群众对共同富裕的愿望已大大超出物质富裕的范围，人们的获得感不一定来自收入和物质财富，精神上的充实感和愉悦感、待遇平等和人格尊严等越来越受到重视。所以，2012年召开的浙江省第十三次党代会就确立了努力建设物质富裕精神富有的现代化浙江的"两富"奋斗目标。

尽管浙江各地之间、城乡之间收入差距较小，但自然条件、资源禀赋、文化积淀、生活习俗的差别不小并将长期存在，年龄、性别、职业、身体素质等因素也造成需求差异。社会的发展进步使广大人民群众的需求丰富多变并日益多样化、个性化、品质化。尽管货币能满足多种需求，收入和财产是享受美好生活的财力支撑，也是提高家庭应变能力的物质基础，但有钱不一定能买来幸福，幸福也未必要花钱购买。虽然人均收入最容易量化比较，往往被作为区际和群际差距的最主要标志，并作为考核共同富裕的程度和进度的核心指标，但今天很多人的收入来源和财产形式多样，难以精确统计和科学比较。而且收入财产差距并不等同于生活水平差距，后者还受到物价水平、支出范围、生活习

---

[作者简介] 蓝蔚青，浙江省公共政策研究院资深研究员，杭州市共同富裕研究中心、浙江大学城市学院共同富裕研究院学术委员会委员。

惯、基础设施条件和公共服务水平、社会保障水平等因素的影响。人均收入也不能反映区域内部、群体内部的收入差距。同一区域、同一群体中的高收入者不会因为人均收入高而增强获得感、幸福感，低收入者却会在简单比较中产生失落感，吐槽自己只是"被提高"。所以，不能把共同富裕的任务聚焦为缩小人均收入差距，也不能简单把财产的多寡作为富裕程度的标准。享受更高的生活品质，提升自身的才能，在实现人生理想的同时为社会作出有益的贡献，才是真正的富有。

实现全面小康后，良好的公共设施、人居环境、公共服务和社会保障日益成为获得感、幸福感、安全感、归属感的重要来源。它们直接满足社会成员的共同需求和公共消费，为社会成员的生存发展和人格尊严提供支持，普遍提高社会成员的生活质量和素质能力，帮助社会成员克服困难，是促进社会公平正义、共同富裕和人的全面发展的重要保障，而且具有明显的可比性和很高的公众关注度，最容易取得和彰显推进共同富裕的成效，各地各部门和各种社会组织也都能对此有所作为。相比之下，大多数党政部门的工作不会直接拉动人均收入，因此难以在这个综合指标面前产生成就感，甚至会觉得有劲使不上。

因此，无论从普遍提高广大人民群众的获得感、安全感、满意度、幸福感着想，还是从推动各部门工作着手，都需要建立以居民满意度为导向、以基本公共设施和人居环境建设、公共服务和社会保障为主要内容的，覆盖全部城乡区域、社会领域、阶层群体和生命周期的目标体系、指标体系和评价考核体系，以此来指导党政部门工作，引导社会舆论。建议要求各地各部门高度重视决定生活质量、保障公民权利的普遍性基本需求，协调相关的部门政策做到精准对接确保落地。从"同城同待遇"、"村村通公交"、"缓解住房难"、"城乡低保同标同保"之类直接消除不合理落差的措施做起，努力补上短板、缩小差距、实现公平。增加公共服务供给主体，通过竞争降低服务成本，提高方便可及程度和服务质量。积极拓展线上公共服务并建立评估机制，提高城乡各种公共空间的公众利用率。同时，要建立完善"民呼我为"工作机制，及时解决个性化的民生问题。更重要的是要尊重所有社会所需的行业职业的就业人员，尊重不同的人生经历、生活习惯、兴趣爱好，尊重差别和个性，不断增强社会的包容性，大力倡导己所不欲，勿施于人，各尽其能，各得其所，各美其美，美人之美，美美与共的价值取向，为共同富裕营造和谐的意识形态氛围。

## 二、遵循社会主义分配原则优化收入分配格局

马克思主义劳动价值论认为，劳动是价值的源泉，而其他要素是创造价值不可缺少的条件。马克思在《哥达纲领批判》中，在提出按劳分配原则的同时，论证了社会共同体作为生产资料所有者以几项"扣除"的形式参与分配的合理性，批判了拉萨尔主义主张的"不折不扣的劳动所得"。同时马克思还指出，按劳分配所体现的平等就在于"以同一尺度——劳动——计量"。但是，一个人在体力或智力

上胜过另一个人，因此在同一时间内提供较多的劳动，或者能够劳动较长的时间，因此"这种平等的权利，对不同等的劳动来说是不平等的权利"。"它默认，劳动者的不同等的个人天赋，从而不同等的工作能力，是天然特权。所以就它的内容来讲，它像一切权利一样是一种不平等的权利"。坚持按劳分配，意味着必须承认不同等的工作能力（人力资本）之间的巨大差距。

劳动力资源稀缺性提高和人口红利向人才红利转变的大趋势，决定了必须提高劳动报酬在初次分配中的比重，提高人力资本的回报率。而在劳动力资源通过市场配置的条件下，劳动收入在劳动者之间的分配必须尊重劳动收入的市场定价，充分发挥按劳分配的激励作用，调动各种人才的积极性。要充分认识科研劳动、创造性劳动的价值，提高复杂劳动绩效评价的科学性，并真正落实到分配制度和财务制度上。同时也要遏制脱离实际的引才指标和扭曲的人才"面子工程"带来的"抢人大战"和畸高收入，避免过于频繁的流动影响人才专心致志干事业。

坚持按劳分配需要解决的主要问题，是根据产业结构和社会分工的巨大变化，调整教育结构，完善教育体制机制，帮助劳动者适应新的社会需求；摒弃"身份歧视"、"学历歧视"和"迷信名校"的用人标准，真正做到"唯才是举"、同工同酬；打造符合人才成长规律和行业特点的各种职业发展通道和台阶，建立能够促进劳动力供求在专业和层次上自动调适趋于平衡的育人用人机制，畅通再就业渠道，使大多数劳动者能够人适其岗、人尽其才、才尽其用；及时规范各种新就业形态中相关各方的权利义务，加强劳动监察，完善劳动者权益保护，提高最低工资水平和苦脏累工作的工资水平，保障灵活就业人员和低技能劳动者都能享受有尊严的生活。而按劳分配促进共同富裕的根本途径是保障所有的人获得基本能力，帮助劳动者提升能力，使更多劳动者获得中高收入。同时自觉限制用行政权力规定的过高收入，严禁罚没收入以任何形式转化为执法者收入，着力整治某些行业畸形发展带来的畸高收入。与干部级别挂钩的各种待遇差别尽管有激励作用，但需要对层次和差距加以限制，以淡化群众的不公平感，避免强化干部"不求有功，但求无过，比拼资历"的心态。

人们往往只把工资性收入纳入按劳分配，而忽视了小微企业经营者和个体工商户的收入主要是经营管理劳动收入，也属于按劳分配范畴。截至 2020 年 6 月底，浙江省在册小微企业 271.13 万户，个体工商户 530.36 万户，占所有市场主体的95.75%。以每户的业主和直系亲属按平均 3 人计算，约有 2400 万人，占全省15～59 岁常住人口的 54.8%，是浙江省中等收入群体中人数最多的组成部分。近年来蓬勃兴起、在全国独占鳌头的农村电商也属于这种性质。保护和提高他们的劳动所得，是坚持以按劳分配为主体的半壁江山。

小康社会的一大特征是个人和家庭的财产积累和财产性收入成为重要收入来源。避免财产和财产性收入的逐步积累拉大收入差距，成为共同富裕需要解决的重大问题。要拓宽并规范城乡居民财产性收入渠道：全面推进农村集体产权制度改革，使全体农民都能公平地获得财产性收入；提倡进入持续稳定发展阶段的企业通过员工持股增强其归属感，让员工特别是骨干获得分红；大力发展风险度更透明并得到有效监控的大众化金融产品，取代不规范的理财产品；鼓励闲置住宅出租，助推"租售并举"；以保障居住权和居住质量为原则确定城市拆迁补偿标准，消除城市改造操之过急造成的"拆迁暴富"现象；依法保护财产安全和投资收入。同时开征财产税，缩小财产性收入差距。坚持社会主义核心价值观引导，避免舆论压力"劫富济贫"，靠社会责任、认可表彰和制度保障，鼓励私人财富自愿地通过三次分配高效长效地用于支持欠发达地区发展，改善公共服务、生态环境和兴办社会公益事业。

## 三、开源节流并重做好"加减法"

实现共同富裕应该开源节流并重。既要做好"加法"，增强经济社会发展的活力、创新力、竞争力，鼓励创造财富，普遍增加收入，大幅度提高各种资源特别是公共资源的利用效率；又要做好"减法"，把富日子当紧日子过，量入为出，降低政府负债率，更加注重投入的绩效，更加有效地克服形式主义、摒弃面子工程，减少社会财富损失浪费，减轻社会成员特别是低收入群体负担。一些靠上级财政补贴的地区为显示执行中央政策坚决，慷国家之慨，出台不可持续的社会福利政策，要及时制止，绝不能宣传，以免吊高胃口，形成倒逼。

小康社会有实力办一些过去无力兴办的大事，但也有能力造成远超过去的损失浪费。必须大力提高规划和决策的民主性、科学性、前瞻性，尽量避免低效、无效、负效投入。要从实际出发优化城乡布局，坚持有机更新，促进产城融合职住平衡，避免对公私建筑过于频繁地推倒重建和改造装修浪费社会财富，切实降低低收入群体的生活成本。积极探索住房、教育和医疗三大领域改革的治本之策，防止"按下葫芦起了瓢"，使减负政策彰显成效，服务质量群众满意，尽可能避免因病致贫返贫。

随着社会财富的迅速积累，自然灾害和突发事件造成的损失也大大增加。大城市遭遇一次洪灾就可能打乱几百万人的工作生活，使大批商户倾家荡产，重灾户一夜返贫，光汽车被淹就可能造成几百亿元的损失，科研生产服务设施的损失更是无法估量。要充分估计新发展高度上自然灾害和社会风险的破坏程度，全面提高基础设施抗风险能力，完善社会应急体系，确保其在抗灾救灾中顺畅运行。特别要完善各尽其责有效应对的决策机制、总揽全局协调各方的指挥系统、快速反应执行力强的救援系统，加强实战演练。支持社会力量搭建救助渠道。鼓励政府和居民共同购买巨灾保险。完善各类保险特别是大病保险防范家庭重大风险的功能和社会救济的兜底功能，切实增强人民群众的安全感。对于可能对较大社会群体的利益产生重大影响的政策调整，也要事先进行社会风险评估，通过周全设计、事先预警和事后补偿，尽可能减少对群众利益的损害。

金融市场的异常下跌会造成大批家庭的金融资产快速缩水，引发广大中小投资者的焦虑和挫折感。要不断完善金融市场的进出、运行、管理、调控机制，高度重视并密切关注政策出台和舆论反响对金融市场的影响，相关部门和主流媒体发布有关信息要字斟句酌，尽量在第一时间进行有针对性、说服力、公信力的解读，使投资群众懂得自己的根本利益和长远利益所在，增强对政策的理解和认同，避免引发情绪恐慌和"羊群效应"，被投机资本"割韭菜"，扩大投资者的两极分化。

收入增加也会带来非理性消费的泛起。要大力引导消费者摆脱"有钱就可以任性"的心态，切实扭转社会不良习俗，减轻人情开支、炫耀消费、攀比心理带来的压力。全面克服"不让孩子输在起跑线上"的"内卷"现象，大幅度降低家庭养育成本。坚持不懈地治理成瘾性行业，堵上损耗家庭财产的无底洞。及时揭穿无良商家和媒体人为制造和贩卖焦虑、煽动狂热消费以牟取暴利的行为。广泛倡导珍惜资源，支持爱心超市、"跳蚤市场"等的发展，使数量巨大的闲置物品得到利用，鼓励生鲜超市限时降价促销，减轻消费者特别是低收入群体的生活负担。同时对不同的消费水平和兴趣爱好都要提供高质量的服务，使每个消费者都切实感受到自己的日常生活丰富多彩，幸福美满。

生命健康安全都是无价之宝，收入提高后这些方面的支出迅速增加。要大力倡导"治未病"理念，完善广域健康服务和科学营养指导，从源头上减少医疗开支。提高智能安防实效，减轻群众安防负担，不能只求免责不计成本。纠正管理靠罚款的错误观念，推广首违不罚，通过教育从根本上加强安全保障。完善社会矛盾纠纷调处化解机制，在社会领域"治未病"，从源头上防范矛盾激化，减轻当事人的诉讼负担。

## 四、注意共同富裕示范区可能出现的"虹吸现象"

21世纪的前10年，浙江省自省外流入但未落户的常住人口增加了813.51万人、遥遥领先全国；第二个10年又增加了506.25万人，占这10年全省常住人口增量的一半。到2020年底，省外流入但未落户的常住人口总量已达1618.65万人，占全省常住人口的25.0%。共同富裕示范区的美好前景会进一步增强"虹吸现象"，大量暂住人口和游客也需要公共资源。受益人口的增长速度大大超过人口自然增长速度，既是浙江省作为示范区对全国共同富裕所作的重要贡献，也是示范区提高各项人均指标，优化公共服务，提高生活品质和建设公共设施不可忽略的因素。浙江绝不会像那些富裕的北欧小国那样，靠高门槛来保持本地居民的高福利高就业，而且已经意识到人才的大量流入必然带来大批随迁人口，人才高地必须建设全龄友好型社会，正在积极推进新居民的同城同待遇和社会融入。同时也建议中央在建设用地指标和财政转移支付，以及人均指标的制定和考核上，按全部常住人口核定，在规划审批上还要考虑数量巨大的暂住人口、商务人流和游客的需求。

作者

范柏乃
曾守桢
汪杰峰

# 实现共同富裕，更需要保护民营企业积极性

国家"十四五"规划和二〇三五年远景目标纲要提出，支持浙江高质量发展建设共同富裕示范区。实现共同富裕，民营企业不能缺位，这是党赋予民营企业的神圣使命，也是企业家承担社会责任的内在要求。实现共同富裕，一定要保护好民营企业积极性，让其在继续吃好"定心丸"的过程中，得到健康且可持续的发展。

## 一、实现共同富裕，离不开民营企业和民营企业家的深度参与

民营经济是中国特色社会主义市场经济的重要组成部分和中国经济持续健康发展的重要力量。支持民营经济发展，与坚持先富带动后富、促进共同富裕具有很强的内在逻辑关系。

（一）民营企业增加群众收入和国家税收，夯实共同富裕的国力基础

企业家组织生产——实现财富增值——再投入生产，形成一个社会财富增加、人民受惠的螺旋式上升系统。民营企业家推动创造的财富越多，人民群众收入就越高，国家经济总量就越大。同时，民营企业家通过市场效益贡献税收，为政府第二次分配创造财富源泉。

（二）民营企业为群众提供启迪和示范，承担先富带动后富的社会责任

民营企业经营得好，为一部分地区和一部分人先富起来提供发展的机会。

---

［作者简介］范柏乃，浙江大学公共管理学院教授；曾守桢，宁波大学商学院教授；汪杰峰，宁波大学商学院博士研究生。

同时，随着规模扩大、管理升级、质量提升，民营企业会鼓励和吸引更多的有志者投身其中，势必培养出更多的专门人才。有些人才会从原有企业中"裂变"、"分离"，创办新企业，开拓自己的一番事业，新老交替带动社会财富积累和再创造。

（三）民营企业注重实现个人价值与社会价值的统一，是共同富裕的市场中坚力量

大部分民营企业家在个人致富之后，不忘国家、集体和群众，积极参与发展社会公共事业；同时，响应"先富带动后富"号召，对发展滞后地区和社会弱势群体施以援手，提供定向捐助和帮扶服务。

## 二、共同富裕背景下民营企业的困扰和焦虑

由于历史、现实、文化、经济等多种因素，部分人对民营经济促进共同富裕仍存在认识偏差，给民营企业家造成了一定的困扰和焦虑。

（一）困扰：来自认识上一些非理性偏差

在共同富裕语境下，有的人认为民营经济拉大了社会分配差距，造成了财富分配不公和阶层固化，甚至提出了"民营经济离场论"；有的人认为共同富裕就是搞"平均主义"，会"劫富济贫"。现实生活中，民营企业面临国有企业不平等竞争，在投资准入、要素获取上始终存在"玻璃门"与"弹簧门"等隐形障碍。因此，存在部分民营企业家感觉受歧视，参与共同富裕的政治意识尚未完全被激发，或虽愿意参与共同富裕，但存在被激发的热情不稳定现象。

（二）焦虑：如何保障民营企业家的合法财产

通过个人访谈和小范围调研了解到，在促进共同富裕的决策部署下，企业家最关心的是财产保障权，即民营企业家辛辛苦苦挣的钱不会无缘无故被冻结、被平均、被没收。他们最怕的是"抑富济贫"、"劫富济贫"甚至"原罪清算"、"杀富济贫"。另外，在规范监管民营企业过程中存在一些矫枉过正现象。纠偏显然是必要的，但纠偏不能全盘否定民营企业的创新成就，不能以偏概全，要把握好度。还有一部分焦虑来自有些企业家担心"猪肥杀猪"。因此，他们不如实上报企业利润，一是怕补税，二是怕招致更多社会摊派，甚至担心被第二次"改造"。

## 三、推进共同富裕背景下保护民营企业积极性的政策建议

在推进共同富裕的进程中，保护民营企业积极性是一项系统工程，要进行总体

部署，形成合力，才能达到良好的激励效果。

（一）建立健全民营企业家的教育培训机制，激发其参与推进共同富裕的政治意识，这是保护民营企业参与推进共同富裕积极性的基本前提

参与行为必须以参与意识为前提，没有强烈的参与愿望，就不可能产生参与推进共同富裕的行为。参与意识来自培训和教育。建议加快建立以"拓展世界眼光、提高战略思维、增强创新精神、勇担社会责任"为重点的民营企业家教育培训体系，进一步增强民营企业家的政治意识、看齐意识和大局意识。各级党委政府都要将民营企业家教育培训纳入党委政府工作的重要议程，研究制订民营企业家教育培训的五年发展规划和年度计划，借鉴党政干部教育培训的做法，通过政府出资，以党校、行政学院和社会主义学院等政治学院为主阵地，加强对企业家尤其是年青一代企业家的政治教育，强化企业家的政治意识、政治责任和政治担当。

（二）制定和完善激发企业家参与推进共同富裕的奖励制度和政策，加大参与推进共同富裕的驱动力，这是保护民营企业参与推进共同富裕积极性的重要基础

通过对民营企业家参与推进共同富裕积极性的考察发现，现行政策存在诸多缺陷，需要不断调整优化，提升实施绩效。人们往往认为推进共同富裕投入的资金只能用于补助低收入者，奖励民营企业家只会扩大收入差距，与共同富裕南辕北辙。其实他们是用静止的眼光而不是经济发展的眼光看待资金投入，忽视了奖励的政治导向和社会激励作用可以"四两拨千斤"。保护民营企业家参与共同富裕的积极性，必须加大驱动力。一是建议梳理现有的促使企业家参与推进共同富裕的制度和政策的执行效果，并在充分借鉴国内外经验的基础上，研究制定一批具有前瞻性和可操作性的相关政策法规，以精神鼓励为主，提高对企业家积极参与推进共同富裕的政治认同感和社会美誉度。二是建议出台《国家促进共同富裕奖励条例》，设立省、市、县多级奖项。借鉴科技界和教育界的成功经验，建议国家每年隆重举行全国企业家促进共同富裕表彰大会，通过树立典型人物，向全社会发出明确信号，给予积极为推进共同富裕做贡献的民营企业家群体以认同、肯定和荣誉。三是通过在财政资金投入、土地供给、企业落户、户籍制度和税收优惠等方面制定相应的激励政策，以利益驱动促使民营企业把自身的发展创新与推进共同富裕更加紧密地结合起来。四是尊重民营企业家关于推进共同富裕的建议，对切实可行的积极吸纳进入相关决策和政策，及时帮助他们解决在参与推进共同富裕行动中遇到的问题和困难。

（三）提高基层政府工作人员的素质，强化对推进共同富裕的人才支撑，这是保护民营企业参与共同富裕积极性的必然要求

部分民营企业家在座谈中反映，个别基层领导干部不能正确对待手中的权力，

在促进共同富裕工作中方法简单粗暴，语言不妥，不顾企业家的自尊，挫伤企业家参与促进共同富裕的积极性。建议通过继续教育机构，对各级政府和相关部门分管领导开展的培训，帮助他们正确理解共同富裕的科学内涵，明确企业家参与推动共同富裕的途径和权利，以及法律对民营经济的保护等，为全面推进共同富裕提供理论和政策指导。同时，加强对基层政府工作人员的法制教育，构建与依法治国方略相配套的法治文化，约束基层政府工作人员对民营企业的越权、侵权行为。

（四）加强有利于民营企业参与推进共同富裕的法治建设，依法保护民营企业产权和企业家人身财产安全，这是保护民营企业参与推进共同富裕积极性的法律保障

进一步加强民营企业产权和企业家人身财产安全保护的首要措施，就是尽快出台相关法律法规，落实对各类财产的平等保护。在立法环节，在起草、审查涉及企业权益的法律法规时应通过实地调研、召开座谈会等多种方式，充分听取民营企业家的意见建议，全面了解其利益诉求，并在制度设计中充分考虑。要把征求工商联和律师协会等行业协会的意见作为重要环节，必要时对相关企业、行业协会商会开展立法调研。对民营企业反映比较集中的意见，应高度重视，及时反馈研究采纳情况，未采纳的要说明理由。尽快出台《慈善事业促进法》，统一规范慈善事业的性质、地位和原则，并从立法上规定国家促进慈善事业发展的政策和措施，依法保障和鼓励慈善事业的发展。建议有关部门将全国各省份已出台并行之有效的有利于保护民营企业参与推进共同富裕积极性的相关政策、法规加以梳理归纳，及时转化为法律法规。在法律修改和法律解释环节，及时对界限不明的经济纠纷、经济犯罪兜底性条款进行修改或解释，减少民营企业家投资经营顾虑。在执法环节，严格规范办理涉中小企业、中小企业家刑事案件，依法慎用羁押性强制措施和查封、扣押、冻结等措施，最大限度减少对民营企业正常生产经营活动的不利影响。在法律监督环节，以构建亲清新型政商关系为抓手，及时开展法律执行评估，对损害民营企业合法私有财产、影响民营企业发展、罔顾民营企业家正当要求的行为，督促行政机关及时加以整改；加强对权益受损民营企业家的司法救助；完善法律救助制度，保障民营企业家在合法利益受损时可以提出行政复议、行政诉讼、民事诉讼甚至刑事诉讼；还可以针对一些司法救助难度较大的地区为民营企业家开通绿色司法通道，提供法律援助，帮助民营企业家完成复杂的司法程序。

（五）设立"民营企业参与推进共同富裕政策试验区"，构建民营企业参与推进共同富裕政策支撑系统，这是保护民营企业参与推进共同富裕积极性的重要探索

民营企业参与推进共同富裕的实践由来已久，但在实践中远未成熟，有许多现象尚需持续观察、跟进和深入探析，新的现象又在不断涌现、更新和迭代升级，其内在的诸多机制和复杂的规律尚未充分呈现，因此亟须加强对各种实践案例的跟

踪、积累和研究。首先，要借鉴和学习发达国家企业社会责任理论，围绕民营企业参与推进共同富裕的问题开展创新性研究。其次，要加强对民营企业参与推进共同富裕的政策分析。引导民营企业参与推进共同富裕的政策要强调系统性，并与现行市场经济制度、社会治理制度相衔接。这些都需要开展审慎的政策分析和研究，加快形成适于民营企业参与推进共同富裕的政策思路、政策机制和政策体系。再次，大力推进民营企业参与推进共同富裕的实践创新，鼓励有条件的地方设立能够开展整体性政策试验的"民营企业参与推进共同富裕政策试验区"，先行先试，及时总结经验，发现规律，探索各种可能的创新支持机制，逐渐形成有效的政策和体制。最后，建议组织专家研究编制我国民营企业参与推进共同富裕的评价指数，对相关指标进行多重实证筛选，构建具有较强前瞻性和可操作性的民营企业参与推进共同富裕的动态监测指标体系，并形成动态指数，为制定和完善保护企业家参与推进共同富裕积极性的政策提供科学依据。

共同富裕的实现具有长期性、艰巨性、复杂性，正如长江后浪推前浪，需要一浪接一浪地前赴后继地推进。我们要把共同富裕这一理念当成社会发展的指导思想，相信随着经济社会的发展以及共同富裕政策的深入实施，中国特色的共同富裕道路必将越走越宽广，"共同富裕"这一目标一定能够实现。

作者
杨晓兰

# 发展数字金融，推动共同富裕

在世界各国的金融实践中，普惠金融被视为减少收入差距的手段之一。伴随信息技术的发展，数字金融已成为普惠金融最为重要的形式之一。作为中国数字普惠金融发展的"领头羊"，为落实《中共中央　国务院关于支持浙江高质量发展建设共同富裕示范区的意见》，浙江省有必要继续加快发展数字金融，积极探索利用数字普惠金融减少居民收入差距、推动共同富裕的有效路径。

本文利用北京大学数字普惠金融指数[①]和中国家庭追踪调查数据（CF-PS）[②]对近年来浙江省数字普惠金融发展在促进居民收入增长、推动共同富裕上发挥的作用进行分析，与其他区域的情况进行对比，找出存在的问题，提出进一步发展的相关建议。

## 一、浙江省数字普惠金融发展及对居民收入影响的现状

### （一）浙江省数字普惠金融整体发展水平处于全国领先

浙江省是中国数字金融的发源地之一，在全球互联网技术迅猛发展和区域内产业结构不断优化的共同驱动下，浙江省数字普惠金融业务在 2011～2020 年实现了跨越式发展。近年来，浙江省稳居全国数字普惠金融发展第一梯队。在长三角区域中，浙江数字普惠金融发展水平与江苏相当，略低于上海。从增

---

[作者简介] 杨晓兰，上海外国语大学国际工商管理学院教授。

① 数字普惠金融指数由北京大学和蚂蚁金服集团共同编制。该指数始于 2011 年，由覆盖广度、使用深度和数字化程度三个子指数构成。覆盖广度包括每万人拥有支付宝账号数量等 3 个具体指标；使用深度包括人均购买额宝笔数等 20 个具体指标；数字化程度包括移动支付笔数占比等 10 个指标。

② 中国家庭追踪调查数据（CFPS）由北京大学中国社会科学调查中心（ISSS）实施，是一项全国性、大规模、多学科的社会跟踪调查项目，涵盖样本覆盖 25 个省/市/区。

速来看，最近几年数字普惠金融指数增速有所放缓，在一定程度上表明随着数字金融市场的发展越来越成熟，该行业开始由高速增长阶段向常态增长过渡。

（二）浙江省数字普惠金融发展对居民收入增长整体上有显著促进作用，在全国具有示范作用

结合北大数字普惠金融指数和中国家庭追踪调查数据中有关居民收入、年龄、受教育程度、家庭规模、受雇情况等指标，我们利用计量模型检验区域数字普惠金融发展对居民收入的影响程度。研究结果显示，在中国家庭追踪调查数据涵盖的25个省级区域中，仅浙江、广东、湖北、重庆、河北、辽宁、甘肃7个区域中数字普惠金融指数对居民收入有显著正面影响，其他区域的影响并不显著。在有显著影响的7个区域中，浙江省数字普惠金融指数对居民收入产生的积极影响程度排名第一，是排名第二的重庆的2.2倍，是辽宁和甘肃的7.3倍。

（三）浙江省数字普惠金融对居民收入产生的促进作用在城镇和农村均存在，实现城乡协调发展

城乡协调发展是浙江省经济社会发展的重要特征之一。我们将家庭调查数据库中的被调查者分为城市和农村两个样本，分析结果显示，数字普惠金融发展对居民收入的促进作用在城市和农村没有显著差别。这表明城乡之间的收入差距没有因为数字普惠金融的发展而进一步扩大，呈现城乡协调发展的趋势。

## 二、当前浙江省数字普惠金融在提供居民收入、推动共同富裕方面存在的主要制约因素

根据普惠金融的原则，普惠金融发展的目标是促进妇女、低收入、年轻人、老年人、农民、中小企业和其他未获得充分服务的消费者群体金融服务的可得性。从普惠的视角来看，浙江省数字普惠金融的发展存在区域不平衡性，对不同类型居民收入提升的效应存在差异，阻碍了数字普惠金融对共同富裕的推动进程，具体表现在以下几个方面。

（一）数字普惠金融发展程度在省内呈现一定的区域不平衡性

与全国其他省份相比，浙江省数字普惠金融发展程度较高，但从省内各地区比较来看，仍然存在发展上的不平衡性。以2020年为例，杭州市的数字普惠金融指数显著高于其他区域，丽水、衢州则相对落后。在全国300多个地级市中，2020年杭州市的数字普惠金融指数排名第1，除杭州市外，浙江省进入排名前10的只有金华（排名第9）；丽水位居第38，衢州位居第42。

（二）数字普惠金融对低收入居民的收入促进作用有限

我们将中国家庭追踪调查数据中浙江省被调查者的收入从高到低分为四组。研究结果显示，数字普惠金融对收入处于最低 25% 的居民收入增长没有显著促进作用。这表明虽然整体上，浙江省数字普惠金融发展对居民收入有积极的推动作用，但是对低收入人群的促进作用比较有限。数字互惠金融提高了金融服务的可得性，但由于金融知识有限、金融意识不足，低收入人群利用金融服务来提高自身收入存在"瓶颈"。

（三）数字普惠金融对男性居民收入的促进作用明显，对女性居民收入的促进作用有限

在浙江省的被调查居民中，在控制教育、年龄等其他条件的基础上，分析结果显示，浙江省数字普惠金融在提高男性居民收入上产生的正面影响比女性居民高出80%。在传统金融模式下，一些女性由于缺乏稳定工作或者有价值的抵押物，往往难以从银行等金融机构获得贷款等金融服务。伴随数字普惠金融的发展，女性更容易获得金融服务，但由于女性通常比男性更厌恶风险，在选择金融服务上更为谨慎，这可能导致其利用金融工具的程度比男性低。

（四）数字普惠金融对年轻居民、老年居民的促进作用明显，对中年居民收入的促进作用有限

我们将被调查者按年龄进行分组，研究结果显示，数字普惠金融显著提升了16～36岁的年轻居民收入，对36～56岁中年人收入提升作用不明显，年轻组的提升效应是中年组的6.4倍。此外，数字普惠金融对老年组（56岁以上）收入提升也有显著作用。与年轻人和老年人相比，中年人在抚养子女、赡养老人上都承担较大的经济负担，这在一定程度上制约了中年人利用数字金融工具提升收入的空间。

## 三、相关政策建议

当前数字普惠金融虽然在浙江省得到快速发展，但在提升收入增长上发挥的作用仍存在一些限制性因素，需要加强数字普惠金融在欠发达地区的推广，实现不同人群的共同发展和共同富裕。

第一，以杭州市为样板，在省内其他区域推广和加强数字金融服务基础设施生态系统建设和关键技术发展。

杭州市在数字普惠金融发展上已居全国首位，如何总结杭州的数字普惠金融发展经验，并积极推广到全省是亟须探索的重要问题。尤其是在浙江省数字普惠金融欠发达的地区，需要找出制约数字金融发展的"瓶颈"问题，结合当地经济社会

发展基础，学习杭州模式，扩展数字金融服务生态系统，包括加快金融和信息通信基础设施建设，用安全、可信和低成本的方法为所有居民提供数字金融服务。驱动数字金融发展的关键技术，主要包括大数据、云计算、区块链和人工智能等。关键驱动技术主要从规模、速度和准度三个维度提升数据处理能力，通过降低成本、提升风控能力和促进竞争，提升金融普惠性。

第二，充分利用数字金融的优势，为不同群体，尤其是收入水平较低的群体提供更有针对性的金融产品和服务，构建金融服务共同富裕政策制度。

为减少居民收入差距，实现共同富裕，金融机构和金融科技公司需要积极探索利用数字金融产品服务低收入人群的方案；政府相关部门需构建金融服务共同富裕政策的制度安排。一方面，加大政策支持，鼓励金融机构为低收入群体量身定制数字普惠金融产品，结合其在家庭升级消费、创业、子女教育、医疗等方面的需求，设计贷款、理财、保险和数字支付等金融产品，实现普惠金融服务在直达性、适当性和匹配性上的边际改善；另一方面，深化技术创新，拓展数字技术在金融领域的深度应用，实现金融机构线上线下精准服务、精准营销、精准授权、风险精准识别和研判等业务领域协调发展，切实降低金融服务的成本，提升低收入群体金融服务体验和获得感。

第三，加强居民数字技术基础知识和金融知识的普及，培育金融风险识别和防范意识。

在数字普惠金融发展的背景下，部分居民仍然难以利用金融工具提升收入水平，如低收入居民、女性、中年居民等，其原因可能在于数字技术基础知识和金融知识的匮乏，缺乏运用数字金融技术的理念和意识。因此，有必要依托学校、社区、网络媒体等机构和渠道，组织针对特定对象的数字技术和金融知识培训、讲座，有效提升居民使用数字技术的能力和对数字金融产品的认知，使居民充分理解数字金融产品在优化资金配置、累积财富等方面发挥的作用以及利用金融产品需要具备的风险意识。

第四，加强数字金融监管，完善数字金融产品的消费者权益保护。

过去几年，浙江省数字普惠金融在积极发展的过程中出现了一些披着数字金融、互联网金融外衣的金融欺诈、非法集资等事件，包括P2P跑路、破产。此外，由于监管不完善，居民在使用数字金融产品过程中还存在个人身份数据、交易数据被泄露的隐患。这些数字金融领域存在的问题导致居民对数字金融产品的安全性产生怀疑，因此会抑制居民使用数字金融的频率和范围。为进一步推动数字普惠金融发展，有必要加强相关监管，包括数字金融机构的垄断问题、系统性风险问题、伦理道德问题、数据治理问题等。在实现数字普惠金融的过程中平衡好鼓励创新与识别、评估、监测和管理新风险之间的关系，切实保护消费者权益。

作者

范柏乃
刘金翠

# 浙江省共同富裕的实践探索
# 及政策支撑体系研究

——基于 1000 余位各行各业人士的问卷调查

## 一、引言

共同富裕是全体人民的共同期盼，是社会主义的本质要求，更是建成中国特色社会主义现代化强国的重要标志。在进一步坚持以经济建设为中心的前提下，推动经济社会发展，归根结底是要实现全体人民共同富裕。

自《中共中央 国务院关于支持浙江高质量发展建设共同富裕示范区的意见》发布以来，浙江省先后对共同富裕的内涵、意义、目标等都做出了深入阐释。基于共同富裕示范区的战略定位，浙江省提出了涉及物质基础、精神文化等 6 大方面的 20 条重大举措，并选取了 28 个地区进行共同富裕示范区建设试点。

共同富裕是全体人民的富裕，但当前浙江省还存在地区间、城乡间、人口间发展不平衡不充分问题。共同富裕政策在推动浙江省共同富裕示范区建设中发挥着重要的引导、激励、规范作用，但面对新问题、新挑战，现有的政策与实际需求间存在一定程度的不协调与不匹配，一些政策制定出台后实际需求不大甚至没有需求，而一些实际需求大的政策则未及时制定出台。亟须建立健全面向需求的政策支撑体系，提高其针对性、可操作性、可落地性，进一步让人民群众真切感受到共同富裕，以浙江的先行探索为全国推动共同富裕探路。

---

[作者简介] 范柏乃，浙江大学公共政策研究院副院长、中国非公经济人士统战研究浙江基地执行主任、九三学社浙江省委副主委；刘金翠，宁波大学研究生。

## 二、浙江省共同富裕的实践探索

浙江省各地普遍具有比较强烈的改革和创新意识，为探索出实现全省共同富裕的制度模式，先后做出了很多不懈努力：

1979 年，在浙江省温岭县，全国第一个个体工商营业执照发放，开启了个体工商的纪元。现今，浙江个体工商户突破了 450 万户，全国则超过 8200 万户；1982 年，义乌第一个全国专业市场创建，从"无中生有"到"无所不有"，义乌不仅创造了全球最大小商品市场的奇迹，也使自己成长为折射改革走向的"风向标"城市；1984 年，依托温州南部鳌江流域的天然良港建镇的苍南县龙港镇，从 5 个荒凉的小渔村起步，成功走出了一条不依赖国家投资、主要靠农民自身力量建设现代化城镇的新路子，被誉为"中国农民自费造城的样板"和"中国第一座农民城"；1990 年，杨汛桥作为绍兴出名的贫困乡，经省科委批准，由 9 家企业组成的"浙江经编星火技术产业开发集团"成立，一举开发出 30 多种经编工艺和 90 多种织物新产品；1997 年，全国第一个农民专业合作社在台州路桥成立，成立合作社以经营制度改革破题，中国农业现代化所需要的全新体制机制初露雏形；2003 年，全国第一个"千村示范，万村整治"工程在浙江全省开展，2018 年 4 月 25 日，习近平总书记强调要结合实施农村人居环境整治三年行动计划和乡村振兴战略，进一步推广浙江好的经验做法，建设好生态宜居的美丽乡村；2019 年，全国第一个民营企业发展的地方立法在浙江颁布，作为浙江省最大特色、最大优势和最大资源的民营经济的发展得到了法律保障……

## 三、浙江省共同富裕的政策供给研究

了解和把握浙江省共同富裕方面的政策供给状况是准确制定所需要政策的前提。从浙江省共同富裕方面的政策供给来看，主要集中在以下几方面：

（一）缩小地区差异方面的政策

支持浙江发挥好各地区比较优势，加强大湾区大花园大通道大都市区建设。更加主动对接上海、江苏、安徽，更好地融入长三角一体化发展。

率先实现基本公共服务均等化。探索建立覆盖全省中小学的新时代城乡教育共同体，探索终身学习型社会的浙江示范。深化县域医共体和城市医联体建设，推动优质医疗资源均衡布局。

完善先富带后富的帮扶机制。深入实施东西部协作和对口支援，持续推进智力支援、产业支援、民生改善、文化教育支援，加强对省外欠发达地区帮扶，大力推进产业合作、消费帮扶和劳务协作，探索共建园区、飞地经济等利益共享模式。

（二）缩小城乡差异方面的政策

探索股权流转、抵押和跨社参股等农村集体资产股份权能实现新形式。支持浙江率先建立集体经营性建设用地入市增值收益分配机制。

健全农业转移人口市民化长效机制，探索建立人地钱挂钩、以人定地、钱随人走制度，切实保障农民工随迁子女平等接受义务教育，逐步实现随迁子女入学待遇同城化。

持续改善城乡居民居住条件。对房价较高、流动人口多的城市，土地供应向租赁住房建设倾斜，探索利用集体建设用地和企事业单位自有闲置土地建设租赁住房，扩大保障性租赁住房供给，加快完善长租房政策，使租购住房在享受公共服务上具有同等权利。

全面推进城镇老旧小区改造和社区建设，提升农房建设质量，加强农村危房改造，探索建立农村低收入人口基本住房安全保障机制。

坚持最严格的耕地保护制度和最严格的节约用地制度，严格规范执行耕地占补平衡制度，对违法占用耕地"零容忍"，强化耕地数量保护和质量提升。

优化财政支出结构，加大保障和改善民生力度，建立健全改善城乡低收入群体等困难人员生活的政策体系和长效机制。拓宽城乡居民财产性收入渠道，探索通过土地、资本等要素使用权、收益权增加中低收入群体要素收入。

（三）缩小收入差异方面的政策

大力发展企业年金、职业年金、个人储蓄型养老保险和商业养老保险。做好长期护理保险制度试点工作，积极发展商业医疗保险。健全灵活就业人员社保制度。

完善重点群体就业支持体系，帮扶困难人员就业。创造公平就业环境，率先消除户籍、地域、身份、性别等影响就业的制度障碍。

支持企业通过提质增效拓展从业人员增收空间，合理提高劳动报酬及其在初次分配中的比重。合理调整最低工资标准，落实带薪休假制度。丰富居民可投资金融产品，完善上市公司分红制度。鼓励企业开展员工持股计划。

实施扩大中等收入群体行动计划，激发技能人才、科研人员、小微创业者、高素质农民等重点群体活力。

完善再分配制度。支持浙江在调节收入分配上主动作为，加大省对市县转移支付等调节力度和精准性，合理调节过高收入。依法严厉惩治贪污腐败，继续遏制以权力、行政垄断等非市场因素获取收入，取缔非法收入。

充分发挥第三次分配作用，发展慈善事业。探索各类新型捐赠方式，鼓励设立慈善信托。

（四）共同富裕政策供给存在的问题

当前浙江省为实现共同富裕所采取的政策在供给层面仍存在一些问题，只有对问题进行有效分析，才能精准有效地施策。

首先，从供给侧看，既然是为全国人民共同富裕作示范，探索可复制、可推广的经验，浙江省在考量自身发展的特定省域情境的同时，应兼顾体制的可推广性，因而不能指望中央财政给予特殊照顾。而且为了推动全国人民共同富裕，浙江必定还要为全国、为对口帮扶地区作出更大贡献。此外，发达地区在"土地财政"上的区位优势难以持续，上级财政的转移支付主要体现在事权和财权相统一，地方财政因为给企业减负和扩大政府公共服务职能带来的减收增支因素不少，政府负债率也不能大幅度提高，所以必须量入为出。因而，针对地区间差异的政策应该兼顾成本效应。

其次，在逆全球化潮流的挑战面前，市场化程度和经济外向度高的浙江面临的压力更大，畅通国内大循环需要在中央的领导和推动下，与兄弟省市进行合作，共同改善营商环境，反对地方保护主义，促进全国统一市场的发展。因而，相关政策应在积极激励浙江与他省合作的同时，对相关权益进行有效保护。

最后，浙江省存在的最大短板是区域差距较大，如衢州、丽水等山区城市与杭州、宁波等城市的收入存在较大差距。同时，在浙江工作的外地农民工与当地居民在工资报酬、公共服务与社会福利方面也存在较大的差距。但相关具体政策还比较匮乏。

## 四、浙江省共同富裕的政策需求调查

为准确、全面地了解推进浙江省共同富裕示范区建设的政策需求，浙江大学公共政策研究院、九三学社浙江省委、非公经济人士研究基地联合组织进行大样本问卷调查，收回有效问卷 1053 份。问卷设计综合采用文献对比、文本分析、专家访谈等方法，从缩小地区差异、缩小城乡差异、缩小收入差异三个层面梳理了 18 条共同富裕领域的关键政策，请被调查对象根据专业知识和实践经验，判断这些政策的需求强度和预期效果，具有较高的信度和效度。调查取样采取分层抽样方法，被调查对象包括专家学者、企业家、政府官员、公务员和普通群众 5 类代表性群体。问卷调查时间为 2021 年 8 月 1～5 日。

（一）被调查对象的基本情况

自 2021 年 8 月 4 日《实现我省共同富裕的政策需求》问卷调查启动以来，得到浙江省各类人士广泛支持。截至 2021 年 8 月 17 日 24 时，共收集 1053 份调查问卷，调查对象涵盖专家学者、企业家、政府官员、公务员以及群众，如图 1 所示。

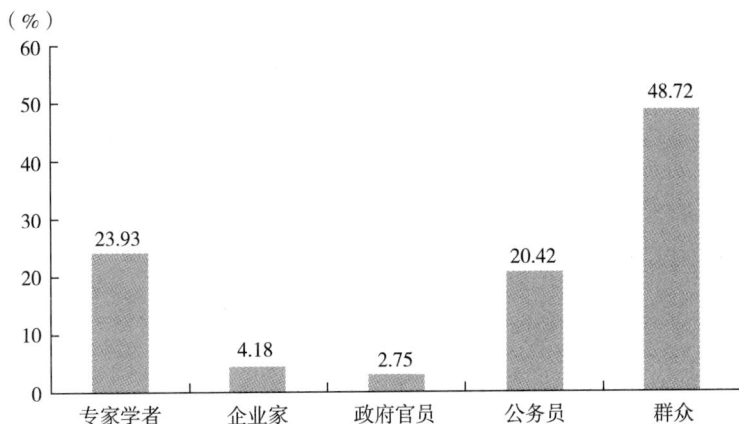

**图1 受访对象身份分布**

因为本文政策的着力点之一是缩小地区差异，因而有必要对被调查者所属地区进行分析。从受访者所在的地区看，涵盖全省11个地市。其中，杭州市322人、宁波市126人、温州市28人、绍兴市248人、湖州市27人、嘉兴市48人、金华市101人、台州市54人、衢州市64人、丽水市3人、舟山市32人，如图2所示。

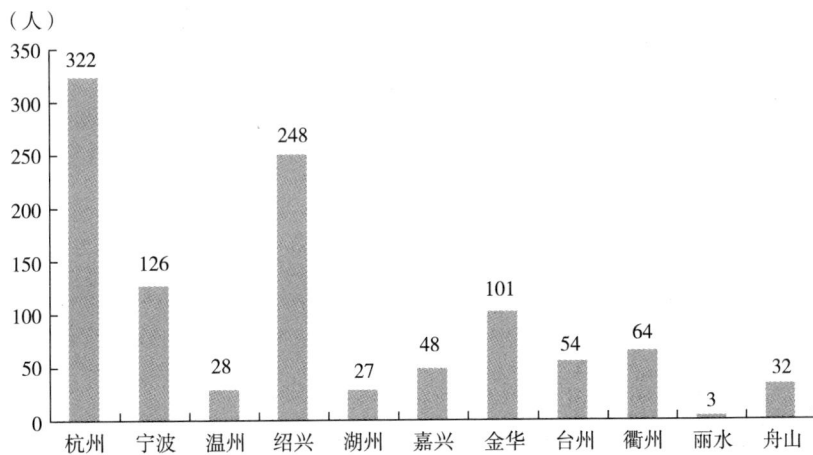

**图2 受访对象所属地区分布**

共同富裕是全体人民的共同富裕、共享发展成果、共同过上幸福美好的生活，而不仅仅是一部分人和一部分地区富裕、享有大部分发展成果和享受美好生活。这首先意味着不同区域、城乡间，不同收入群体间生活水平差距不能过大，发展成果共享程度的度量因而体现在缩小地区差异、缩小城乡差异以及缩小收入差异三方面。为进一步明确三个一级指标所占的权重，我们有必要进行相应的调查。从被调查者认为实现共同富裕的关键来看，受访对象呈现 54% 受访者认为关键在于缩小收入差距，较为均等数量的受访者认为关键在于缩小地区、城乡间差异的特征，如图 3 所示。

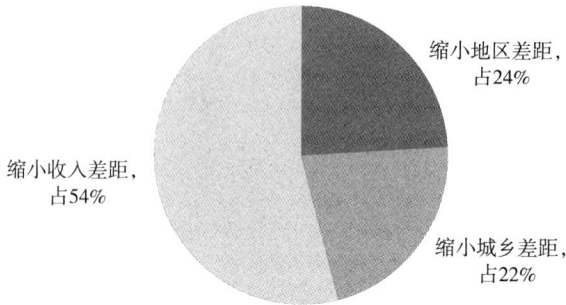

**图 3　关于共同富裕的关键**

### （二）共同富裕政策的需求强度

需求强度最高的 9 项政策分别是"完善省域统筹机制，加快形成省域一体化发展格局"（788）、"保护合法收入，调节过高收入，取缔非法收入"（694）、"推进新型基础设施建设，强化对县域经济的价值赋能"（687）、"高质量推进乡村产业振兴"（686）、"完善社会救助体系，强化民生兜底政策"（638）、"着力盘活农村闲置宅基地和闲置农房"（602）、"强化职业技能提升长效机制，提高劳动者就业质量"（581）、"提高最低工资标准，健全工资合理增长机制"（562）、"强化就业优先政策，健全公共就业服务体系"（550）。其中，缩小地区差异政策占比22.2%，缩小城乡差异政策占比 22.2%，缩小收入差异政策占比 55.6%。被调查者对象对各项政策的选择频次如图 4 所示。

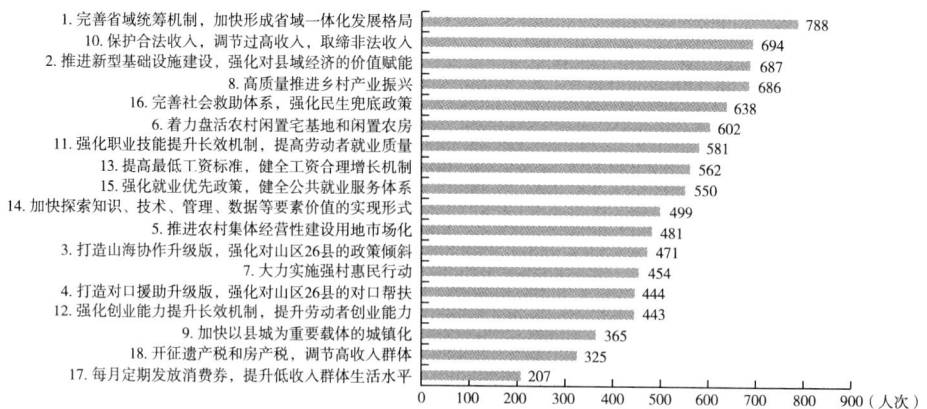

**图 4　共同富裕政策的需求强度判断**

注：需要强度最强的九项政策分别为第 1、10、2、8、16、6、11、13、15 政策，其中，1、2 项政策对应缩小地区差异，第 8、6 项政策对应缩小城乡差异，第 10、16、11、13、15 项政策对应缩小收入差异。

民生变量就是与人民生命财产的相关程度，它是政策工具选择首要考虑的变量。从政策工具需求出发，关于被调查者认为最需要的9种政策，数据呈现地区间的差异：以丽水、衢州、金华、舟山为代表的浙西南欠发达山区，更为需要缩小地区间的政策，对于缩小城乡差异的政策需求其次，对于缩小收入差距的政策需求位列最后。

（三）共同富裕政策的预期效果

被调查对象对预期效果评分最高的9项政策依次为："强化职业技能提升长效机制，提高劳动者就业质量"（5.69）、"高质量推进乡村产业振兴"（5.66）、"保护合法收入，调节过高收入，取缔非法收入"（5.64）、"完善省域统筹机制，加快形成省域一体化发展格局"（5.58）、"强化创业能力提升长效机制，提升劳动者创业能力"（5.52）、"完善社会救助体系，强化民生兜底政策"（5.50）、"着力盘活农村闲置宅基地和闲置农房"（5.48）、"强化就业优先政策，健全公共就业服务体系"（5.47）、"推进新型基础设施建设，强化对县域经济的价值赋能"（5.34）。（评分标准：分值区间为1～7分，分值越高表示作用越大，1表示作用非常小、4表示作用中等、7表示作用非常大。）被调查者对象对各项政策预期效果的评分如图5所示。

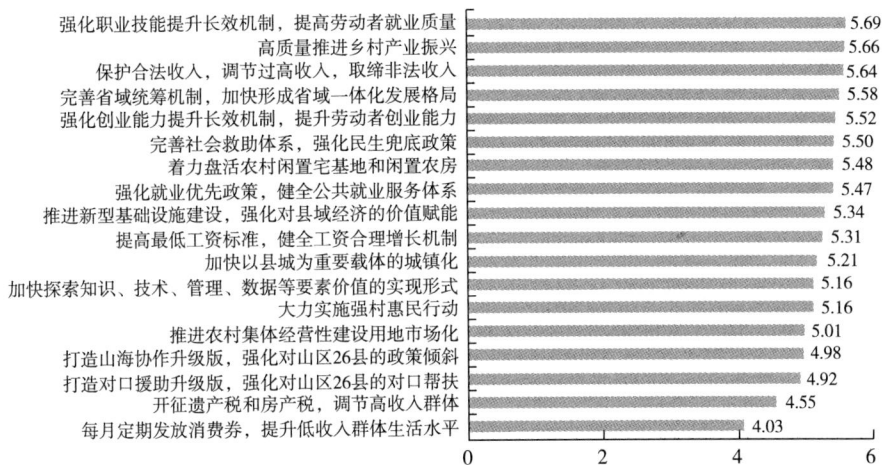

图5 共同富裕政策的预期作用研判

将政策需求强度排名前9位的政策与预期效果排名前9位的政策进行比较分析发现，有8项政策是重叠的，包括"完善省域统筹机制，加快形成省域一体化发展格局"；"保护合法收入，调节过高收入，取缔非法收入"；"推进新型基础设施建设，强化对县域经济的价值赋能"；"高质量推进乡村产业振兴"；"完善社会救助体系，强化民生兜底政策"；"着力盘活农村闲置宅基地和闲置农房"；"强化职业技能提升长效机制，提高劳动者就业质量"；"强化就业优先政策，健全公共就业服务体系"。

## 五、基于供需匹配的浙江省共同富裕的政策支撑体系研究

推进浙江省共同富裕示范区建设，要采取积极有为的政策思路，构建系统化、全方位、综合性的政策体系，从供给、需求和环境三个层面形成政策合力。同时，更为关键的是面向需求建立健全政策体系，提高针对性与实用性，放大政策效应，为数字经济高质量发展提供有力支撑。建议组织数字经济领域研究的专家对数字经济政策的实际需求进行常态化的跟踪调查，根据需求强度和预期效果，动态调整数字经济政策的目标、工具、范围及力度，健全完善涵盖供给、需求和环境三个层面的数字经济政策支撑体系，使数字经济政策与实际需求互相匹配、彼此协调，有力推动我国数字经济高质量发展。当前，建立健全面向需求的推进我国数字经济高质量发展的政策支撑体系可从以下七个方面着力：

（一）缩小地区差异，聚焦落后山海地

推进共同富裕示范区建设是一项系统工程，要结合区域协调发展战略等重大战略的深入实施协同推进，形成与区域协调发展战略等重大战略同频共振、协同发力的良好局面。浙江省作为长三角一体化的重要战略发力点，应努力缩小地区间的差异，不断打造自身优势。但在当前经济发展状态下，浙江省地区间的发展不均衡问题仍较为突出。为此，受访者表现出了对缩小地区差异政策的强烈需求，并将主要关注点聚焦在省、县两级行政区划。

第一，完善省域统筹机制，加快形成省域一体化发展格局。共同富裕美好社会是社会结构更优化、体制机制更完善的社会形态，形成全域一体、全面提升、全民富裕的均衡图景。省域一体化是经济发展的必然趋势，也是重塑区域经济地理新格局、增强整体竞争力的重要手段。未来缩小区域发展差距、实现区域协调发展的过程在很大程度上应立足"人"而非"地"的发展，尊重人民群众的迁徙意愿，为人口和劳动力跨地区流动、城乡之间流动创造政策便利。在此过程中，省域统筹的重要性日益凸显。

而自 2020 年大都市区建设规划实行以来，省域一体化得到了各界的广泛关注。过去，很多行动能够由某一个企业或者某一个县域经济体完成，但随着经济发展进入新阶段，已难以由一个城市独立承担，需要周边城市紧密协作、优势互补。作为大都市区建设的必然趋势，完善省域统筹机制，加快形成省域一体化发展格局将继续推进浙江省一批一体化先行区建设。

建议：一是进一步完善交通基础设施，补齐铁路短板、整合港口岸线、统筹机场群；二是降低要素之间的流通成本，避免重复建设和资源浪费，促进原材料、资

本、技术和劳动力等生产要素在区域内的自由流动和高效配置；三是根据不同区域的特色和功能定位，发挥各自比较优势，加强不同地区产业合作，强化产业链优化整合。

第二，推进新型基础设施建设，强化对县域经济的价值赋能。基础设施包括交通、能源、水利等传统基础设施和第五代移动通信、工业互联网、大数据中心等为代表的新型基础设施，在经济社会发展全局中具有先导性、基础性、战略性作用。基础设施是城市、农村中企业和居民生产和生活所必需的公用设施，是城市与农村存在、运转和发展的物质基础，也是其经济和社会发展的重要载体和发展结果。在牢牢把握扩大内需这个战略基点，加快新型基础设施建设背景下，中心城市和城市群等经济发展优势区域正成为承载发展要素的主要空间，但同时也面临着地理边界限制、区域能源安全保障不足等薄弱环节和短板。

建议：一是快速推进城际高速铁路和城际轨道交通、特高压电力枢纽以及重大科技基础设施、科教基础设施、产业技术创新设施等基础设施的建设。二是强化新基建的应用，加快新基建的拓展应用，促进新型工业化、信息化、城镇化、农业现代化同步发展，提升发展整体效能。此外，新基建要尽快补齐乡村在交通基础设施、文化教育、医疗卫生、生态环保、宽带网络等方面的短板，为农业农村发展创造良好环境。三是发挥好市场和政府的作用，坚持以市场投入为主，支持多元主体参与建设，通过市场机制带动新基建投资。政府的作用在于加强新基建的规划引导，明确发展标准、统筹规划、监管监督、风险防范和营造良好发展环境。

（二）缩小城乡差异，统筹城乡发展

自城市化不断推进以来，城镇发展日益迅猛，而城乡之间的差距日益突出。因而，在推进共同富裕示范区建设进程中，农业、农村、农民逐渐演变成薄弱环节，如何促进农业变强、农民变富、农村变美是共同富裕示范区建设的重点任务。为此，人们对缩小城乡差距的政策出台表示积极支持，尤其体现在以下政策上。

第一，推进农村集体经营性建设用地市场化。农村集体经营性建设用地是农村集体经济组织的重要生产资料，事关民生大计。随着市场经济的不断发展完善，工业化、城镇化逐步深入推进，农村集体经营性建设用地的市场化元素特征越来越显著，实践中存在着农村集体建设用地隐性流转的情形。当前，农村集体建设用地"不同权、不同市、不同价"等问题仍然突出，集体建设用地流转范围主要限于集体内部，但真正的需求在外部。推进农村集体经营性建设用地市场化，能充分激发农村发展内生动力。其在推动城乡统一建设用地市场、增加农民收入、保障农村产业发展用地、提升农村土地治理水平等方面发挥关键作用。

然而，收益如何合理分配是集体经营性建设用地入市面临的核心问题。这一问题的产生是由于法律对入市主体在规定上仍存在"真空"，导致集体土地所有权指代模糊且难以落实到位而导致的。此外，征收补偿标准提高可能会大幅提高未来的开发成本，使农村集体经营性建设用地市场化难以付诸实践。

建议：一要赋予农民更多的财产权利，激活农村各类生产要素的潜能，充分发挥农民积极性和市场要素配置作用；二要协调好"市场主导"与"政府服务监管"的关系，大胆推进同集体经营性建设用地入市紧密相关的其他制度改革，积极创新服务监管措施、加快构建入市制度的政策体系；三要各级政府要对土地制度改革的重点有所把握，逐步解决当前农村土地制度中存在的主要问题，形成农民、市场、政府三方合力的良好局面，使农村土地制度与新型城镇化、农业现代化相融合，让农民成为改革的积极参与者和真正受益者。

第二，着力盘活农村闲置宅基地和闲置农房。农村宅基地和住宅是农民的基本生活资料和重要财产，也是农村发展的稀缺性而不可再生的重要资源。近年来，随着城镇化快速推进，农业转移人口数量不断增加，农村宅基地和住宅闲置浪费问题日益突出。着力盘活农村闲置宅基地和闲置农房对于增加农民收入、促进城乡融合发展和推动乡村振兴具有重要意义。据相关学者研究发现，立法上的缺陷和政策上的模糊已经成为农村闲置宅基地和闲置农房盘活利用的最大障碍，且由于其可能存在的土地收储、房屋征收工作资金问题进度较慢、基础差且前期投入大、招商引资项目洽谈进程较慢等问题，着力盘活农村闲置宅基地和闲置农房的预期效果可能不太理想。

建议：一是根据具体闲置原因建立台账，做好分类统计，全面摸清农房闲置现状。在此基础上，进一步完善农村闲置宅基地和闲置农房政策，充分发挥农民主体作用，着力构建依法公平取得、节约集约使用、自愿有偿退出的农村宅基地制度；二是设立专项资金、引进专业项目人才，在前期做好大量准备工作，方便后期盘活工作的开展；三是派专人对广大农村住户进行思想引领，鼓励闲置宅基地、闲置农房的有效利用。

（三）缩小收入差距，兼顾全民富裕

鼓励人民勤劳致富、合法致富、缩小收入差距是让人民群众真真切切感受共同富裕看得见、摸得着、真实可感的重大举措，也是共同富裕示范区建设的主攻方向之一。

第一，强化职业技能提升长效机制，提高劳动者就业质量。近年来，随着浙江省经济增长模式的转变，产业结构不断调整优化升级，对劳动者的素质要求越来越高，企业希望通过开展职业培训，提高员工的技能素质，以增强企业的综合竞争力。当前，部分劳动者的职业技能还有待提升，即使具备一定的职业技能，也尚且缺乏长效培训机制。开展大规模职业技能培训，提高劳动者素质，是提升劳动者就业创业能力，缓解结构性就业矛盾，促进扩大就业、稳定就业、提高就业质量的重大举措。

建议：一要优先走发展型社会政策之路，通过人力资本投资，促进人的发展能力，提高劳动力的素质，从而使社会福利发挥更多的"生产性因素"。二是省政府在设立再就业工程基金的基础上，应建立促进就业资金投入的长效机制。在此基础上，各下级行政单位应将就业投入资金列入本级财政预算。三是提升弱势群体可行能力的教育和培训政策，有助于实现高劳动参与率和劳动质量，这也是提升弱势群体可行能力的重要举措。

第二，加快探索知识、技术、管理、数据等要素价值的实现形式。加快探索知识、技术、管理、数据等要素价值的实现形式是我国按劳分配为主、多种分配方式并存的分配方式的创新性演化。在如今多重经济主体竞相迸发活力的背景下，价值的实现形式不单单局限于简单的要素构成，而是逐渐呈现出多种要素并举的状态。为此，加快探索多重要素价值的实现形式对不同市场主体实现自身劳动价值具有重大意义。在激发市场主体活力的同时，能够促进不同个体的共同富裕。具体每个要素所占的分配权重应根据具备特定要素的劳动者的数量以及具体要素的稀缺性、不可替代性等因素综合而定。

建议：一是应不断完善创新要素参与分配机制。如在完善科技奖励体系、加强知识产权保护、积极发展科技金融等方面都做出不懈努力；二是要完善创新创业创造支持政策体系，培育更加活跃、更有创造力的市场主体，完善创新要素参与分配机制；三是在加快探索多重要素价值的实现形式的同时，推动共同富裕的理论创新、文化创新、实践创新和制度创新。

第三，完善社会救助体系，强化民生兜底政策。习近平总书记强调，要坚持以人民为中心的发展思想，扎实做好保障和改善民生工作，实实在在帮助群众解决实际困难，兜住民生底线。为此，2020 年，中共中央办公厅、国务院办公厅印发《关于改革完善社会救助制度的意见》，要求用 2 年左右时间健全分层分类、城乡统筹的中国特色社会救助体系，到 2035 年实现社会救助事业高质量发展。

社会和经济的平等有起点平等、过程平等、结果平等三种形态。共同富裕是一个动态演变的概念，其在一定意义上包含起点公平、过程公平和结果公平三部分。在操作层次上，由于竞争的起点和社会制度的复杂性，我们不能完全识别和消除起点与过程的不公平，"如果在资源、财富分配的结果上出现了贫富悬殊、两极分化的情况，那么，肯定是社会不公正的最突出表现"。通过矫正结果的不公平，能够在一定程度上矫正隐性的起点和过程不公平。当然，结果不公平中蕴含了多大比例的起点和过程不公平，需要我们进一步进行量化处理，这样才能制定更加公平正义、更具可操作性的分配方案。

罗尔斯在《正义论》中提出了正义的两条原则：一是平等的自由原则，二是差别原则与机会平等原则。由于人们在现实生活中生存能力和条件的不平等，政府应该立足于现实存在的差异中为处于不同条件、不同境遇的公民创造公平发展的机会。而当下总有一部分群众因身体、能力或其他原因陷入贫困，依靠自身努力无法摆脱困境。

建议：一是政府应主动采取差异化、有针对性的政策工具，针对那一部分未富起来的人民群众，提高中低收入群体的收入、更好地保障人民群众的生存和发展；二是政府应主动作为，将一定比例的财政金额用于社会救助；三是秉持"授人以鱼不如授人以渔"的原则，在进行基础性民生兜底的同时，强化救助长效机制，为困难群众提供更多依靠自身努力改善生活状况的就业、创业等机会。

第四，每月定期发放消费券，提升低收入群体生活水平。消费券历来是政府在经济下行时期用以纾困、提振经济的有效逆周期调节手段，世界各国政府均具有丰富的实践经验。随着时代的发展、经济理论的完善以及科技手段的进步，消费券自身也在不断进化，其演变路径可以概括为"现金—普通消费券—数字消费券"。2020年初，新冠肺炎疫情暴发，我国各级政府积极响应中央号召，在"互联网平台＋数字消费券"领域迈出全新的一步，既完成了刺激消费拉动需求的政策使命，也彰显了我国政务系统长期以来不断数字化智慧化的努力成果。数字消费券不但继承了传统消费券的经济意义，而且兼具新时代技术水平和政策理念所赋予的经济效能。

每月定期发放消费券已经在很多城市试行。其能够引导市民在特定领域消费，产生乘数效应，帮助商家及时回血、渡过难关，从而加速经济复苏。对于低收入群体来说，消费券金额虽然不大，却是雪中送炭，可实实在在地帮助改善生活。

根据2020年地市级政府消费券和省市级政府消费券发放面额总量可以看出，地市级政府消费券发放总额较高的城市主要集中在我国经济较为发达的东部沿海地区。值得注意的是，浙江省实力强劲，省下多个地级市发放消费券总额均位于全国前列，如杭州、温州、嘉兴、绍兴、台州以及金华等城市消费券的发放总额都在1亿元以上，并且发放总额皆超过20亿元，全省消费券发放金额占财政收入的0.03%，但和北京的2.11%还相差甚远。

在实际实施过程中，发放消费券效率低下、违背公平等问题层出不穷。如在单一互联网平台上发放消费券，不仅违背了《政府采购法》规定，破坏了市场竞争公平性，也直接影响了消费者的自由选择权。若消费券在发放中限定与某一互联网平台合作，势必会增加消费者的转换成本，或者直接减少消费者的选择。这些都影响着消费券的效果。

政府政策工具选择只能是在特定资源稀缺的限制下进行的比较选择，消费券在一定程度上具有稀缺性，因而，必须搞清楚特定资源与人民生命财产的相关程度。按照时间上的日常需求性，空间上的相互包容性和变量间的关联性程度进行由高到低排序，依序作为政府政策工具选择的条件和变量。

建议：一是浙江省应根据财政收入状况，适当提高消费券所占比例；二是在面值上，应设定具体的经济带动效应值，并结合"预期杠杆"，确定发放消费券总额，制定从几十元到几百元乃至几千元的不同额度等级的消费券；三是根据消费者不同的需求，设定涉及餐饮、零售、文旅、汽车、家电、体育等方面的消费券。

## 六、结论与展望

作为共同富裕示范区的浙江，富裕程度较高、均衡性较好。但从地理区划看，有"七山一水"；从城乡看，农村户籍人口占了一半，还存在地区间、城乡间、人口间发展不平衡不充分问题。针对浙江独特的省域特点，亟须建立健全面向需求的推进浙江省共同富裕示范区建设的政策支撑体系，进一步让人民群众真切感受到共同富裕看得见、摸得着、真实可感，以浙江的先行探索为全国推动共同富裕探路。

调研发现：浙江省各行业各类人员普遍对共同富裕有着美好的愿景，同时表现出了对相关政策举措的强烈需求。而他们的关注点主要聚焦于缩小地区差异、缩小城乡差异以及缩小收入差异三方面。为满足当前人民对美好生活的需求，省委、省政府应精准施策，以缩小地区、城乡、收入差异为重点抓手，准确把握实现共同富裕的政策需求，为制定实现共同富裕的政策支撑体系提供依据。

具体应围绕完善省域统筹机制、推进新型基础设施建设、推进农村集体经营性建设用地市场化、着力盘活农村闲置宅基地和闲置农房、强化职业技能提升长效机制、加快探索多重要素价值的实现形式、完善社会救助体系、每月定期发放消费券等方面制定针对性的政策。

# 深化改革

作者
浙江大学公共政策研究院
浙江省公共政策研究院

# 衢州市"县乡一体、条抓块统"改革评价报告

## 一、评价说明

衢州市"县乡一体、条抓块统"改革经过一段时间的推进实施已取得实质性进展和阶段性成效，正在谋划下一阶段的改革思路和方案。在这关键的承上启下的时间节点，亟须对前期"县乡一体、条抓块统"的改革工作及下一阶段的改革方案进行系统、全面、客观的评价，以便后续更好地深入推进"县乡一体、条抓块统"改革，为衢州市基层党建、减负赋能、乡村振兴、社会治理、平安建设等方面走在全省乃至全国前列，构建"县乡一体、条抓块统"高效协同治理格局，打造县域整体智治全省标杆提供科学支撑。

浙江大学公共政策研究院/浙江省公共政策研究院课题组要围绕"县乡一体、条抓块统"改革的目标，进行改革总体性评价、过程评价和结果评价。改革总体性评价主要评估改革的创新性、科学性和合规性，以定性评价为主，结合定量评价；改革过程评价主要评估改革的关键举措，定性方法和定量方法相结合；改革结果评价主要评估改革的成效，以定量评价为主。在上述评价基础上，梳理分析衢州市"县乡一体、条抓块统"改革需要进一步解决的问题，剖析问题成因，并就衢州市"县乡一体、条抓块统"下一步改革提出针对性、建设性的建议。本次评价的基本框架如图1所示。

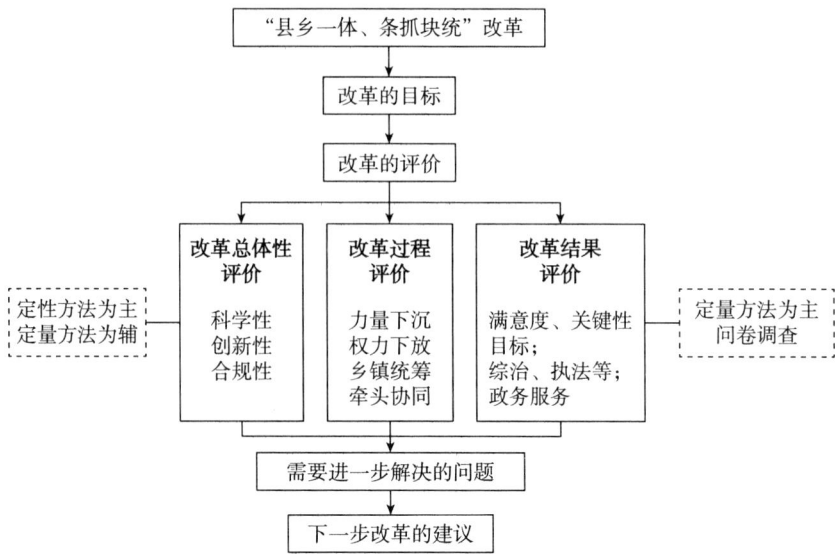

**图1 评价基本框架**

本次评价采取实地考察、现场访谈、专家研讨、问卷调查、文献分析与案头研究等方法。实地考察衢江区社会治理中心、江山市贺村镇政务服务中心、衢江区廿里镇综合信息指挥室及便民服务中心等单位的"县乡一体、条抓块统"改革试点工作；现场访谈涉及衢州市"县乡一体、条抓块统"改革专班、部门、乡镇的领导和普通工作人员，举行座谈会共7次，一对一访谈共33人次；问卷调查样本覆盖"县乡一体、条抓块统"改革相关的企业1000家、群众434人、政府内部人员6813人，其中政府内部调查剔除填写IP重复和填写时间极短的问卷后，得到有效问卷6734份，面向企业和群众的调查由衢州市统计局通过电话调查完成，政府内部相关人员的调查由浙江大学公共政策研究院课题组通过网络调查完成；与浙江省委改革办、省执法指导办的相关专家进行专题访谈与汇报共计4次。本次评价涉及的数据主要来自政府统计数据、部门考核数据、系统后台数据和问卷调查数据等（见表1）。

从评估的方法上看，本次调研具有几个特征：一是调研的全面性。本次调研从衢州市、各区县、乡镇等各级层面抽取有关人员进行访谈，涉及范围广、层级全、人员多，具有较好的全面性。二是调研的代表性，以衢江区、常山县、江山市等改革步伐较快的区县作为代表性区县，进行深入访谈，剖析了改革过程中不同区域已有的成效、面临的问题等，具有较好的代表性。三是调研的科学性，将集体座谈、一对一访谈、实地考察等方法相结合，对不同的对象进行调研，调研呈现较好的科学性结果。

表1　调研时间和内容基本统计

| 时间 | 调研 | 统计数 |
|---|---|---|
| 2021 年 1 月 18～19 日 | 第一轮调研 | 涉及专班工作组、衢江区、江山市等有关人员，共 30 人次 |
| 2021 年 2 月 1～3 日 | 第二轮调研 | 涉及专班工作组、常山县有关部门、衢江区有关部门、乡镇人员、派驻人员等，共 53 人次 |
| 2021 年 3 月 4～5 日 | 第三轮调研 | 涉及廿里镇、衢江区、市级有关部门等，共 20 人次 |
| 2021 年 2 月 19 日 | 浙江省委改革办 | 涉及浙江省委改革办相关领导和专家，共 3 人次 |
| 2021 年 2 月 23 日 | 其他试点区县调研：柯桥区 | 涉及柯岩街道、区政法委、综合执法局等，共 20 人次 |
| 2021 年 2 月 25 日 | 其他试点区县调研：长兴县 | 涉及政府有关部门等，共 14 人次 |
|  | 浙江省执法指导办 | 涉及浙江省执法指导办相关领导和专家，共 2 人次 |

## 二、评价结果

### （一）改革总体性评价

衢州改革是对国家基层行政管理体制改革的创新探索，从基层治理能力现代化出发，以奋力打造基层治理"重要窗口"为使命，以县域整体智治高效协同为目标，基于衢州市经济社会发展阶段特点和基层治理实际情况，运用适当授权、模块化大部制和矩阵虚拟组织等现代组织管理方式和数字赋能技术，开展对我国长期以来以县域为基层治理中心的行政管理体制的改革探索，是浙江省当前数字化改革的重要组成部分，是县域治理现代化的重大集成创新。

1. 科学性

衢州改革的核心工作符合合理授权和权责对等的基本管理原则。一是乡镇（街道）基层分布地域广、差异性大、事件处理紧迫性强，根据集权分权原则，应该采取分权，给乡镇授权，人员下沉，快速解决基层出现的问题，衢州市在构建集成化联动指挥体系中强化乡镇（街道）综合信息指挥室的指挥协调监督作用以及在试点乡镇下放执法权限正是放权的体现和落地；二是乡镇（街道）作为最基层的一级政府，承担了最终的属地管理责任，但相应的权限尤其是执法权甚少，乡镇（街道）的权责不对等，不利于乡镇（街道）开展工作，衢州改革在一定程度上解决了乡镇（街道）权责不对等问题。

2. 创新性

衢州改革在体制突破和系统集成推进上有创新性。一是从全省现有改革进程看，衢州改革走在最前列，相比其他试点区县还停留在机制创新改革，衢州市突破了一些体制性障碍，进行大胆改革与尝试，引领全省在该领域的改革，示范作用体现在部门人员的进一步下沉、授权中心乡镇执法、派驻人员融入乡镇大模块等。二是相比全国各地的做法，衢州改革在专班推进运行机制、整体系统协调推进和改革关键举措上有创新。衢州在市级层面成立改革试点工作领导小组与推进办，下设6个专班工作组，县（区、市）成立改革专班，快速有效地推进改革任务；构建"县乡一体、条抓块统"改革的六大体系，相辅相成，构成一个有机整体，系统整体推进改革工作；改革关键举措包括"主"字型体系架构、"王"字型运行机制、派驻人员"双锁定"、"四维考核"、"四权管理"、周二无会日、三联工程等，直指"县乡一体、条抓块统"改革的痛点和难点。

3. 合规性

衢州改革完全符合中央和浙江省委、省政府的改革大方向和改革精神。一是党的十八届三中全会就提出"加快形成科学有效的社会治理体制"目标，"创新社会治理体制"任务，并指出"整合执法主体，相对集中执法权，推进综合执法，着力解决权责交叉、多头执法问题"。党的十九大报告再次强调"要加强和创新社会治理"。二是浙江省第十四次党代会明确提出"加强和创新社会治理"任务，在《中共浙江省委关于制定浙江省国民经济和社会发展第十四个五年规划和二〇三五年远景目标的建议》中确立"十四五"期间基本建成"县乡一体、条抓块统"高效协同治理格局的目标，浙江省委全面深化改革委员会第十二次会议强调，"县乡一体、条抓块统"改革是自下而上构建基层整体智治格局，推进基层治理体系和治理能力现代化的关键之举。三是衢州改革与中共中央办公厅、国务院办公厅出台的相关文件提出的意见保持一致，如《中共中央、国务院关于深入推进城市执法体制改革改进城市管理工作的指导意见》（2015年）、《关于加强乡镇政府服务能力建设的意见》（2017年）、《关于推进基层整合审批服务执法力量的实施意见》（2019年）、《关于加强和改进乡村治理的指导意见》（2019年）等。

（二）改革过程评价

1. 力量下沉：加强基层力量，解决了基层力量不足的问题

一是通过"锁编"来实现力量下沉。衢州改革采用了锁定部门在乡镇派出机构的编制数和部门纳入乡镇统筹管理人员数的方式，实现人员下沉。根据问卷调查结果统计，衢州市1375名部门派驻人员下沉到乡镇，比改革前增长24.6%。二是通过完善派驻人员的管理方式，支持基层力量建设。衢州改革对派驻人员进行实名制备案管理，原则上2年内不换岗，推动素质优良、有发展潜力的部门干部派驻到乡镇平台，人员经费、党（团）组织、工会等关系迁转到乡镇，该管理方式保证了派驻人员工作的稳定性和可持续性。三是创新编制管理方式，增加乡镇编制，加强基层力量建设。衢州改革实施机构编制"县管乡用"、岗编适度分离，拿出一定的周转编制减上补下、支持乡镇。根据问卷调查结果统计，衢州市75%的中心镇增加了编制，"增编"进一步壮大了基层力量。

2. 权力下放：厘清了部门和乡镇之间的权责关系，乡镇的自主权得到一定的保证，为乡镇的综合执法奠定基础

一是通过梳理权力下放清单，明确部门给乡镇下放的权力。衢州改革梳理了权力下放清单，包括"必须放"（江山市225项）、"可放可不放"（江山市192项）、"不能放"三类清单，进一步明确了乡镇和部门之间的权责边界。二是授权数量具有较高的合理性，试点区县效果更为显著。从授权数量上看，权力下放的数量较为合理。问卷调查结果显示，政府人员认为授权给乡镇的行政执法数量较为合理的比例为77.12%，试点区县的效果尤为明显，如衢江区认为授权给乡镇和行政执法数量较为合理的比例高达84.67%。三是领导层面对权力下放数量认可度较高且统一，但具体的执法派驻干部对其认可度不高。以衢江区为例，部门领导认为权力下放数量合理的比例高达91.38%，乡镇领导认为权力下放数量合理的比例高达91.11%，综合执法部门干部认为权力下放数量合理的比例为65.57%，市场监管部门干部认为权力下放数量合理的比例为52.81%，这种差异可能是由领导层和派驻人员对执法事项下放的认知程度不一所导致的。四是授权内容的合理性整体较高，不同部门之间存在较大差异。问卷调查结果显示，96.78%的人员认为下放的权力较为合理，已经下放的行政执法权中没有不应下放的权限。部门领导和乡镇领导认为权力下放数量合理的比例为93.87%和92.64%，不同部门派驻干部认为权力下放数量的比例存在较大差异，综合执法部门干部认为权力下放数量合理的比例为94.5%，市场监管部门派驻干部认为权力下放数量合理的比例为88.34%，相对较低，可能是因为市场监管部门的执法事项相对比较多和广，资规部门干部认为权力下放数量合理的比例为98.04%，农林农业部门的干部认为权力下放数量合理的比例为96.31%。总体上，95.25%的人员认为没有出现应下放的行政执法权没有下放的情况。五是领导对于高频简单执法权限下放的认可度较高，具体部门派驻干部的认可度较低，特别是市场监管部门派驻干部。74.07%的人员认为将部门部分高频简单执法权限授权给乡镇是合理的，其中，部门领导80.38%认为需要将高频简单执法权限授权给乡镇，市场监管部门派驻干部仅62.58%认为需要下放高频简单执法权限。具体到试点区县衢江区，88.79%的部门领导认为需要将高频简单执法权限下放给乡镇，80%的乡镇干部认为需要将高频简单执法权限下放给乡镇，59.55的市场监管部门派驻干部认为需要将高频简单执法权限下放给乡镇，说明衢江区作为试点区县，部门领导和乡镇领导层面政策执行效果明显，但是在市场监管部门政策执行效果不明显，甚至比全市整体水平要低。

3. 乡镇统筹：提升了乡镇综合治理能力，增强乡镇对部门的统筹指挥协调能力，缓解了乡镇难以指挥部门的问题

一是加强综合信息指挥室，加强了乡镇统筹的组织保障。改革过程中，乡镇通过加强综合信息指挥室，做强中线。乡镇党委书记担任综合信息指挥室主任，统筹模块运行，实现经济社会管理全覆盖、扁平化。问卷调查结果显示，68.91%的人

员认为乡镇统筹部门的能力明显加强，衢江区的比例高达79.97%，明显高于平均水平。其中，85.56%的乡镇领导认为乡镇统筹部门的能力明显增强，乡镇中层领导对此的认可度为77.93%，领导对于乡镇统筹能力的提升更加深有体会。二是打造模块化管理，提升了乡镇统筹的机制保障。管理机制上，乡镇通过模块化管理优化统筹的机制，大乡镇设置5~6个模块、小乡镇设置3~4个模块，将部门派驻干部、乡镇干部全部纳入模块管理。权限上，赋予乡镇党委对派驻干部的指挥协调权、考核管理权、推荐提名权、反向否决权，增强乡镇指挥协调监督部门派驻人员的工作。三是迭代升级基层治理四平台，保证了乡镇统筹的系统支撑。基于综合信息指挥室，乡镇对综治工作、综合执法、市场监管、便民服务四个功能性平台进行迭代升级，为改革提供数据保障，并构建出党建统领、经济生态、治理执法、便民服务等平台模块。

4. 牵头协同：通过基层治理一件事，牵头部门和协同部门及相应的职责得以明确，解决了乡镇与部门、部门与部门之间扯皮的问题

一是通过建立"一件事"协同办理机制，明确单一部门牵头，解决了部门之间推诿的问题，部门甩锅乡镇现象得到一定程度的解决。衢州改革建立了基层治理"一件事"协同办理机制，涉及部门多、协调难度大、乡镇难以处理的事项，如农民建房服务监管等，实行基层治理"一件事"协同办理，明确由一个部门牵头，相关部门配合，责任领导、业务骨干组建专班解决。这一机制解决了部门间推诿的问题，从群众电话调查中可以得知，对投诉或者反映的事情，政府都有对应单一部门牵头负责的比例高达91.8%。另外，54.84%人员认为部门甩锅给乡镇的现象明显减少，且衢江区的比例高于其他区域，为67.92%，总体看，这一比例还有提高空间，有些事项的属地管理责任还需进一步明确，或乡镇还无法摆脱承担最终属地管理责任的困境。二是乡镇通过点兵点将制度，提升部门与乡镇之间的协同度。乡镇"属地管理"事项责任清单中涉及多个模块、多个部门的事项，由乡镇通过"乡村振兴讲堂·村情通"点兵点将牵头部门、责任部门进行办理，以提升部门与乡镇之间的协同度。问卷调查结果显示，78.76%的人员认为部门与乡镇之间的协同明显改善。三是乡镇和部门的领导对协同关系的认可度比派驻干部高，尤其是改革试点的衢江区。问卷调查结果显示，部门领导和乡镇领导分别有81.09%、82.08%认为部门和乡镇之间的协同明显改善，比例较高。从区域上看，衢江区作为改革试点区县，对协同关系认可度明显高于其他区域，为86.15%。派驻干部对协同关系认可度较低，综合执法部门派驻干部的认可度为69.72%，市场监管部门派驻干部的认可度为68.1%，这可能与派驻干部的协调权力小于部门或乡镇领导有关。

（三）改革结果评价

1. 满意度和关键性目标达成

满意度包括群众满意度和企业满意度。整体来看，一是群众满意度较高。群众

满意度电话调查结果显示，群众对上年办理事项满意度为 96.2%，比例较高。群众对政府处理解决投诉或者反映事情的满意度为 89%。群众对执法改革结果较为满意，99.2% 的群众认为乡镇（街道）的市容市貌明显改观（更干净、整洁、有序），对上年城市管理的行政执法的满意度高达 96.7%。二是企业对行政审批和执法的满意度较高。企业电话调查结果显示，企业对上年办理的行政审批事项的满意度为 93%，对上年政府涉企行政执法的满意度为 90.8%。

关键性目标达成包括执法效率、基层减负及"看得见、管不着"和"管得着、看不见"的现象治理。一是执法效率得到明显提升。综合执法队将简单城市管理案件处置周期从 7 天压缩到 1 天、发生率下降 40%。群众电话调查结果显示，84.9% 的人认为对投诉或者反映的事情，政府相关部门处理的速度比以前更快了。从政府内部的问卷调查结果看，74.72% 的人员认为涉及不同部门、不同层级、不同领域的事项，其处理效率明显提升，其中衢江区的这一比例高达 81.71%。二是基层减负目标取得一定成效，试点区县达成较好，但总体上仍然具有较大的提升空间。从政府内部的问卷调查结果来看，42.82% 的乡镇人员表示减负感明显，34.51% 的乡镇人员表示感觉未减负，衢江区的乡镇人员对减负的感知明显一些，比例为 53.69%，远高于其他区县，其中衢江区乡镇领导对减负感知明显比例为 63.89%，乡镇中层领导对减负的感知认可为 50.2%。乡镇人员减负感明显的比例不高，其原因可能是虽然有在给基层减负，但又有新的改革任务落到基层，使得乡镇人员总体减负感知不明显。三是"看得见、管不着"和"管得着、看不见"的现象得到明显改善，尤其是衢江。从政府内部的问卷调查结果来看，70.62% 的人员认为乡镇"看得见、管不着"的现象有明显改善，衢江区作为试点区县，这一比例达到 79.25%。66.53% 的人员认为部门"管得着、看不见"的现象有明显改善，衢江区这一比例高达 73.34%，改革成效较为显著。其中，衢江区部门领导认为现象改善显著的比例为 85.34%，部门中层领导认为现象改善显著的比例为 78.81%，两者之间存在一定差异。

2. 综治、社会治理、监管执法等领域的结果

在综治和社会治理领域取得明显成效。全年没有发生 3 人以上较大安全生产事故，是全省 4 个未发生较大事故的地市之一，一般生产安全事故起数、死亡人数分别同比下降 27%、32.9%，死亡人数降幅全省第四；没有发生 3 人以上较大道路交通事故，死亡人数同比下降 24%，降幅全省第二；火灾事故起数同比下降 12.2%；命案起数首次控制在个位数，是全省两个地市之一；县级"两难"问题交办处理 251 件、已办结 163 件，办结率 64.9%。

在监管执法上，一是多头执法和重复执法的现象明显缓解。企业电话调查结果显示，有 67.7% 的企业认为，过去一年里，涉及多个部门的执法事件明显减少，其中龙游县的比例最高，为 73.79%。有 61.4% 的企业认为，企业上年被执法检查的次数明显减少，其中江山市的比例最高，为 66.48%。二是执法规范性有所提

高。企业电话调查结果显示，87.59%的企业认为，执法规范性较之前提升。但总体来看，改革仍然处在进行阶段，乡镇名义执法的规范性有待进一步观察和评估。

为了更好地反映改革成效，评估中抽取了建房审批和违章事件处理做进一步的调查。结果显示，农民建房的审批满意度较高，但在对违建等问题的处理效率上，群众的满意度较低，从问卷调查结果来看，有87.3%的群众认为政府的审批更快了，对上年办理的建房审批事项的满意度为96%。但在违建方面，仍然有76.9%的举报群众认为政府不能快速发现和处理违章建房，对政府处理解决举报人反映的违章建房满意度仅为7.7%，究其原因，有政府处理违章建房问题的合规性需提高的问题，也有政府与举报人沟通解释不够的原因，还有举报人本身就有较大的负面情绪等原因，需要在后续改革中进一步关注。

3. 政务服务领域的结果

一是线上办理事项数提升。针对群众服务类事项，衢州改革通过村情通、邻礼通、政企通"三通一智（治）"平台线上办理，做到"一次不用跑"，截至2021年，已线上服务群众事项80153件次、服务企业事项823件次。二是就近办、代办等给群众和企业带来了便利。电话调查结果显示，86.5%的群众体验了就近办、代办等服务，92.2%的企业实现了企业行政审批事项的就近办理。三是试点区县（衢江区）在政务服务方面成效明显。衢江区通过事项下放、人员进驻、委托受理等方式推进584项政务服务事项延伸至乡镇（街道）政务服务中心，拓宽了群众在乡镇就近办、马上办等事项领域和范围，群众办事体验感、获得感、满意度大幅提升。

# 三、下一步改革的建议

## （一）进一步深化改革认识，优化改革目标

### 1. 注重效率与法治的协同推进，增强法治导向的引领

社会治理改革与行政审批改革的内容和对象不一样，就会导致它们的改革重点有所不同。行政审批改革侧重效率导向，但社会治理改革既要注重效率改革，更要强调法治改革。"县乡一体、条抓块统"改革的效率指向明显，聚焦快速解决基层问题，建议在推进该项改革过程中进一步加强法治导向，注重社会治理要求的规范、公平和公正等属性，在改革顶层设计和关键举措上得以落实。

### 2. 坚持集权与分权的统一，关注分权的难度与风险

基层分布地域广、差异性大、事件处理紧迫性强等特点要求放权给基层，但考虑到交通通信条件大幅改善、成本因素、基层承接能力、区县掌控力等则应该相对集权。"县乡一体、条抓块统"改革倾向于给乡镇（街道）授权分权，建议在综合考虑影响分权集权因素基础上对放权集权进行平衡取舍，高度关注放权后解决问题

的复杂性和难度，防范可能带来的风险。

3. 构建块统与条抓的融合机制，完善部门专业指导与管理

为解决基层权责不对等和"看得见、管不着"的问题，此次"县乡一体、条抓块统"改革给予了乡镇（街道）对部门派驻人员的指挥考核权以及部分执法权限，在大大加强乡镇（街道）统筹能力的同时，如何完善条线的专业管理与指导作用有待加强，建议做好块统和条抓的有机融合，明确条线对乡镇（街道）相应业务的指导监督责任，加强条线对派驻人员的指导、培训。

（二）进一步完善改革路径，强化支撑保障

1. 优化赋权赋能措施，奠定基层治理的坚实基础

一是侧重给予乡镇（街道）指挥协调监督的统筹权力，而乡镇名义执法事项的下放要考虑乡镇的实际需求、承接能力、主要目标等因素精准合理下放，与乡镇主要目标不一致的执法事项的下放要慎重；二是在区县级层面先进一步整合相关部门的简单执法权限进入综合执法局，然后通过综合执法局授权给乡镇（街道），尽量减少部门直接授权给乡镇（街道）的现象，有利于乡镇（街道）在后续执法过程中与上级相关部门的对接沟通；三是在下放执法事项过程中进一步明确监管与执法的界面，厘清乡镇与部门各自的监管执法职责，同时做好与事项审批、评价等环节的衔接，形成完整有效的闭环管理；四是在厘清部门与乡镇权责界面的基础上要进一步强化县乡一体的理念，加强同心协力的文化氛围建设。

2. 完善治理运作机制，保障基层治理有效运行

一是统筹社会力量加强乡镇（街道）法律审查的力量和队伍建设，为乡镇（街道）执法提供有力保障，在过渡期可以考虑运用原有部门的法律审查力量，支撑乡镇（街道）执法；二是加强乡镇（街道）执法的规范性建设与管理，通过部门对乡镇（街道）统一的业务指导、培训和监督，实现不同乡镇（街道）执法标准、尺度的统一；三是为了更好地激励部门下派优秀人员到乡镇（街道），建议把派驻人员的考核结果自动纳入乡镇（街道）对部门的考评，建立派驻人员的个人绩效和部门绩效关联机制；四是进一步明确部门对乡镇（街道）的业务指导、培训和监督的工作机制和流程，进一步明确部门应承担的相应责任；五是进一步厘清部门与乡镇各自对派驻人员的职权，尽量减少双重领导给其带来的困扰，同时乡镇（街道）对派驻人员的工作指派应以所在部门业务为主，确保部门业务在其工作量中的合理比例；六是随着改革的不断深化，优化完善"县乡一体、条抓块统"改革的组织保障机制，如模块化运作、四维考核、"王"字型运行机制等。

3. 加快系统建设与完善，发挥系统决策和指挥支撑

一是根据"县乡一体、条抓块统"改革目标、调整后的运行机制及业务流程，进一步明确系统建设的定位和功能，做好顶层设计，强化社会治理信息的归集梳理、分析综合研判，为政府社会治理决策提供重要支撑，同时加强对跨部门、跨层

级、跨领域事件的流转、集成指挥、监督评价等功能；二是对原基层治理四平台进行迭代升级，打通与其他相关系统的对接，明确进入四平台的数据和事件，真正实现系统之间的数据共享；三是建强做实区县社会治理中心、乡镇（街道）综合信息指挥室的运行主体，发挥它们在跨部门、跨层级和跨领域事件处置中的指挥协调作用；四是尽快完成系统建设对绩效考评的支撑，实现系统留痕，提升智能考评的科学性，并尽快完成乡镇名义执法的系统建设。

4. 完善与强化改革配套政策，切实保障改革的有效推进

一是省级相关部门在尽快解决在"一支队伍管执法"改革过程中执法证所涉及的执法领域不通用、执法区域受限等问题，以及下放执法审批权到市级层面；二是组织部门在人事调整过程中更加突出乡镇（街道）岗位的重要性，提高人员从部门向乡镇（街道）流动的比例，形成"部门干得好到乡镇"的用人氛围，逐渐改变乡镇（街道）的相对弱势地位；三是基于综合执法的区域划分提前谋划乡镇（街道）未来的行政区划调整，考虑行政区划与综合执法区域匹配的可行性；四是系统整合行政执法所涉及的技术鉴定力量和队伍，为综合行政执法提供统一的技术支撑；五是加强改革效果的阶段性评估，不断推动改革的迭代升级，使"县乡一体、条抓块统"改革朝着既定目标不断迈进。

作者

蔡 宁
王笑言

# 深化"大综合一体化"综合
# 行政执法改革研究报告

## 一、"大综合一体化"综合行政执法改革背景与改革初衷

为深入贯彻落实中共中央关于治理体系和治理能力现代化建设部署,根据《关于推进基层整合审批服务执法力量的实施意见》(中办发〔2019〕5号)、《关于深化综合行政执法改革的实施意见》(浙委办发〔2019〕46号)等文件精神,各地以"大综合一体化"为总纲,坚持党建统领基层治理,促进"综合执法平台"迭代升级。2021年,浙江省根据指导意见提出的"有条件的地区可以结合实际探索更大领域的综合执法"的要求,系统推进"大综合一体化"行政执法新格局建设。

通过解读中央和省市改革文件与精神,应审视和明晰综合行政执法体制改革的初衷和目标,以确立未来进一步改革的方向、架构和举措。"大综合一体化"综合行政执法改革的目标是:全面构建行政执法力量配备与事权划分相匹配的组织体系,基本建立分工合理、职责清晰、协同高效的"综合行政执法+部门专业执法+联合执法"执法体系,加快形成权责统一、权威高效的行政执法体制机制,推进数字技术在行政执法领域深度应用,促进行政执法与社会公共信用监管深度融合,推动执法更加严格规范公正文明、执法监管更加有效、社会满意度显著提高。

2021年7月,在嘉善县召开的浙江省"大综合一体化"行政执法改革推进会上再次强调,浙江省将逐步推动60%以上的高频率、高综合、高需求执

[作者简介] 蔡宁,浙江大学公共政策研究院首席专家、浙江省公共政策研究院副院长;王笑言,浙江财经大学公共管理学院副教授、浙江省公共政策研究院兼职研究员。

法事项纳入综合执法范围、综合行政执法事项覆盖60%以上的执法领域、60%的行政执法量由综合行政执法部门承担，全面高效推进"大综合一体化"行政执法改革。各地各部门要坚持"一张清单管理"，加快建立执法事项总目录，严格落实监管职责，构建全覆盖政府监管体系和全闭环执法体系；坚持"一支队伍管执法"，着力破解体制机制障碍，加快推进县域和镇街行政执法改革，更大范围整合执法职责和力量；坚持"一体化联动"，健全行政执法统筹协调指挥机制，集成"监管一件事"，推行"综合查一次"，加强行政执法协同体系建设；坚持"一平台统管"，创新智慧执法监管，推进裁量基准上线运行；坚持"一流战队标准"，强化教育培训，加强党风廉政建设，造就一支高素质的执法队伍，全力打造法治领域金名片。在明确"大综合一体化"改革初衷的基础上，全省应认真贯彻中共中央关于深化综合行政执法改革的决策部署和《浙江省机构改革方案》精神，创新和完善行政执法体制机制，开展更大范围推进城乡统筹的跨部门、跨领域综合行政执法改革，科学配置职责、优化执法资源、完善协同机制，进一步提升行政执法效能、推进基层治理现代化。

## 二、"大综合一体化"综合行政执法改革亮点

按照中央省市对综合执法改革的政策要求，2020年12月全省37个乡镇（街道）经浙江省政府批准开展综合行政执法工作。其中很多典型县区如嘉善等地早在10余年前就已在尝试开展综合行政执法改革探索，稳步改进城市管理工作，为加快建设法治政府和服务型政府，推进政府治理体系和治理能力现代化做出了积极尝试。经过多年摸索磨合，衢州常山县、金华婺城区和嘉兴嘉善县等地的综合行政执法改革都取得了阶段性的成果，为全省推进"大综合一体化"综合行政执法改革提供了可借鉴的经验启示。

（一）县乡统筹的跨部门跨领域跨层级改革探索——衢州常山

衢州常山县综合行政执法改革推进过程中形成了体系化的组织架构，为改革推进提供组织保障。在组织架构方面，试点区县成立改革领导小组；在推行运行机制方面，形成灵活有效的会议制度和闭环推进机制；在时间进度方面，"一支队伍管执法"和"一件事集成改革"部分试点区县已取得实质性进展。

2021年2月，常山县被省政府列入"大综合一体化"行政执法改革省级试点以来，坚持以数字化改革为牵引，以构建高效协同的事中事后监管执法体系为重点，加强综合集成，更大范围推进县乡统筹的跨部门跨领域跨层级综合行政执法改革，更大力度推动执法规范化、标准化、智能化建设，做实做优"综合执法＋专业执法＋联合执法"行政执法体系。相关先行先试做法受到高兴夫、刘小涛副省长肯定。

推进行政执法事项综合集成，横向打通部门壁垒。在省综合行政执法事项统一

目录基础上，整合发改、能源、农业农村、水利、人力社保等 23 个领域及交通运输、市场监管、生态环境等共 1367 项执法事项，统一划转至县综合行政执法局集中行使。纵向贯通条块机制。结合乡镇（街道）权力清单和"属地管理"事项清单，重新制定执法事项清单，明确县乡两级职责，将综合行政执法事项中镇街"易发现、接得住、管得好"的 403 项行政执法事项，赋予规模能力匹配的 7 个重点镇街集中行使，将"跨级执法"转向"属地执法"。

首先，推进行政执法架构优化升级。县级层面将全县 14 个部门所有的行政执法队伍（即综合执法、市场监管、生态环境、交通运输、农业、自然资源、文化市场、安全生产、能源监察、商务、劳动保障、卫生监督、民政、水政监察）打通重组，调整行政部门执法机构及内设科室职能设置，重新整合形成"综合行政执法＋市场监管、生态环保、交通运输、应急管理＋卫生健康"的"1＋4＋1"县级执法架构，按照"编随事走、人随编走"等原则相应地划转执法人员。乡镇层面出台《关于构建乡镇（街道）"1＋X"一支队伍管执法的原则意见》，将乡镇（街道）综合执法队和县综合行政执法局派驻执法队进行合署办公、打通使用、整合运行，并全面纳入属地管理，接受乡镇（街道）模块化管理、四维考评。

其次，推进监管执法链条衔接闭合。全面梳理监管事项目录清单，以"一件事"全过程监管为切入点，从许可前端和处罚末端双向梳理，实现许可、检查、处罚的关联衔接。强化监管事项目录清单运用，依托省级行政执法监管平台指定各行业监管部门年度日常监管、重点监管计划任务，并上报县协调指挥办，县大督考专班全程对监管落实情况进行跟踪评价。

同时，推进执法体系高效运行。在县社会治理中心打造共建共享共用的县级行政执法集成应用平台，集统筹指挥、执法办案、综合会商、法制审核、检测受理、便民服务等多功能于一体，全面融入其他专业行政执法队伍等相关功能，打造县域行政执法与基层治理"一站式、一体化、全链条"模式。推进行政执法工作闭环管理。将"大综合一体化"行政执法改革纳入县委县政府综合目标考核，纳入乡镇（街道）、部门双向考评，倒逼各相关单位共同履行好"审批—监管—处罚—监督评价"的"大执法"职责全链条。

常山县"'大综合一体化'行政执法改革事关千家万户，是推动县域治理能力和治理体系现代化的重要抓手"，有利于形成职责更清晰、队伍更精简、协同更高效、机制更健全、行为更规范、监督更有效的行政执法新格局。自"大综合一体化"行政执法改革试运行以来，常山县已立案查处 223 件，开展各类联合执法 374 次。"大综合一体化"改革后，强化了部门联动、简化了案件办理流程，对隐蔽性的违法行为发现更迅速，处理更及时，从而大大提高办案效率。

（二）明确权责归属，"1362"改革框架——金华婺城

为确保改革的方向性和精准性，金华婺城区在深入贯彻上级文件及会议精神的

基础上，根据婺城区实际，充分调研系统研判，坚持问题导向、目标导向、效果导向，形成了"1362"的改革框架。婺城区通过梳理市区乡三级监管事项清单、执法事项清单和职责边界清单，界定不同层级、部门的行政执法的职责边界，实现看得见能立马管，执法效率得到明显提升。

"1"是主攻一个方向。即打造市区综合行政执法改革全省样板和全国标杆。"3"是聚焦三个目标。一是构建"职能更清晰、队伍更精简、协同更高效、机制更健全、监督更全面"的综合行政执法新格局；二是形成"党委领导、政府负责、部门协同，社会参与、集成高效、数字赋能"的行政执法整体智治新形态；三是实现"监管事项全面覆盖、风险隐患及时发现、违法行为有效处置、群众满意度持续提升"的行政执法新局面。"6"是构建六大体系。即全覆盖政府监管体系、全闭环行政执法体系、全智治数字执法体系、全流程执法监督体系、全方位协同联动体系、全链条能力提升体系。"2"是形成两大成果。即探索形成一批支撑执法改革效能的规范制度成果和一批行政执法改革的理论成果，目前已制定23项制度。到2021年底，区级综合执法事项从488项增加到2117项，市区执法队伍从14支减少到8支（1支综合执法队伍＋7支专业执法队伍），85%以上综合执法力量下沉到基层一线，联合执法和"综合查一次"比例从30%升至60%，群众满意率从97%升至98%以上。

金华婺城区通过"三张清单"，明确权责归属。以浙江省权力事项库（监管库）、26个领域960部法律法规为依据，编制市区乡三级监管事项清单、处罚事项清单和职责边界清单，明确审批、监管、执法的职责边界，深入构建全覆盖政府监管体系。一是编制监管事项清单。对照省监管事项库梳理出监管事项7761项，按照"谁主管，谁监管"的原则，明确监管主体，落实监管责任，并编制监管事项的监管规范、标准、流程图，协调指导"事前审批"、"事后执法"，强化"前后联动"，实现三者的协作配合，整体联动。二是编制处罚事项清单。根据省政府复函意见，结合各部门实际，明确15个部门2117项执法事项纳入改革。为确保权力"放得下、接得住、管得好"，依据《婺城区全域集成综合行政执法改革行政处罚事项下放乡镇（街道）审核原则》，拟赋权白龙桥镇、安地镇、城北街道560项行政执法事项，赋权其他乡镇（街道）33项。三是编制职责边界清单，根据《婺城区全域集成综合行政执法改革职责边界清单编制规则》，联合各部门将纳入改革的2117项行政处罚事项逐一确定职责边界，并将综合执法方式分为"执法"、"执法＋巡查"、"巡查＋执法"、"监督检查＋执法"四大类，明确业务主管部门和综合行政处罚部门的责任归属，避免部门间职责交叉、边界不清、推诿扯皮等问题，为以执法倒逼监管打下基础。

（三）一体化行政执法全闭环，数字赋能协同治理——嘉兴嘉善

嘉兴嘉善县为进一步统筹执法资源，强化执法协同，提高执法能力，构建

"县镇一体、条抓块统"执法监管格局,提升依法行政水平、整体智治能力和人民群众满意度,推行"大综合一体化"行政执法改革。在组织架构方面,专班攻坚,专题专项推进,下设7个专项小组,分领域具体推进改革工作。嘉善县推行"一支队伍管执法"和"一件事集成改革",已完成乡镇(街道)行政执法赋权的全覆盖;在数字化赋能方面,实现"一网智治"稳步推进,协同联通相关的社会治理信息系统数据源,打造县级社会治理中心,深化全科网格建设,实现基层治理信息指挥的集成高效。

为此,嘉善县为了实现一体化行政执法全闭关,采取了一系列举措:一是持续深化跨部门、场景式"综合查一次"。依托行业主管部门、综合执法部门、属地政府"综合查一次"机制,以"三服务"为需求导向,对检查对象和场景进行"合并同类项",统一检查计划,规范检查程序、检查标准、检查结果应用,减少检查频次,提升检查效率,压减计划外检查、重复检查、低效检查。二是深化行刑"两法"衔接。建立健全行政执法与刑事司法衔接的长效工作机制以及双向案件咨询制度,综合执法、专业执法、其他县级部门以及镇街执法工作加强与县公安局、检察院、法院的沟通对接、协作配合,建立健全涉嫌犯罪案件移送制度、司法审判与行政执法联席会议制度等,加强证据材料移交、接收衔接,完善案件处理信息通报、分析研判、风险预警等机制。三是深化长三角一体化示范区协同执法。以数字化为牵引,推动长三角一体化示范区行政执法协作精细化、规范化、智能化、高效能发展。依托长三角一体化执委会数据中枢,探索青吴嘉三地行政执法数字化协同应用,积极构建示范区行政执法协作"标准趋同、执法协同、信息互联、信用互通、人员互派、资源共享、惩戒联动、氛围共建"的执法监管新格局。

为进一步深化一体化行政执法数字赋能,以数字化聚焦跨领域跨部门跨层级高频事项,探索创新"监管一件事"应用场景,形成集智能感知、指挥调度、巡查检查、协同联办、分析研判"五位一体"的全流程智慧执法系统。一是创新执法数字化场景应用。依托"云上嘉善",打通业务条线数据链条,统一归集执法主体、执法人员、活动信息,强化执法数字化监管,实现执法信息线上录入、执法程序线上流转、执法过程线上记录、执法行为线上监督、执法培训线上开展。二是探索建设县镇一体监管协同应用。研究实现系统对接和应用共享,形成基层执法监管受理、分析、流转、处置、督办、反馈、考核闭环。探索"信用+执法监管"场景应用,通过信用信息提高执法监管的精确性。建设"互联网+公证"证据系统,集成执法检查中取得的违法证据信息,推进跨部门数据共享、证据互认。三是实现执法案卷数字化管理。依托全省统一行政处罚办案系统,打通各执法条线办案系统端口,实现执法办案全流程网上办理,建立全县行政执法案件档案电子数据库,统一存储各执法案件档案,实现全县执法案件数据的归集、共享、分析,一体推进线上线下执法工作。

## 三、"大综合一体化"综合行政执法改革亟待解决的问题

### （一）组织运行体制与机制有待完善

"大综合一体化"综合行政执法体制改革涉及既有利益格局和条块关系的调整，一是涉及行政权力重新划分和组织结构重组的问题。绝大多数管理部门的传统模式是"一条龙"管理，从立法到执行，从管理、审批到监督、处罚，都由一个部门决定。部门自己给自己设定权力，又自己去行使权力，缺乏有效的监督机制，行政执法中存在很大的随意性。原来制定的各项法律都是解决某一个问题而制定的，相互之间在立法之初就没有彼此呼应，导致实际执法过程出现法律漏洞或者法律矛盾。很多部门规章尤其反映出此类问题，现在由综合执法局集中行使处罚权，在某种程度上是在和相关部门争夺利益。综合执法机构设置后触动了某些行政机关的部门利益，综合行政执法部门必然面临如何与相关行政管理部门之间衔接和协调关系的问题。

二是综合行政执法通过将处罚权与其他行政权进行分离，强化权力之间的监督和制约，从而减轻部门自利性的影响。但是，行政执法只是行政管理的一个环节，要实现政府管理的目的，有赖于其他行政管理环节的配合与协调才能实现。实行综合行政执法后，相关职能（管理）部门认为失去了行政管理最有力的手段，其责任压力减轻了，因而就放松了审批许可后的监督管理，导致事前管理的责任缺失，增加了事后控制（行政处罚）的压力和执法成本；现场监督、检查以及处罚权由综合执法局行使，出现问题不是追究职能部门的责任，而往往将责任归咎于综合行政执法部门。

### （二）执法力量下沉后基层单位权责界定不够明晰

一是"大综合一体化"行政执法改革背景下乡镇与村社间关系界定需要进一步厘清，探究县（区）、乡（镇街）、村（社）权力的划分与协同至关重要。根据《中共中央　国务院关于加强基层治理体系和治理能力现代化建设的意见》，基层治理是乡（镇街）、村（社）的治理，基层治理改革对于如何深入到村（社）一级尚未明确，然而，县（区）、乡（镇街）、村（社）关系的处理以及责权的划分直接关乎"大综合一体化"综合行政执法改革方案的落地和推行。

二是乡镇（街道）执法的优势是看得见、管得着，可以快速处理；但也存在一定的弊端，如法律审查人员数量和质量不足、行政复议和败诉上升。执法人员执行两套程序带来的困扰使乡镇（街道）的协调角色发挥受影响，同时乡镇（街道）有可能存在不作为等问题。另外，对于相关部门的执法事项，监管和执法应该由派驻人员完成，只是最后执法环节中，赋权的以乡镇名义执法，非赋权的以部门名义

执法，赋权的意义值得商榷。

（三）法律制度相对较欠缺

一是相比较其他政府部门序列的成熟有序，综合行政执法体制至今仍然没有全国统一的模式；在国家层面还没有一个统一的机构对综合行政执法进行指导，只是原则上规定集中执法权的日常工作由建设部来牵头。这样的机制让综合行政执法的合理性、合法性屡受争议。

二是综合行政执法局所执行的行政法律法规已不适应社会发展，很多法律法规的规定过于原则，缺乏可操作性，对法律责任规定畸轻，导致违法主体的违法成本极低，无法起到应有的震慑作用；另外，一些部门规章基本上都是各部门站在自己的立场上制定的，部门利益化的立场非常明显；综合执法部门在实际执法中不可避免地要触及相关部门利益；一种违法行为可适用多个部门规章的法条，零碎散乱，规范执法队员的自由裁量权较为困难。

## 四、"大综合一体化"综合行政执法改革思路与政策建议

浙江省常山县、嘉善县等试点先行为综合执法体制改革提供了重要契机：需要以人民为中心，在顶层设计的基础上根据基层实际需要持续探索和优化治理体制；开展跨层级、跨部门、跨领域的改革，实行扁平化、网络化和平台化治理是构建简约高效的治理体制的方向；技术和社会的内生能力是简约高效治理体制持续运行和发挥作用的重要支撑。同时牢牢抓住跨部门多业务协同流程再造和数字化平台化集成应用两大关键，数字赋能新型治理形态和治理模式，并基于已试行地方的经验总结为推进治理体系和治理能力现代化提供系统性综合行政执法改革的思路与政策建议。

（一）立足执法改革初衷，明晰职能职权界限

明晰一：根据综合行政执法划转范围的政策要求，依据职能划转范围和综合执法部门能力，对职能划分进行梳理和界定：第一，清理不属于划转范围，也难以由综合行政执法部门承担的已划转职能。例如，安全生产职能原本由安监部门在相对独立和专业的监管体系下履职，执法实践中也表明，将其划转给综合行政执法部门未必能提高执法效率和效果。同样考虑，环境治理、商务流通、建筑业等专业技能要求较高的执法领域不宜执行综合执法。第二，属于划转范围还没有能力履行职能的，采取分步划转，逐步到位的策略，成熟一个划转一个，以确保划转的职能得到切实的履行。第三，属于划转范围有能力履行职能的，应该尽量整体划转，既避免职能划出部门选择性"甩包袱"，也可以防止划入部门的"挑肥拣瘦"，为厘清权责边界、减少扯皮推诿创造条件。

　　明晰二：针对综合行政执法改革中主管部门与综合行政执法部门之间因在批后监管和后续监管上理解的差异，而导致的职权不清和履职不力问题：第一，需要遵循批后监管是对行政执法的监管，而后续监管是对违法行为的监管这一原则，明晰和界定两者职权，同时提高部门对综合执法改革工作重要性的认识，明确各部门的相互配合是法定职责，必须履行相关的配合义务，从根本上防止职责交叉、重复执法、执法缺位现象的发生。第二，依据职权划分，制定和完善各部门在违法通报、现场检查、检测、勘验、审批资料提供、执法保障等方面协作协同的保障制度，从机制上确保在既定的职权划分前提下综合行政执法工作有效有序地进行。第三，做好信息公开工作，公开权责清单，以"负面清单"的形式划清行政执法行为的"红线"，强化执法的监督约束，公开责任部门的职责及查处标准，公开执法结果，强化社会监督、舆论监督，对执法中的违法行为及时进行监督检查。在加强外部监督的同时强化内部监督机制建设，全面落实行政执法责任制，加强综合行政执法部门内部流程控制，健全案卷评查、责任追究和纠错问责机制。

　　（二）推进整体改革，打造全覆盖政府监管、全闭环行政执法体系

　　充分发挥市、县行政执法指导办作用，全面梳理全市行政处罚事项和执法人员信息，统筹制订全市行政执法检查计划，建立健全条条、条块、块块之间的协作配合和执法联动机制，协调解决执法管辖、执法依据等执法争议，指导县乡综合行政执法队伍规范化建设，监督实施行政执法责任制，实现统筹管理其他行政执法队伍、统筹指挥行政执法活动、统筹调配使用执法人员，统一行政执法规范、统一行政执法保障、统一执法监督的"三统筹三统一"，推动构建"部门专业执法＋综合行政执法＋联合执法"的行政执法体系。

　　按照整体智治理念，建立县级行政执法指挥中心（大联动中心），统筹行政执法监管资源和行政执法活动。加强全科网络日常巡查、"部门互联网＋监管平台"、乡镇综合信息指挥室调度，及时发现、研判问题线索。条线部门落实批后检查、行政指导、督促整改，及时将监管情况及相关证据移交行政处罚机关依法查处。以"一件事"全过程监管为切入点，由各行业监管部门牵头，其他相关部门协同，年初制定日常监管、重点监管计划任务，确定监管方式、内容、举措和目标，经大联动中心汇总审定后发布月度、年度监管方案，作为统筹组织执法监管活动的依据。大联动中心制定监管跟踪评价规范，将监管计划开展情况、条块联动效率和整体执法监管效能作为法治政府建设的重点内容，实行全程跟踪，系统考核。逐步将其他部门部分或全部行政执法事项纳入综合行政执法范围，形成统一的综合行政执法事项目录和部门专业执法事项清单，并实行迭代更新。

　　（三）推进执法队伍建设规范化、专业化

　　一是健全队伍工作机制。健全执法机制，建立协作配合机制、依法行政工作机

制、执法保障机制、日常管理机制、信息化管理机制、执法办案机制、执法监督机制和行风效能机制 8 方面工作机制，规范执法程序，实现依法行政。推进综合行政执法规范化、标准化建设，严格落实行政执法公示、执法全过程记录、重大行政执法决定法制审核三项制度。县乡联动重新塑形、建章立制，全面梳理执法办案制度、日常管理制度、考核管理制度、信息化建设制度等系列配套制度，统一执法文书、执法行为。建立健全法制审核制度，利用好乡镇（街道）司法所、法律专家顾问团和上级部门法制力量的审核把关指导作用，提高办案质量，降低败诉风险。

二是提升队伍专业水平。落实办公场所，统一标识和配备装备；以中心镇和较大乡镇（街道）为单位开展办公场地建设，按标准建立执法装备库、罚没物品库、办案询问室、调解接待室、执法指挥室、备勤用房、办事大厅和培训室等业务技术用房和办公用房，开辟党建阵地，队伍管理制度、执法办案流程上墙。落实周边辐射乡镇执法分队相对完善的办公、办案用房，条件允许的可参照驻地乡镇（街道）标准建设。统一综合行政执法队制式服装（款式、颜色、执法标志、人员编号）、业务技术用房、办公用房、执法车辆的标志标识。按标准配备行政执法专用车辆，满足日常执法工作需要。合理配备基层执法装备，切实保障执法检查、调查取证、快速检测、应急处置等工作需要。

（四）推进执法方式智慧化，实现数字赋能综合化改革

在"大综合一体化"的改革过程中应注重推进执法方式智慧化，实现数字赋能综合化改革。一是开展网上执法。全面开通执法人员账号，统一接入全省统一行政执法办案系统，做到全程网上办案。大力推广应用"浙政钉·掌上执法"，实现所有执法事项网上办、掌上办。依托大数据技术，加强行政执法相关数据的归集和应用，推行"互联网＋执法"，实行执法依据、执法协同、执法程序、执法记录、执法结果运用和执法监督的数字化管理，实现行政执法自动化流转、联动式协同、智慧化分析，促进行政执法的标准化、规范化，推进线上线下执法监督一体化建设。二是打通数据壁垒。整合各类监控视频，接入乡镇（街道）综合信息指挥室（综合行政执法平台），实时查看监控数据，采集违法违规信息，实现巡查管控由"人巡、点巡"到"机巡、面巡"的转变，做到全覆盖、全时段巡查，实现问题早发现、早制止，把小矛盾小问题化解在基层。建立乡镇（街道）基层治理四平台"钉钉"工作群，及时上传核查审批、人口、商户、企业等相关信息，提升执法效率。

作者

蓝蔚青

# 浙江省改革创新优秀实践案例对
# 全面深化改革的方法论意义[①]

2021 年初，浙江省委召开全省数字化改革大会，深入贯彻落实习近平总书记关于全面深化改革和数字中国建设的重大部署，把数字化改革作为新发展阶段全面深化改革的总抓手，推出了系统配套、远期和近期相衔接、定性和定量相结合的数字化改革工作体系，贯穿党的领导和经济、政治、文化、社会、生态文明建设各方面和全过程，着力对省域治理的体制机制、组织架构、方式流程、手段工具进行全方位、系统性重塑，以全面数字化转型推动全面深化改革。笔者 2020 年底参加了浙江省改革创新优秀实践案例评审，并带队赴台州市、温州市调研，与各地各部门领导和基层干部群众进行了广泛的探讨交流，深感各地的创新探索对这个总体设计的形成起到了重要的基础作用。笔者实地调研的 8 个案例尽管涉及不同领域的改革创新，各具特色，但都从不同角度对"如何全面深化改革"这个共性问题进行了积极探索，具有普遍的借鉴意义，值得进行方法论层面的总结推广。

1. 从个案突破、溯源堵漏到部门联动、举一反三的"油点扩散式改革"

台州市仙居县通过数据碰撞，率先发现少数服刑人员仍在领取基本养老金的问题。台州检察机关对此在全市开展公益诉讼专项监督，提出检察建议，督促相关部门主动履职纠违，行刑衔接实现诉前解决。在解决存量问题的同时，在横向上，溯源关联单位沟通不畅的问题，台州市检察院会同市法院、市人社局等部门联合出台《台州市涉刑退休人员养老保险待遇处置联合工作机制》，在职能部门间建立常态化沟通渠道，实现涉刑人员信息共享，定期进行数据比

---

［作者简介］蓝蔚青，浙江省公共政策研究院、浙江大学公共政策研究院资深研究员，浙江大学国家制度研究院特约研究员。

① 本报告是浙江省新型智库建设项目"浙江省打造改革探索领跑省的最新实践——基于 2019～2020 年案例的分析"的阶段性成果。

对，有效解决人社部门对涉刑人员信息收集难问题。进而建立相关部门防范和查处涉刑人员违规领取财政惠民补贴的联合工作机制。市、县委巡察组举一反三，把监管拓展到养老保险缴纳和财政惠民资金专项监督等领域，梳理"负面清单"，定期巡察纠偏追责，研究主要原因，封堵管理漏洞；财政部门拓展到监督财政惠民政策执行情况；审计部门全面审计财政惠民资金使用情况；资金主管部门做好领取人资格确认和年度复核、信息更新汇总等工作；村镇负责对表对项摸底调查，确保底数清、情况明；在技术手段上运用人脸识别等技术进行年度领取资格核查，运用大数据、云计算等技术进行业务数据智能化排摸比对分析，实现养老金及其他财政惠民资金领取资格核查精准化、智能化和高效化。在纵向上，台州市人社局及时向省人社厅专题汇报，争取省人社厅和人社部支持。省人社厅在多次赴台州专题调研的基础上联合省高院、高检、公安、司法和大数据管理部门，出台了浙江省处置机制；人社部在赴台州调研的基础上，联合司法部发文推广台州经验。

这项改革的方法论意义不仅在于对一个不难发现但因涉及多部门而缺乏解决启动机制的普遍性管理漏洞，通过个案监督实现类案办理，并探索构建专项监督流程进行源头防范，进而推动省级和国家层面出台规范，做到标本兼治，而且在于相关部门积极参与，协调配合，引发连锁反应，建立常态化沟通渠道，集成监督机制、查处机制、巡察机制、比对机制，形成多部门一件事联办的协同防范控制机制，并且举一反三推动相关领域的整改，贯彻了习近平总书记一再强调的要注重改革的系统性、整体性、协同性的要求，体现了省委"整体智治、协同高效"的要求。

2. 抓住关键动真格，建立制度体系落实"第一责任人"，凝聚改革合力保障落地见效

习近平总书记强调，党政主要负责同志是抓改革的关键。改革进入深水区，需要一把手有更强的改革担当、更高的重视程度、更多的精力投入，把责任落实到位，推动改革工作落细落实。台州市天台县坚持责任导向、实干导向、效果导向，在全省率先建立"一把手"改革专项述职评议制度体系，严格规范述职内容，形成了认真开展述前调查、从严把关述职报告、精心组织述职会议、切实强化述后整改、合理运用述评成果的完整流程和一整套工作机制，构成落实、督查、通报、考核、激励的闭环式改革落实管理体系。

"一把手"改革专项述职评议制度适应权责配置格局，抓准抓牢关键人，有效强化了"一把手"抓改革的"第一责任人"意识，增强了改革的压力、动力和活力，促使"一把手"把抓改革作为全局性工作统筹考虑，提高谋改革、抓改革的能力，避免改革的碎片化和事务化，形成一个带一群、一级带一级、上下联动、部门配合的协同效应，凝聚改革合力，有效推动改革落实。省市相继出台"党委（党组）书记改革工作述职规定"，推广了这一经验。

3. 政府、市场、社团各展所长，不同领域改革效应叠加，相辅相成形成改革合力

温州市是社会力量办体育全国试点，2020 年承办了全国改革试点现场推进会。市委、市政府一是通过政策供给做到政府有为，形成社会力量办体育的政策体系。引导体育与医疗、教育、文旅和城市建设融合发展，形成全社会共同推动体育发展，体育运动又推动教育科研、文化建设和对外交流的强大合力。尤其是创新分层供地，实现大型市政设施上盖二次开发体育场馆，使"邻避设施"蝶变成城市黄金地段；充分利用闲置低效土地和立体空间，建设百姓身边的体育设施；创新公园绿地利用模式，兼容建设运动场；从而有效解决了体育设施建设用地这个突出"瓶颈"，吸引超 50 亿元社会资本投资体育设施建设。

二是通过大胆放权做到市场有效。把赛事举办、体育培训等 6 项职能交由社会力量承接，建立预算核定、过程监管、结果评价等制度提升项目绩效。试点三年来，通过政府购买服务成功举办了百余项国际国内重大体育赛事，提升了温州体育知名度和城市影响力。490 项市级以上赛事均由社会承接。

三是通过实体运营做到社团有力，活力迸发。新建或换届的体育社团全由专业人士负责管理，给予 AAAA 级及以上的体育社团奖补并优先承接政府购买项目，促使社团规范化。实现乡镇街道体育社团全覆盖，体育类工商登记主体三年里由 1.2 万家增加到 2.5 万家，体育产业增加值增长 55.9%。突破体制、政策、区域壁垒，让社会体育机构承担了全市 2/3 竞技体育人才的训练任务，各类体育人才公平共享体育公共资源，跨区域顺畅流动。开发智能化服务平台提供个性化服务，体育社团与社区合力推动优质体育服务下基层。统筹规划建设距离亲民、价格亲民、服务亲民规范的百姓健身房，全市 2/3 百姓健身房免费，1/3 低价收费，通用年卡不超过 365 元。

4. 以集成化改革整合资源，拓展优化为农服务功能

2006 年 12 月，习近平同志亲临温州瑞安市召开全省发展农村新型合作经济工作现场会，肯定瑞安经验。10 多年来，瑞安市抓住农村新型合作经济"三位一体"这个精髓，不仅推动生产合作、供销合作和信用合作不断适应农业农村现代化和市场化的新形势，而且通过集成化改革促使三个合作的融合。

在服务功能和服务机制上，在生产合作领域推动"规模化 + 智慧农业"，着力建设现代农业产业园和田园综合体，推出研学旅游、乡村美宿、温泉康养等农村新业态，推动一二三产融合和数字化转型，建设科技创新中心和庄稼医院、"5G + 智慧农业"等服务平台，打造全国首家"三位一体 + MAP"现代农业服务中心；在供销合作领域推动"市场化 + 现代流通"，以品牌赋能带动供需对接，以电商助农拓宽营销渠道，以现代物流提高流通效率；在信用合作领域推动"普惠式 + 金融创新"，探索小农户和现代金融有机衔接机制，在农户综合信息管理平台基础上整村整社授信，创新担保方式，由银行、保险公司、农信担保公司分摊风险，推进农

村资金互助，探索农村保险互助。

在"三位一体"的组织形态上，推动"组织化＋资源整合"，着眼"农有、农治、农享"，推进供销社综合改革，构建以农合联为主体，以农民合作基金和农合联实业有限公司为"两翼"，以为农服务中心、产权服务中心、品牌运营中心和会员服务中心为支柱的组织体系，搭建"1个市级农合联＋10个乡镇农合联＋N个产业农合联"的组织体系，形成区域农合联通用性服务与产业农合联专业性服务经纬衔接的新型农业社会化服务格局。推出"政府平台＋社会服务"与"社会平台＋政府补助"两种模式，优势互补。放大"政策、信息、创新"叠加效应，整合各方资源，一体推进政策兴农、文旅兴农、技术兴农、信息兴农、人才兴农，提升为农服务协同度。

互相渗透、互相促进、互相支撑的集成化改革全面提升了农合联服务"三农"的能力。瑞安市因此成为全国发展"三位一体"、深化供销社综合改革现场会召开地，瑞安经验获全国改革十大探索、中国地方政府创新奖、全国供销社系统金扁担贡献奖等荣誉。

5. 以数据融合促进资源整合和管理一体化，实现整体智治

温州市通过"1套标准、1个数据库、1个平台、1套硬件、1套运维、N项应用"，汇聚多源数据，进行智慧感知，相互交叉印证，推动体制机制创新、业务流程再造和工作模式创新，实现市域应急管理数字化一体化并走向智慧化，实现安全风险事前预防、事发研判、事中救援、事后分析等不同阶段业务的纵向全覆盖和横向跨部门跨领域协同。

6. 把数据便民作为数据治理和数字化转型的重要目标

温州市在推进"最多跑一次"和数字化转型过程中，依托省市公共数据平台，积极运用区块链等前沿技术，在国内率先推出"个人数据宝"，设置一批便民服务应用场景，充分发挥数据共享开放价值，实现个人数据随身带、随时用、随时纠，调阅记录随时查，并推动办事平台从"群众找事项"向"事项找群众"转变，为用户提供主动提醒服务，使公共数据取之于民、用之于民，让大数据红利更多惠及人民群众。

"个人数据宝"保障用户依法享有个人数据权益，建立用户在线申请个人数据纠错的渠道。凡能通过系统查询到的数据证照都不用提交纸质材料，由系统当场直接推送给窗口办事用户；银行通过用户授权可即刻获取信贷申请者个人数据，提升审贷和风险防控效率；用户可随时获取个人健康数据，大大提升就诊就医效率，减轻病人负担。

数据便民还包括强化数据安全保障。数据存储传输前系统自动为用户加密；运用数字签名技术确保所传数据的完整性、真实性；第三方须经用户授权才能在规定时限内查询使用与业务办理相关的个人数据。运用区块链技术上链访问记录，确保数据调用不可篡改且可溯源，用户可随时查看本人数据调阅使用记录，发现异常即

可在线投诉。

### 7. 社会信用体系一体多用，拓展服务领域扩大改革受益面

温州市瓯海区的农民资产授托代管融资改革扩大授托资产范围，允许农户以不具备抵质押登记条件的非标资产申请贷款，实现资产有价值、书面有承诺即可授信。同时完善农村社会信用体系，依托基层普惠金融服务站采集农户资产和信用数据，构建专人监管、自治监管、专业监管相结合的信贷风险控制体系和风险补偿缓释机制，有效破解农村"融资难、担保难、融资贵"等问题，贷款平均利率只有6.6厘，不良率仅0.42%，盘活大量农村沉睡资产助力农民致富、乡村振兴。2017年获批国家级改革试点，先后获得中农办、农业农村部领导批示肯定，被列为全国农村改革试验区拓展试验任务。

2019年以来，瓯海区继续拓展改革内容，让农村社会信用体系发挥更大作用。通过"荣誉授托"推动授托资产从有形资产向无形资产延伸，让"德者"有所"得"；同时在全省首创6大维度102项指标的"小微企业信用评价系统"，首创入园即贷和小微贷阳光码，使受益对象从农户延伸到小微企业。

### 8. 线上线下结合，跨境送关爱助力侨胞抗疫

温州市依托为侨服务"全球通"平台，在11个国家（地区）设立海外服务点，覆盖华侨人口82.5%，构建线上政务、应急联动、远程医疗、物资捐赠四大服务场景，把互联网和"人联网"即侨联和海外侨团的组织网络、工作网络结合起来，成功开展跨境服务。既组织市内力量提供网上跨境服务，又组织海外力量以侨帮侨开展志愿服务，为海外华侨提供远程医疗服务和防疫指导、心理疏导、律师服务、云上授课，分发药品、防疫物资和爱心善款，"容缺受理"解决海外侨胞办事难。这种线上线下结合的精准化服务机制，既能跨越国境提供关爱帮助，又能落地办成事，现代技术和人文情怀相得益彰，线上线下、境内境外协同高效，有效地支持了海外侨胞携手抗疫，取得了明显成效。

从温台两市的这8个改革创新项目最佳和优秀实践案例中，我们不仅看到浙江这个改革开放先行地仍然保持着创新活力，而且看到了全面深化改革的多样化途径，能够得到方法论的启示。

作者

金 赟

# 关于进一步促进浙江省政府投资 基金发展的相关建议

在国家政策全力推进产业转型升级和供给侧结构性改革、基础设施和公共服务领域大力推进政府和社会资本合作模式的大背景下，政府投资基金在我国快速发展。浙江省作为我国经济大省，产业集聚优势明显、社会资本投资活跃，为政府投资基金发展提供了良好的运行环境，也为其管理规范化提供了先行一步的契机。2021 年 7 月 12 日印发的《浙江省产业基金管理办法》（以下简称《管理办法》）从发挥基金引导作用和提高基金投资运作效率两个方面对政府产业基金进行了相应的规范，进一步完善了浙江省政府投资基金的运作管理机制。

## 一、政府投资基金发展现状[①]

从全国范围看，政府投资基金经历多阶段发展。在初步探索阶段（2002～2007 年），地方政府纷纷进行引导基金的探索，但对于基金的组织架构、运作机制、风险控制等并未作出具体政策安排。在规范发展阶段（2008～2016 年），基金"小出资、大杠杆"的优点受到大力推崇，政府引导基金数量达到 499 只，新设基金目标总规模达 3.73 万亿元。在逐步成熟阶段（2017 年以后），政府引导基金问题显现，政策开始转向加强基金设立或注资的预算约束、提高财政出资效益等，几年间新设基金数量快速下降为102 只。

截至 2021 年第一季度末，政府引导基金存量仍然巨大，数量达 1877

---

[作者简介] 金赟，财通证券规划发展部副总经理。
① 资料来源：私募通。

只，目标总规模 11.59 万亿元，已到位资金 5.69 万亿元，资金到位率 49.09%。基金数量与规模分化明显，区县级和地级市政府引导基金数量较多，分别为 570 只和 866 只，但目标规模仅有 1.48 万亿元和 3.4 万亿元；国家级和省级基金数量仅有 38 只和 403 只，但目标规模达到 2.67 万亿元和 4.05 万亿元。从区域来看，江苏、浙江、广东政府引导基金数量位于全国前列，分别为 212 只、163 只和 160 只；北京、广东、江苏政府引导基金已到位规模居于全国前列，分别为 1.72 万亿元、0.66 万亿元和 0.36 万亿元，浙江仅为 0.2 万亿元。

## 二、政府投资基金现有问题及难点

政府投资基金在发展的快车道中，存在不少潜在问题和隐性风险。面对存量巨大的政府投资基金，精耕细作成为各地政府的主要发展基调。浙江省在总结政府产业基金 2.0 版经验的基础上出台《管理办法》，针对过去政府投资基金决策机制行政化、责权利不一致、投资效率较低、落地大项目不多等方面制定了优化机制，但仍存在一些亟待解决的问题和困难。

（一）资金来源单一和资管新规加剧资本缺位

过去，政府投资基金在募资环节为吸引资金量充足的银行、保险等传统资本进入，承诺投资收益，在产生隐性债务问题的同时也造成了募资渠道单一的局面。在资管新规要求"去通道，破刚兑"后，原有募资渠道受到限制，许多政府投资基金无法正常设立。截至 2021 年第一季度，浙江省共有 163 只政府引导基金，资金到位规模仅约为 2000 亿元，与此形成对比的是广东 160 只政府引导基金，资金到位规模约为 7000 亿元。

（二）贡献评估与收益分配不合理导致投资动力不足

根据调研[①]，在所调研的机构中有近 60% 的机构尚未建立激励机制，近一半的机构尚未建立容错机制。政府基金的特殊性导致管理人投资怕出错担责，基金管理人将资金投入种子期、初创期领域项目的动力不足。此外，基金的收益分配机制与市场化的基金相比并不完善，无法有效提升管理人的主动性。大部分政府投资基金实际投资于成熟期等偏后期项目，或直接购买理财产品甚至闲置，没有达到促进企业创新创业、引导产业结构升级的政策目标。

（三）项目管理能力不足导致对市场资金吸引力不足

政府基金投资运作涉及项目立项、尽职调查、投资决策、投后管理等专业的管

---

① 《国有创投及政府引导基金激励与容错机制调研报告》。

理步骤，而不少地方政府缺乏专业人才，对项目管理欠缺，无法建立全链条式的项目管理体系。著名私募股权研究机构清科①曾指出，浙江省政府投资基金的项目退出情况不容乐观，无论是基金的设立还是退出，节奏都较慢。有效的基金投前、投中、投后管理将影响最终项目的顺利退出，进而影响社会资本参与的积极性。

## 三、对进一步促进浙江省政府投资基金发展的相关建议

### （一）宜导：结合产业发展逐步放权市场

地方政府要在把握好政策目标与经济目标的同时，凸显社会资本杠杆的作用。以往政府投资基金的核心诉求在于促进地方产业发展，一些地区存在投资机会少、项目挖掘周期长等问题，因此部分基金在初期设立时对投资地区与领域有较为严格的限制。而浙江省产业集聚优势明显，新兴产业发展空间巨大，投资机会优质，因此浙江省在出台《管理办法》规定分类投资、限制政策类项目持股比例上限的同时，也应明确效益类项目的评判标准，适度设置政策类、效益类投资占比，让基金在一定程度上市场化，打破政府投资基金现有募资对象倾向于固定投资回报率的现状。同时，还应探索引入 PE/VC 投资机构、主权财富基金、高净值个人等投资风险承担能力与投资项目更匹配的投资主体，补充非传统金融机构，丰富现有的募资渠道。

### （二）宜疏：探索落实尽职免责容错机制

为了让基金管理人敢于按照自己的真实意愿进行投资，可以对政府投资基金进行一定程度的市场化考核，同时不应对已尽职履行但因不可抗力、政策变动等因素造成损失的投资决策主体追究责任。浙江省的《管理办法》在考核方面已经明确提出基金管理费收取与基金整体运作考核绩效挂钩，并设置分类支付标准。但在尽职尽责容错机制方面没有提出具体的落实措施。浙江省作为创新先行省，应积极探索以尽职免责为中心的容错机制落地方案。建议根据行业特点统筹推出覆盖"募投管退"全流程、涵盖基金和管理公司两个层面的政策文件，在顶层设计中形成"在基金投资决策合法合规、投后管理履职尽责后保持基金管理人独立性"的共识。

### （三）宜规：建立全链条式项目管理机制

《管理办法》提出由省级项目主管部门成员和外部专家建立投资决策委员会，充分发挥外部专家的作用，提高投资决策效率。除决策体系化外，浙江省也应在《管理办法》的基础上结合自身特点健全基金运行中后期的执行、风险控制机制②，

---

① 第十三届中国基金合伙人峰会。
② 可参考产业基金的建立、投资、投后管理及风险控制。

将项目管理进一步细化、立体化。政府投资基金可在投前寻求专业的当地金融机构（如券商）合作完善前期项目筛选与尽调环节；期间通过召开定期会议形成风险管理报告并吸纳专业的基金管理人进行赋能管理；后期引入专业的投后管理系统，并组建投后管理小组解决对接资本市场和产业链资源协调方面的问题，提供持续性增值服务。

作者

吕晓赞
蔡小静
李　勇

# 关于完善浙江省政府部门权力清单制度的几点建议

党的十八大以来，以习近平同志为核心的党中央提出了一系列深化行政执法体制改革的决策部署。党的十九届三中、四中全会进一步明确要"深化行政执法体制改革，统筹配置行政处罚职能和执法资源"，"进一步整合行政执法队伍，继续探索实行跨领域跨部门综合执法，推动执法重心下移，提高行政执法能力水平"。其中，综合行政执法改革是全面深化改革的一项重要内容，其重点与前提就在于构建权责明确、行为规范、监督有力、高效运转的执法体系。

## 一、浙江省全面推进综合执法改革

深化综合行政执法改革是法治政府建设的重点，在纵深推进"互联网＋监管"的背景下，深刻影响"放管服"改革、整体政府建设和小康成色，具有牵一发动全身的重要作用。多年来，浙江省坚决贯彻党中央、国务院有关行政执法体制改革部署，以"探路者"姿态率先探索、迭代升级，相继开展相对集中的行政处罚权改革、跨部门跨领域综合行政执法改革和"大综合一体化"行政执法改革（全国唯一试点地区），形成基层"一支队伍管执法"、"综合查一次"、"执法监管一件事"等新经验，推动法治政府建设不断取得新成效。

当前，为进一步加快构建全覆盖的整体政府监管体系，浙江省按照"谁许可、谁监管，谁主管、谁监管"的原则，以权力清单为基础，由省级各单位从许可前端与处罚末端双向梳理监管职责，编制形成覆盖全省各级各领域的

---

［作者简介］吕晓赞，浙江大学城市学院教授；蔡小静，扬州大学讲师；李勇，上海海事大学讲师。

行政许可、日常监管和行政处罚有机衔接的监管事项目录清单，压实全链条责任，针对行政执法领域存在的监管盲区、监管漏洞、监管懈怠等问题，着力解决"多头管"、"三不管"等问题，努力推进监管成本最低化、干扰最小化、效能最大化。

## 二、浙江省重点领域行政处罚事项完备度测评

行政处罚事项完备度是指行政执法部门权力清单的执法依据对既定法律罚则的覆盖范围。完备度高低可直观反映部门编撰行政处罚事项是否系统完备、全面健全。

### （一）评估概况

本文遵循新公共管理理论强调的"3E"目标，即经济（Economy）、效率（Efficiency）和效益（Effectiveness），寻求公共行政管理的绩效化与结果的可计算性，基于第三方视角对浙江省重点领域行政处罚事项完备度进行测评，以衡量行政执法的效率和质量。具体评估对象为各领域对应的浙江省级政府职能部门。

本轮评估主要采用文本挖掘与文本匹配方式，以法规条文规定的行政处罚事项为基准，通过提取、清理与匹配目标部门行政处罚罚则依据数据库，计算各目标部门行政处罚法律依据的完备度。整个评估过程严格遵循依法评估、客观公正、重点突出、专业高效等基本原则。评估结果显示：部分法律法规规章所规定的罚则并未得到运行实施，说明浙江省行政处罚事项清单还存在一定程度上的编制不全现象。对于当前这类有法不依问题，相关部门必须给予充分重视，认识其严重性和危害性，并采取一定的应对措施，维护法律的尊严和权威，树立法律威信，推进法治社会的公平公正和规范有序。

### （二）出现不完备现象的原因分析

第一，从执法视角看，执法队伍的专业素质对职能履行效果具有关键作用。当今，我国正处于大发展、大变革时期，相应地在立法方面也有了很多更新变化。"立改废释并举"是法治建设与时俱进的必然要求，但一些部门与执法人员存在慵懒意识，导致法律出台后难以有效实施。一方面，部分执法人员的法治观念不强、专业性不够，加上缺乏相应的专业指导与操作指南，导致编制权力清单时不够规范全面；另一方面，由于行政处罚事项涉及部门众多，一旦相关部门之间缺少有效的沟通与协调机制，就会出现"多头管"等现象，降低执法效率与质量。例如，《中华人民共和国安全生产法》第九十九条和《浙江省大气污染防治条例》第六十一条均涉及多个部门且都被作为行政处罚执法依据，若部门间不进行有效协调，就容易出现"多头管"的问题。

第二，从立法视角看，不少法律法规涉及的执法部门众多，而法条内容对各部

门职权的界定不够清晰明确，导致法律出台后未能在实际使用过程中被相关部门作为执法依据，从而出现"三不管"等现象。例如，《中华人民共和国安全生产法》第九十三条就缺乏对执法主体的明确，导致未被相关部门纳入其权力事项数据库中。

第三，从监管视角看，后期的监督与反馈机制不得力导致行政处罚事项存在不完备问题。当前，尽管各级政府部门都依法编制了权力清单，但由于缺乏后期针对性的评估、反馈与监管机制（虽然有针对政府部门信息公开或透明度的三方评估，但其评估方式仅以抽样调查为主，结果不具普及性），导致各部门并不知晓其清单的完备状况，尤其无法察觉被遗漏的法条内容，从而致使事项清单不完备，进而出现执法缺位现象。

## 三、完善权力清单制度的几点建议

权力清单制度是建设法治政府的一项非常重要的制度创新，其出发点是明确政府的权力界限，解决实际管理中有法不依、行政越权、行政滥权和行政不作为的问题。该制度是综合执法改革的有力抓手。然而，通过对浙江省重点领域行政处罚事项完备度进行测评，可以发现权力清单制度在落实上仍存在不足之处，部分法律法规规章所规定的罚则在实践中并未有效实施。针对存在的问题，本文提出以下几点建议以推进权力清单不断优化。

（一）构建权责明晰、责任链健全的执法责任体系

新公共管理理论认为政府必须清楚自己在做什么和"向谁负责"。为此，需对权责匹配进行系统性的梳理与调整，统一规范权责清单结构安排，并建立严格的执法责任制。通过厘清、界定行政执法的依据、职权，明确分析各行政执法环节、各行政执法岗位的具体职权和责任，将职权和职责按照行政机关内部的工作层次和具体岗位合理配置，为行政执法权的运行建立可操作性强的工作机制，并根据行政处罚事项完备度考评结果对相关人员进行问责，只有用好问责"利器"，敢于问责、善于问责，才能真正将责任制落到实处。

（二）提升执法队伍素质和专业化水平

新公共管理理论把社会公众视为政府的"顾客"，认为公共部门应以"顾客满意"为宗旨。行政执法人员是法律的传递者和实施者，行政执法涉及人民群众的切身利益。因此，必须要严格把控执法人员的专业水平，通过法治教育与知识培训等措施增强执法人员的法治理念，使其懂法、会法、严谨用法，才能实现行政执法的应然效果。应全面推行综合行政执法人员学法用法制度，安排行政执法人员每季度进行一次集中专题法律学习，深入学习贯彻习近平法治思想，将宪法、执法常用

法律法规知识作为执法人员培训考试的重要内容。采取组织执法人员参加法庭旁听、录制法治学习微视频、开展法治征文等形式，切实提升执法人员专业素养和执法完备度水平。

### （三）建立行政处罚事项完备度不达标案例库

新公共管理理论强调以结果为取向的绩效目标管理方法。因此，需要建立行政处罚事项完备度不达标案例库，对实践发生但未编入权力清单的案件进行收集整理和汇编，并标注其中涉及的法律条文，供政府部门内部参考学习，防止同类型错误的再次发生，为日后执法实践提供预警信息。此外，应实现权力清单完备度测评的常态化、制度化和普遍化，不仅开展行政处罚事项完备度测评，而且将其推广到行政许可、行政强制等事项中，以全面评估行政执法事项的完备度。

### （四）健全监管体系，完善监督和反馈机制

由于缺乏强有力的监管机制，所以造成权力清单在落实中出现了较多问题。要改变这种情况，就需要实现清单制的法制化，在总结实施经验教训的基础上制定面向各部门权力清单制度的行政条例，通过条例的制定实现清单内容、制定和实施的法制化。在清单的内容上，明确清单的范围、清单的分类、清单的形式和清单的流程；在清单的制定上，明确清单制定主体、制定的程序、制定主体的权限和责任以及清单的更新等；在清单的实施上，明确清单的执行主体及其责任、清单实施的监督主体及其责任。通过法规约束增强权力清单统一性和规范性，强化对行政权力运行的制约和监督，保证公权力不被滥用。

作者

倪　好
任佳萍

# 改革公共卫生人才培养
# 筑牢公众健康 "防护门"①

2014～2018 年，我国专业公共卫生机构人员总数从 87.5 万增至 88.3 万，增长有限。2019 年，全国共有普通本科院校 1265 所，承担医学专业人才培养任务的学校约占 35%，其中专门的医药院校 106 所。2019 年，预防医学专业在校生数量仅为临床医学专业在校生数量的 11.3%，仅为护理学专业在校生数量的 23.6%。

公共卫生是关系群体健康的重要公共事业，公共卫生人才是构成公共卫生服务完整体系的关键要素。2020 年 2 月，教育部、国家发展改革委等提出将 18.9 万名硕士研究生的计划增量重点投向临床医学、公共卫生专业，且以高层次应用型人才专业学位为主。可见，在当前探索如何更好地培养国家迫切需要、社会高度认可的公共卫生人才尤为必要。

## 一、我国公共卫生人才：总量不足，素质不够，流失率高

全面建成小康社会，就要实现人人享有基本医疗卫生服务，总体上卫生人才队伍规模应与我国人民群众健康服务需求相适应，城乡和区域医药卫生人才分布趋于合理。但在当前，我国公共卫生领域特别是基层卫生领域人才短缺形势依然严峻。

从人才培育方面看，高校人才供给可以从防与治两个角度比较分析。在医疗（治）一侧，我国高等教育和科研院校资源、社会资本投入都相对可观。2020 年，全国共有 21 所大学的 42 个医学学科进入了"世界一流学科"建设

---

［作者简介］倪好，浙江大学区域协调发展研究中心、浙江大学中国西部发展研究院副研究员；任佳萍，浙江树人大学管理学院讲师。

① 原载《光明日报》（2020 年 7 月 13 日 16 版）。

名单，新医科建设必将进一步推动精准医学、智能医学、转化医学等尖端领域发展。但在卫生（防）一侧，"为大众健康而立"的公共卫生与预防医学专业长期处于医学教育中的边缘。同时，当前我国公共卫生人才培养机制不健全，培养的人才素质结构不全面。人才培养缺乏大健康观念的有效整合；公共卫生领域的高等教育与职业培训、继续教育割裂明显，各类研究生培养模式的科学性有待提升，公共卫生人才的职业素养、职后培训有待规范；缺乏公共卫生学院建设与评估的高水平认证体系。

从人才使用与激励方面看，公共卫生人才流失的主要原因是薪酬待遇较低、人才评价混乱，部分地区补贴不能落实到位。在一些发达城市，公共卫生临床中心一线人员流失率居高不下；在农村和一些不发达城市，一些专业公共卫生机构多年未招录大学毕业生，个别地方甚至没有相关专业人员。

从数量方面看，县以下农村地区人才短板更为突出。在人力资源相对充足的公共卫生单位，工作积极性下降、医疗服务功能减弱等问题逐步凸显。

## 二、改革方略：构建多层次的公共卫生人才培养体系

破解上述问题，需要政府、高校、公共卫生机构、社会各界全体合力，构建多层次的公共卫生人才培养体系。

持续提升办学质量是我国公共卫生人才培养改革的关键。首先，在发展医学院校公共卫生学院的同时，应鼓励综合性大学加大对公共卫生学科的投入。其次，公共卫生人才的培养要树立大教育观，本科、硕士和博士不同学位层次，高等教育、职业教育、继续教育不同教育类型，学术学位轨道和专业学位轨道都应该齐头并进；中学和大学应为所有学生提供一定程度的公共卫生基础教育。再次，在规范公共卫生本科教育的同时，应增加公共卫生研究生的招生指标并侧重公共卫生专业硕士培养，加快探索公共卫生专业博士的人才培养模式。最后，应重视公共卫生非学历继续教育的作用。由疾控中心、卫生监督所、妇幼保健院等公共卫生专业机构牵头，设计适合的教学培训项目，对公共卫生领域相关人员及对公共卫生感兴趣的社会大众定期进行培训，为国家公共卫生应急管理体系夯实基础。

针对不同层次的公共卫生人才制定核心能力框架，明确公共卫生人才必须精通的理论知识和实践技巧，是当下欧美发达国家通行的做法。我国初步形成的公共卫生人才能力评价体系包括以专业技术资格（职称）为载体的能力评价体系，以继续医学教育为载体的公共卫生在职人员能力培养要求，以岗位聘任为载体的公共卫生人员上岗能力标准。然而由于推行力度不足，部门间缺乏协调，加上此前标准难以满足当下快速发展的时代需要，亟须修订完善公共卫生人才核心能力标准，健全公共卫生人才评价制度，探索建立公共卫生教育资格框架体系，推动公共卫生教育高质量发展。标准建设需要引入第三方评估机构，对各高校公共卫生和预防医学学

科建设、资源投入、培养内容等方面进行评价考核。

公共卫生人才在应急防疫中既需要纵向的专业技能，也需要横向的可迁移技能。要实现跨学科教学，在课程设置上融合文、理、医、工、经相应内容，不仅关注"技"，也要重视"道"。当前公共卫生与临床医学及其他医学专业脱节的现象严重，应加强预防医学教育和科学研究，加大前沿技术攻关和尖端人才培养力度，主要支持医学类本科院校公共卫生与预防医学、护理、生命科学等学科在人才培养、学科建设、科技攻关等方面的发展。在协同育人上，应设立公共卫生教学实训平台，建设先进的实训模拟服务系统，培养具有扎实基础理论知识、基本操作技能，能够为保障和促进人类健康提供疾病防治、健康教育及保健服务的"医学+"高层次复合型人才，从而为国家应对突发公共卫生事件提供智力支撑。

公共卫生人才队伍更多地体现出"隐性"价值，平常很少体现出如手术治疗般的"显性"价值。但就是这样一支队伍，筑起了公众健康的"防护门"。提升公共卫生人员的地位，要提高其工作待遇，避免人员过度流失，并吸引更多人带着社会使命感加入这支队伍。在改革薪酬制度基础上应考虑完善职称制度，提供规范化的培训机会，促进人员合理流动。

作者

金　赟

# 注册制改革对浙江的影响及政策建议

2018 年 11 月，习近平总书记在首届中国国际进口博览会上宣布，在上交所设立科创板并试点注册制。科创板自设立以来，其关键性制度创新经受住了市场检验，初步形成了可复制、可推广的经验。2020 年 4 月，中央全面深化改革委员会第十三次会议审议通过了《创业板改革并试点注册制总体实施方案》，有着 800 多家存量上市公司的创业板接棒注册制改革，进行全面的制度升级。

浙江省民营经济发达，IPO 市场繁荣，截至 2021 年 3 月，浙江省 A 股上市企业数量达 531 家，占 A 股上市企业总数的 12.64%，位居全国第二。在注册制改革即将全市场推行之际，浙江应全面梳理注册制下资本市场运行情况，探究注册制改革对浙江企业的影响，抓住以注册制改革为龙头的资本市场改革良机，充分发挥领先优势，主动运用政策红利，助力浙江融资畅通工程，促进经济和金融良性循环，为高质量发展注入更多金融力量。

## 一、注册制改革下浙江企业上市情况

注册制下浙江企业申请活跃。自注册制改革以来，大量浙江省拟上市企业流向创业板及科创板，申报企业数量位居全国前列。根据深交所披露的 IPO 申报企业信息，截至 2021 年 3 月，深交所创业板（注册制）受理申报企业共557 家，浙江企业 74 家，其中注册生效 18 家，占同期浙江省企业 IPO 上市数量的 32%，占全国创业板（注册制）IPO 上市企业数量的 14.60%。相比之下，浙江省科创板上市的企业稍少，截至 2021 年 3 月，上交所科创板受理申报企业 537 家（不含二次申报），浙江企业 49 家，其中已上市 24 家，占全国科创板上市企业的 9.06%（见表1）。

---

[作者简介] 金赟，财通证券规划发展部副总经理。

表1 创业板（注册制）、科创板申报企业省份分布

| 排序 | 创业板（注册制） | | 科创板 | |
|---|---|---|---|---|
| | 省份 | 数量 | 省份 | 数量 |
| 1 | 广东省 | 126 | 江苏省 | 92 |
| 2 | 江苏省 | 90 | 广东省 | 90 |
| 3 | 浙江省 | 74 | 上海市 | 78 |
| 4 | 北京市 | 47 | 北京市 | 70 |
| 5 | 上海市 | 33 | 浙江省 | 49 |

资料来源：Wind 数据库，财通证券研究所。

上市公司中产业与地域分布集中。根据 Wind 数据统计，注册制改革实施后，浙江省在科创板、创业板共 42 家上市公司集中分布于信息技术和高端制造领域。从企业数量看，软件与信息技术、专用设备制造两个产业上市公司数量合计占比28.57%，其后分别为电器机械与器材制造（11.90%）、仪器仪表制造（11.90%）等。从市值分布看，软件与信息技术、电器机械与器材制造两个产业市值占比最高，分别为 13.79% 和 11.96%，其后为医药制造业，市值占比为 8.51%。在地域分布上，浙江省注册制企业主要集中于浙北地区，如杭州、宁波、湖州等市。其中杭州市以科创板上市企业为主，数量占全省科创板上市企业的一半以上；宁波市创业板上市企业集中，占全省企业的 1/3（见图1）。

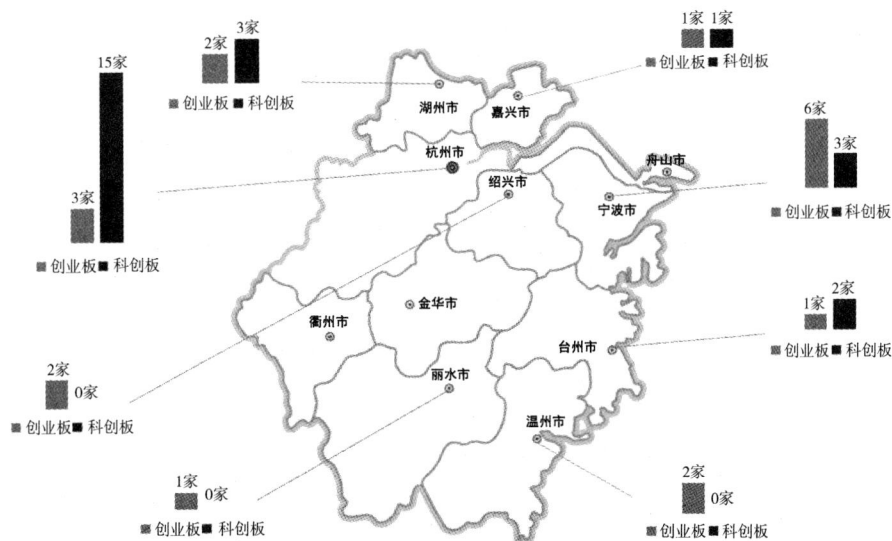

图1 浙江省各地级市注册制上市企业分布

资料来源：财通证券研究所。

注册制后备力量相对较弱。与 A 股 IPO 在审项目相比，浙江省科创板及创业板在审项目数量较少，在全国省份及地区中排名略低。注册制下排队公司数量排名与浙江省 A 股上市公司总量居全国第二的存量水平不符。创业板 IPO 在审企业（已受理未上会）236 家，浙江共 22 家；科创板在审企业 119 家，浙江共 15 家，在全国各省份及地域中未至前三位，不及广东、江苏、北京、上海等地。

## 二、注册制改革对浙江企业的影响

浙江省是创新创业的热土，也是资本市场的沃土。注册制改革推行以来，浙江省企业响应，2021 年第一季度浙江省上市企业数量领跑全国，其中科创板 6 家、深圳创业板 4 家。科创板的设立、注册制的纵深推进使各板块间完善资源配置、定位更清晰。尤其是高度契合浙江产业特征的创业板，对浙江省企业，尤其是高成长性的创业创新企业借助多层次资本市场发展壮大、推动产业转型升级发挥了重要的作用。

制造业企业有效对接资本市场，加快上市和转型步伐。浙江是制造业大省，截至 2021 年 3 月，浙江省 A 股上市企业中共有 405 家制造业企业，占浙江省 A 股上市企业总数的 76%。但浙江省制造业存在"低小散"问题，附加值不高、市场竞争力不强，浙江省头部上市公司中制造业公司占比较低，2020 年末市值超过 500 亿元的 23 家浙江省上市企业中，仅有 12 家制造业企业。

自注册制实施以来，定位精准的创业板支持传统产业与新技术、新产业、新业态、新模式的深度融合，充分释放对传统制造业企业转型升级的政策红利。浙江企业抓住注册制契机，大量拟上市企业流向科创板和创业板，通过对接资本市场，帮助企业融通资金，对接高端资源，同时积极创新，助力高质量发展。例如，来自浙江宁波的大叶股份，2020 年 9 月在创业板上市，成为第 100 家浙江省创业板上市公司。大叶股份专业从事割草机、打草机等动力机械的研发、生产和销售，是传统的机械类制造业企业。2020 年公司以创业板上市为契机，全面提高研发投入，发展了行业内首屈一指的节能环保引擎，并引进新技术研制具备人机互动系统的智能园林设备，全面提升公司在全球产业链、价值链中的地位，建成具有国际竞争力的园林机械企业。

截至 2021 年 3 月，浙江省科创板上市企业中制造业占比 70.83%，创业板上市企业中制造业占比 83.33%。创业板注册制实施以来，浙江省通过注册制于科创板、创业板 IPO 的上市公司总数占到了同期浙江省企业 IPO 上市数量的 44%（见图 2）。

检验企业经营能力和信息披露质量，倒逼企业高质量发展。与核准制相比，注册制发行条件更加精简优化、更具包容性，公司上市申请被否的比例大幅下降，创业板和科创板实施注册制以来平均被否率为 1.52%，同期核准制的被否率高达 15.17%。但是注册制强调以信息披露为核心，拟上市公司信息披露的真实准确完整、在审核中对信息披露质量严格把关极为重要。

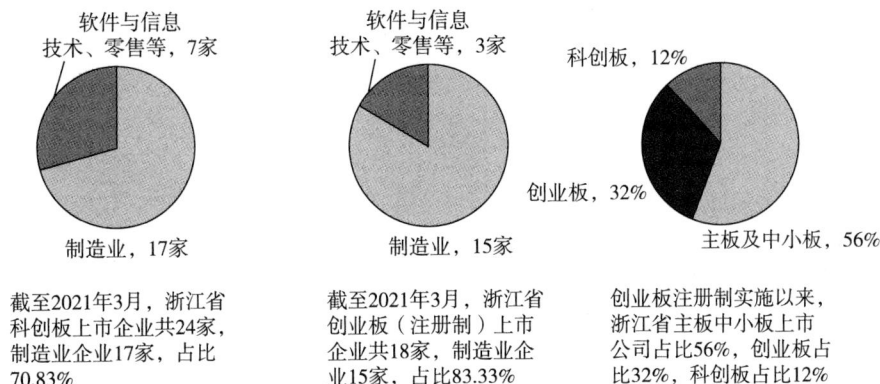

软件与信息
技术、零售等，7家

制造业，17家

截至2021年3月，浙江省
科创板上市企业共24家，
制造业企业17家，占比
70.83%

软件与信息
技术、零售等，3家

制造业，15家

截至2021年3月，浙江省
创业板（注册制）上市
企业共18家，制造业企
业15家，占比83.33%

科创板，12%

创业板，32%

主板及中小板，56%

创业板注册制实施以来，
浙江省主板中小板上市
公司占比56%，创业板占
比32%，科创板占比12%

**图 2　注册制实施以来，浙江制造业企业上市情况**

资料来源：财通证券研究所。

2021 年以来，注册制 IPO 申请出现明显的"撤回潮"，中止审核的企业越来越多。截至 2021 年 3 月，注册制下共有 71 家企业中止，166 家企业终止。主动撤回材料，终止 IPO 进程的拟上市企业或是自身存在问题，如未及时更新申报材料、报表项目异常变动等，或是其保荐机构执业质量不高。注册制 IPO"撤回潮"中，浙江省终止审核企业数量位居前列。截至目前，创业板终止企业共 72 家，其中浙江省共 9 家，占比 12.50%，位居全国省份及地区第三；科创板终止企业共 94 家，浙江省 7 家，占比 7.45%。IPO 高比例撤回现象已引起监管层高度重视，注册制绝不意味着放松审核要求，证监会通过大数据信息溯源等手段对"带病闯关"的拟上市企业严肃处理。

在此背景下，浙江企业被倒逼严守信息披露要求，加快树立和提升与注册制相匹配的理念及能力。例如，2020 年中止创业板上市的浙江涛涛车业过度依赖境外市场，财务数据勾稽关系存在异常，同时公司所属专利多为设计专利，真实研发能力存疑，中止上市后，涛涛车业势必严肃审查财务数据，提升研发能力和经营自主性才能再度回归上市之路。2021 年 2 月，杭州百子尖科技有限公司在科创板上市过程中被证监会抽中信息披露现场抽查，由于中介机构无法按照规定时间提交审核资料，公司和保荐方主动申请终止上市，只能在保证信息披露完整可靠性后再战科创板。

## 三、有关意见和建议

鼓励制造业转型升级，培育高质量上市企业，提升市场竞争力。制造业是浙江省上市公司中的主力军，实现制造业的优质化转型意味着浙江上市企业竞争力的大幅提升。浙江省作为产业数字化转型的前沿阵地，应利用好数字经济优势、促进优势产业发展与数字化深度融合，更快更优实现制造业升级，提升上市公司竞争力。

　　首先，在创业板注册制改革深入推进的背景下，用好创业板政策利好，以传统制造业转型升级为重点，稳步推进传统制造业治理结构现代化、制造过程清洁化、生产技术智能化，以技术带生产，提高浙江小企业的生产效率和附加值。其次，创业板支持传统产业与新技术、新产业、新业态、新模式深度融合，应发挥浙江数字化优势，促进制造业和新技术融合，在全省范围内鼓励智能制造，通过智能工厂评定、模范企业嘉奖提升制造业数字化水平；借助浙江完善的 5G 应用网络基础，促进制造业和新模式融合，将"5G＋工业互联网"带入中小企业，实现 5G 生产看板、5G 实景视频空间指挥系统、5G 三维扫描系统、AR 人机交互系统、5G 智能仓储物流等各环节应用场景落地，创造浙江制造业新型生产模式，提升转型效率。

　　借助区域股权市场创新试点，夯实企业上市准备，畅通企业上市融资之路。注册制中企业信息披露是关键。浙江省大多数企业在上市前，由中介机构将企业情况梳理汇总，并协助上市审核。在这其中，企业发展不合规的历史问题、中介机构执业质量参差不齐、机构博弈等因素成为企业保证信息披露质量、顺利注册上市的绊脚石。

　　2021 年 5 月 11 日，浙江省委书记袁家军在全省金融工作座谈会上提到，"十四五"开局之年要推动区域资本市场创新发展、上市公司高质量发展。建议浙江抓住全国首个区域股权市场创新试点的契机，为全省有希望于科创板、创业板上市的公司打造上市助力平台，参考 2020 年发起的浙江科创板企业上市培育板块，探索与深交所共同打造创业助力板。首先，合理设置助力板挂牌条件，符合一定财务估值指标（创业板上市标准的 0.5 及以上）的浙江省内成长型创新创业企业或在传统产业与新技术、新产业、新业态、新模式深度融合上有突出表现的企业均可审核挂牌，严格坚持一企一议、不错过任何一个具备潜力的优质科创种子企业的审核原则。其次，为助力板挂牌企业提供预规范、预披露、预估值的前置服务，挂牌期间即以规范化创业板拟上市企业标准进行打造，做好区域股权市场与创业板的有效衔接，帮助优质企业顺利上市，降低浙江拟上市企业中止或终止审核比例，实现企业融资质效再升级和上市再加速，畅通资本市场服务浙江经济发展的"最后一公里"。

　　支持各地重点发展优势产业，多点开花，打开浙江上市企业新局面。浙江是中国经济最活跃的省份之一，也是中国资本市场最发达的省份之一，但浙江省内仍存在上市企业地区及产业分布不协调的问题，有针对性地帮助地区优势产业上市，将有助于提升区域资本市场利用效率，打造注册制下浙江上市企业数量和产业分布新局面。

　　首先，鼓励浙江省内各地区将"凤凰行动"做好、做实、做优，实现新突破，通过与浙江省内区域股权市场合作，根据地区优势产业分布，成立地区或产业特色板块，如丽水轻工制造板块、台州汽车零部件制造或化工板块，通过地方政府完成甄选种子企业、提供挂牌前咨询、成功挂牌补贴、挂牌后持续跟进等全流程工作为优质种子企业挂牌上市牵线搭桥，降低地区优势企业挂牌上市阻力，提升企业挂牌上市意愿。其次，推动浙江资本市场普惠金融服务的下沉，以省级专业服务力量和熟知地区产业态势的地方团队相结合的形式成立各地资本市场普惠金融服务分支机构，因地制宜为地区中小企业提供系统的资本市场服务。例如，为温州衢州等地传统型企业配备技术型专业人才，提供契合创业板上市条件的新业态、新模式发展思路，为宁波余杭等地主要依靠核心技术，具有较强成长性的创新企业配备财务、经营类人才，提供科创板上市所需的估值、规范企业架构等服务。坚持尊重地区经济特点，提升服务实体经济能力，提供最契合、最高效的资本市场服务，协助地区企业实现注册制上市要求。

# 城市治理

作者

严泽鹏
徐 林

# 块块调动条条："县乡一体、条抓块统"的临平经验

镇街是基层治理的重要基础，随着转型发展进程的加快，治理体系的一些深层次问题逐步显现。例如，镇街"单薄"的管理职权与繁重的工作任务严重不匹配；镇街统筹协调与部门派驻机构"两张皮"的问题普遍存在，难以形成工作合力。为破解这些难题，临平区着眼于"明责"、"赋能"、"数治"，通过全面梳理权责关系，化解了边界不清、流程不清、资源失配等问题，进而推进架构完备、权责明晰、运行高效的"县乡一体、条抓块统"基层治理体系建设。同时通过发挥考核"指挥棒"作用，落实了属地考核权，既为块块调动条条提供了制度保障，也激发了条条的工作积极性，从而提升发现处置事件的工作实效性，进而形成"条块协同互促"的工作氛围，长久建立起"区属、镇管、村用"的基层管理机制，为"县乡一体、条抓块统"贡献实践经验。

## 一、难题的出现：镇街困境的现状解析

条块体制作为我国政府组织和管理的制度性安排，对政府的权力划分、运行秩序及运行效率产生着重要影响。在响应社会治理重心下移的旗帜下，"治理重心下移"、"权限下放"等改革逐步推进，但治理权力、治理资源并没有和治理责任一同下放，基层执法力量配备不足，镇街"单薄"的管理职权与繁重的工作任务严重不匹配，因此处于一种"看得见，管不着"的尴尬境地，出现治理悬浮化的问题。长此以往，镇街政府几乎都成了一个事无巨细的"全

[作者简介] 严泽鹏，中山大学政治与公共事务学院暨中国公共管理研究中心博士研究生；徐林，浙江大学公共政策研究院首席专家，浙江大学公共管理学院教授、博士生导师。

能政府"：基层"块块"的保障和服务民生的任务本身就十分繁重，外加日益繁多的属地化管理的有责无权的任务，从而使基层负担沉重，由此衍生出了基层大量的被动应付型的形式主义现象；"条条"部门大量的管理、服务和执法任务都被下放到镇街；"条条"摆脱了责任的束缚，权力和资源就成了他们控制基层的武器，他们在权力上的优势也衍生出了大量的官僚主义现象。这就造成了"条"、"块"在权、责、利上的紧张关系。浙江省多地试图通过基层治理四平台分配派驻力量下沉一线治理情境，推动治理资源下沉，为镇街松绑、赋能，进而化解紧张的条块关系。然而"四个平台"派驻力量变动大、考核管理不量化等问题突出，并且镇街吹哨，部门响应不及时、不精准，下沉力量"下而不沉"，不利于"县乡一体、条抓块统"的深化推进。

## 二、难题的破解：块块调动条条的临平经验

临平区充分发挥"四平台"的中枢作用，通过全面梳理权责清单和优化考核机制赋予了镇街主动权，使治理重心和资源下移成为现实，镇街从权力弱势变为权责一致，有效地调动条条下沉治理一线，与块块高效协同，破解了基层治理的难题。该区已通过四平台备案下沉人员800余人，全程考核受理各类事件217848件，事件受理超时率为0%，满意率达100%，大大推进了社区、单位、行业党建互联互动，形成组织优势、服务资源、服务功能最大化。

一是通过全面梳理权责清单，破解基层"旋转门"。临平区以基层治理四平台自动考评体系为总任务，划分为梳理权责清单、制定考核细则、归集数据、自动考核、应用考核结果5个二级任务及其项下21个三级任务，并明确牵头部门和协同部门，将治理任务科学分解，逐项细化明确属地责任和部门责任，厘清权责边界、理顺治理流程，确立了责任边界，构建起制度性保障。这一过程促进了属地和部门对权责清单进行全面评估，促进条的"专业治理"和块的"综合治理"高效协同，确保权责清单的规范性、科学性和实效性。

二是通过"自动考核"，简化考核过程。临平区按照绩效考核等次与岗位职责、工作业绩和实际贡献挂钩的原则来制定考核内容，坚持定性与定量相结合，考核涵盖了日常管理、业务工作完成情况、评议满意率三个方面，数据来源主要为镇街录入、系统抓取、定期抽查和相关部门认定，简化了考核过程，保证了考核的可操作性和持续性，并且量化考核指标作为被考核者的"参照系"，进而使派驻力量明确工作目标，营造良好工作氛围、激发工作活力。同时优化"捆绑考核"机制，派驻力量考核结果平均得分将作为该下沉站所考核结果，并进行排序，将排序情况与年度考核优秀名额数量、部门平安考核挂钩，实现"个人考核"与"部门考核"的互促共进。

三是通过强化结果应用，优化资源配置。对于派驻力量的考核早已存在，但效

果不佳，其根本在于传统考核方式的指标量化不足、定性评价模糊、评价效率低、报告生成滞后，导致了考核主观性过强：考核往往碍于"情面"而流于形式。通过"数治"考核机制，真正将考核指挥棒交给了镇街，也有效破解了传统考核结果运用中的"情面"问题，将派驻力量个人考核结果与个人奖金发放、评优评先挂钩，并将派驻力量个人考核结果与派驻部门考核成绩挂钩，真正引导各个部门的资源主动走向基层一线。同时将考核结果作为"派驻"的依据，在此基础上可探索建立起可量化、好评估、能应用的派驻资源配置模型，使"派驻"这个"供给侧"对上镇街"需求侧"的"胃口"，进而走向基层社会治理资源的"智配"模式。

## 三、启示与建议

第一，提高民众的基层治理参与程度。党的十九大全面确立了"以人民为中心"的发展理念，这就需要改变以往以政府为中心的传统管理思维，让民众参与到基层治理和条块协同的过程中。因此，有必要建立更加合理的机制，由民众来定义和评价基层治理的绩效，使其参与到基层治理的设计、协调、评价和反馈等全过程。民众的生活需求和利益诉求可借助"浙里办"、"浙政钉"等平台得以顺畅表达，由平台分类推送给各镇街和各职能部门及时办理。同时，提升民意评价在"自动考核"中的权重，将民众满意度作为衡量基层治理成效的标准之一。

第二，应推动"条"的常态化重心下移。基层治理需要依靠"条块"联动，既需要"块块"的统筹治理能力，也需要"条条"的专业治理能力。在向镇街倾斜人、财、物及下放相应职权时，"条条"不能当"甩手掌柜"，更不能以"属地化管理"为借口来进行责任转移。"县乡一体、条抓块统"改革更多地具有高位推动的色彩，在此基础上，更应建立起一套适应基层治理和"条"工作实际的常态化重心下移机制，进一步明确镇街与部门的职责定位和工作关系，实现统筹治理与专业治理的有序衔接。

作者

蓝蔚青

# 老旧小区改造的杭州经验和对策建议①

社区是城市生活的重要场所，是城市治理的基本单元，也是完善人的全生命周期民生服务供给机制的基础环节。改革开放以来，我国经历了快速城镇化，城镇居民人均居住面积 40 年间提高了 10 多倍，住宅质量水平和居住环境也几经更新换代，以致大量曾经为解决城市居民栖身之所发挥重要历史作用的住宅小区尚未完成生命周期，却已不能适应小康生活需求。城镇老旧小区与新建商品房小区在生活品质上的巨大反差，成为发展不平衡不充分的突出表现。这就决定了城镇住宅小区建设要从主要追求增量转向有限区域追求增量和普遍追求存量提质，通过老旧小区改造实现城镇有机更新成为城镇建设和社会治理的重要任务。

老旧小区改造在人口密集的城镇进行，牵动社会的方方面面，涉及错综复杂的利益关系。它不仅是建筑工程，而且是社会工程；不仅需要高水平的社会治理来保障其顺利实施，而且要为完善城市治理优化物质基础和组织基础，以规范化、精细化、智慧化的基层治理保障城市的全面、协调、高质量、可持续发展。所以，老旧小区改造不仅是提高城市美誉度、吸引力、竞争力的城市形象工程，而且是以人民为中心、围绕居住空间全面改善民生并拉动消费的民生工程，是社会主义市场经济条件下建设社会共同体的社会治理工程。

## 一、杭州老旧小区改造的主要经验

杭州市确立建设生活品质之城、宜居幸福城市的目标，自 2004 年以来，围绕居民需求实施"以民主促民生"战略，先后开展了屋面整治、物业改善、背街小巷提升、庭院改善等专项行动，逐步补齐老旧小区的基础功能。2016

---

［作者简介］蓝蔚青，浙江大学国家制度研究院特邀研究员，浙江省公共政策研究院、浙江大学公共政策研究院资深研究员，浙江省城市治理研究中心首席专家（已报中共中央办公厅）。

① 本报告系浙江省新型智库建设项目《浙江省打造改革探索领跑省的最新实践》阶段性成果。

年以整治市容迎接 G20 峰会为契机，杭州市开始统筹谋划老旧小区综合改造提升，将公共空间、停车泊位、道路空间、架空线路、地下管网、加装电梯、小区风貌、园林绿化、安防消防、服务配套、房屋本体、长效管理等小区围墙以内涉及民生的重要问题通盘纳入提升计划，从"头痛医头，脚痛医脚"、"零敲碎打"、重复开挖，升级为"综合改一次"、长效管理，使改造成果更具持久性。

2019 年，全国"两会"政府工作报告提出"城镇老旧小区改造"任务后，杭州市委、市政府决定开展以争创全国样板为目标的新一轮老旧小区综合改造提升行动，将老旧小区改造作为展示社会主义制度优越性的"重要窗口"之一，打造"有完善设施、有整洁环境、有配套服务、有长效管理、有特色文化、有和谐关系"的宜居小区，为全国提供杭州经验。通过充分调研，全面摸底，广泛收集街道、社区负责人和居民群众意见，凝聚相关部门共识，在 2019 年 7～8 月出台了三份政策文件，分别是《杭州市老旧小区综合改造提升工作实施方案》（以下简称《实施方案》）、《杭州市老旧小区综合改造提升四年行动计划（2019—2022 年）》和《杭州市老旧小区综合改造提升技术导则（试行）》。《实施方案》确定 2019～2022 年全市改造老旧小区 950 个，居民楼 1.2 万幢、住房 43 万套，涉及改造面积 3300 万平方米，重点改造 2000 年（含）以前建成的住宅小区。到 2020 年 11 月已有 302 个小区完工，超额完成年度计划，受益居民超 15 万户。

杭州市老旧小区综合改造提升的主要经验是：

第一，政策引领，标准规范，党建护航。杭州市先后出台老旧小区改造的实施方案、技术导则、工作指南、资金管理、绩效评价、项目开竣工管理、现场管理、管线迁改等 14 个政策文件，明确改造内容、评判标准、工作程序，统一各阶段的工作标准，健全项目生成机制和工作推进机制。按照"最多跑一次"理念，推行"云招标"、"不见面"审批、联合审查、建设单位承诺书替代施工图审等方式，实现老旧小区改造项目审批流程应减尽减。以党建助推项目建设，探索"支部建在旧改项目上"，加强与辖区内企事业单位党组织联系，发挥党建联建和党群共建等载体优势，统筹协调，因地制宜挖掘和整合社会资源，推动多元社会力量参与老旧小区改造和社区服务供给，提高改造效率，提升服务品质，解决民生难题。

第二，尊重民意，协商参与，完善自治。改造立项坚持居民同意改造率符合物权法规定的"双2/3"条件，且居民对改造方案的认可率达2/3，真正做到"改不改"、"改什么"由居民说了算。鼓励和引导党支部牵头小区议事平台，发挥党员及社区干部带头作用，发动和引导居民全方位全过程参与老旧小区改造。邀请专家学者出谋划策。对项目生成设定"三上三下"程序：汇总居民需求形成改造清单，根据居民勾选安排实施项目，邀请楼道代表会商编制方案并公示。倡导"党建引领，业委会、物业、居民三方协同"的基层治理模式，弥补老旧小区物业管理缺位，形成长效管理机制。

第三，整合资源，多方筹资，提升功能。整合小区碎片资源，优化公共空间布局；通过相邻小区及周边地区联动改造、社区公共空间协同开发综合利用，实现服务设施、公共空间、公共资源的共建共享；鼓励行政事业单位、国有企业将老旧小区内或附近的存量房屋提供给所在街道、社区用于公共服务；解决老旧小区内配套设施建设空间不足的问题，全面提升老旧小区公共服务水平，满足小区居民对养老助餐、托幼教育、公共休闲、卫生防疫、无障碍设施等的需求，打造集住、食、行、医、养、文、娱为一体的 15 分钟居家服务圈。通过向上争取资金支持、确定市级财政补助标准和多渠道引导居民出资参与改造，共同破解筹资难题，居民出资原则上不超过改造成本的 10%。

第四，因地制宜，对症施策，形成特色。在统一全市政策、最低标准和基本流程的基础上，要求区、街道、社区三级从实际出发，做好"规定动作"，克难攻坚补齐基本功能，同时鼓励锦上添花、各有特色的"自选动作"，注重社区文化和历史文脉的挖掘。评选、总结、展示、推广老旧小区综合改造的优秀案例。对于未来社区规划的邻里、教育、健康、创业、建筑、交通、低碳、服务和治理"九大场景"，着眼于贯彻理念和发展方向，不提过高要求。引入社会资本参与改造探索。明确投资建设者的产权，实现投资、建设、所有、受益及运营责任统一，逐步形成投资盈利模式。对小区存量房屋用于社会服务的给予房租减免等优惠政策。

## 二、老旧小区改造需要注意的几个问题

第一，坚持以人为本，以人民为中心。在目标导向上，需要考虑今后 15 年从高水平全面小康到基本实现高水平现代化的巨大变化，前瞻人民群众对美好生活的向往和追求与时俱进的发展，在老旧小区改造中根据资源条件尽力体现未来社区建设的各种理念，把未来社区建设的指标作为老旧小区改造的导向性指标。在具体要求上，要考虑各个社区的居民结构。不少老旧小区的居民以老人和租客为主，因此要重视适老化改造，注意业主和租客的不同诉求，不能以业主的意见代替租客的意见。2019～2020 年杭州老旧小区综合改造提升计划完成 7102 幢，已加装电梯 487 台（预留加梯位 1042 个），平均 14.58 幢加装成 1 台，说明难度较大，主要难在不同楼层的居民诉求差异大、利益协调困难。建议采取住房免税置换的方式解决部分老人上下楼难的问题，即由社区帮助配对，通过自愿的市场交易把行动不便的老人置换到底层居住，政府对此类特定交易对象退回交易税费。

第二，完善规划，分步实施。今年的老旧小区改造进度面临新冠肺炎疫情和雨季的巨大考验，完成实属不易，一些基层干部反映有时不得不强迫命令"一刀切"，导致干群关系紧张。如果征求意见充分一些、设计方案周全一些、施工精细一些，不用多花钱就可以大大提高居民的满意度。建议在保证总体上如期完成任务的前提下，对具体项目的进度考虑各种不可控因素，时间上留有余地，使功能质量

上少留遗憾。加强老旧小区改造与城市建设中期规划和未来社区建设规划的衔接，加强相邻的老旧小区改造计划的衔接，特别是难度较大的不同市辖区边界上的改造计划衔接，在道路管线的改造上统一施工，避免重复开挖；在公共设施和公共空间的安排上统筹兼顾，提高规模效益。2019 年，杭州市老旧小区综合改造提升的 65 个试点项目合计新增养老、托幼服务场所、公共文化活动场所等各类公共服务场地约 1.3 万平方米，但平均到每个项目只有 200 平方米，显然无法同时承担这些功能。万科集团原计划用 3 年时间建 1000 个嵌入社区的微型养老服务机构，但因为空间小、房租贵、规模小、成本高而难以为继。如果能在充分利用闲置国有房产和综合利用公共服务场所的同时，在 15 分钟生活圈范围内实现相邻老旧小区公共空间的合理分工和共享，靠规模效益降低经营成本，就能吸引更多的社会企业和公益组织入驻，为居民提供就近服务。

第三，坚持以提升功能为主。老旧小区改造工程的"面子"、"里子"都要，但以"里子"为主，着力满足居民最迫切的需求，"雪中送炭"优先于"锦上添花"。否则有可能花钱买埋怨和批评。要处理好硬件建设和软件建设、"硬目标"和"软目标"的关系，不仅要改善居住功能，而且要改善整个生活功能，建设全龄友好社区。要吸引并留住年轻人才，需要留住三代人，使人才的子女能受到良好的照料和教育，父母能享受亲情、居家养老，人才没有后顾之忧。同时还要重视公共生活空间的建设，创造环境促使社区形成社群和社群情感，守望相助，共建共享，成为一个充满亲和力、凝聚力和归属感的地方。在高水平小康社会中，这样的精神生活更加令人向往。

第四，以民主促民生。习近平总书记在上海考察时，提出了"人民城市人民建，人民城市为人民"的重要理念。杭州市十多年前就把"民主民生"战略确定为城市发展的六大战略之一，以背街小巷改善、庭院改善等民生工程为载体，建立以"四问四权"为基础的"以民主促民生"工作机制，搭建民众参与、社会协商的平台，较好地解决了旧城改造面临的各种难题，提高了满意度，增强了获得感。建议在城市社区有机更新中把民众参与、民主协商进一步制度化、机制化，全程贯彻，全域推广，以增强动力、优化方案、谋求共识、兼顾各方、强化监督、保障质量，并以此为重要契机，推动社区—小区双层基层自治的完善和社会治理共同体建设。

第五，进一步明确政府、居民、市场主体三方的权利义务。政府要实现社会目标和环境目标，弥补历史造成的对老旧小区的亏欠，维护社会公平，理应对老旧小区改造给予财力支持。但政府财力有限，今后 5 年财政增支减税的压力很大，包揽过多又容易引发项目间的攀比，也难以推广。仅杭州市属于老旧小区改造范围的小区就有 2621 个，近 3 万幢住宅，总面积在上亿平方米，如按 400 元/平方米的改造标准需要资金 400 多亿元。而居民无疑都希望功能好、花钱少。市场主体则必然要考虑投入产出，以做慈善的方式参与老旧小区改造无疑是履行社会责任，也可以提高企业美誉度，但无法持续和复制。三方中任何一方没有动力，改造方案就难以实施。只有在合理划分三方权利义务并将权利义务挂钩的基础上，实现改造资金合理共担，才能合力推动改造顺利进行。建议把纳入老旧小区改造的标准和完成验收的标准进一步规范化，明确规定保基本的改造和环境建设由政府出资，"锦上添花"的提升改造由居民选择并由受益者出资（包括用住宅专项维修资金和住房公积金支付），市场主体以投入换取对公共空间的使用权、稳定的客源以及税费优惠，形成吸引社会资本的商业模式。

第六，通过存量资源挖潜破解资金难题。建议一方面通过调整相关的房地产政策，鼓励市场主体充分合理利用小区空间和零星土地增加社区服务空间，同时实现参与老旧小区改造的资金平衡；另一方面由城区和街道协调老旧小区内及周边行政事业单位、国有企业，将闲置和可以腾出的公有房产无偿用于社区公共服务，换取社会力量积极参与老旧小区改造，实现共建共享，产权所属部门要予以支持。为了消除有关各方的担忧，建议在城区一级建立混合所有制的老旧小区改造资金运作平台，构建利益共同体，进行公开的企业化运作，接受社会监督。各级财政的投资补助资金作为政府持股，行政事业单位和国有企业的房产作为单位持股，参与小区改造的市场主体的投资也进入平台并按一定的股息分红。这样既能消除国有资产流失的顾虑，让银行放心贷款，也使企业消除对投资能否取得合理回报的顾虑，并对政府支持下项目的推进有充分的信心。

第七，建立完善小区治理机制。要巩固老旧小区改造的成果，保持宜居环境，需要建立和完善小区治理机制，优化治理场景，提高治理水平。建议把老旧小区改造过程中建立或活化强化的"民主促民生"工作机制常态化制度化，建立和完善覆盖全部城镇住宅小区的党建引领基层自治和专业化物业管理体制，形成社会治理和社区生活服务相结合的长效机制。市场经济体制和新的城市形态决定了与居住生活相联系的生活服务基本上都在住宅小区范围内解决，而且与物业管理紧密相关。邻里关系的处理也主要发生在小区范围内。小区已经成为城市治理的底层基础，而且普遍建立了以业主委员会为主要形态的小区自治组织。老旧小区改造可以结合物业服务，把业委会这一自治形式推广到所有住宅小区，并把自治范围拓展到整个小区的居住生活和环境整治。杭州市在钱塘新区试点"街社吹哨、部门报到"机制，在给街道、社区扩权赋能的基础上，推动党支部建在小区，党小组建在楼道、片组，制定小区党支部建管标准，规范工作机制，推行"大家的事情大家商量着办"，形成"楼道听事"、"小区议事"、"社区决事"三级协商机制，对社区及小区党组织、驻区单位党组织和在职党员都明确规定了职责任务，建立了对在职党员双重管理的制度。这些举措为党组织和党员赋能，强化街道社区各级党组织的核心领导和统筹协调能力，引导党员直接为所处生活工作空间的群众服务，为完善基层治理提供强有力的政治、组织和制度保障。这一探索具有推广价值。同时，业委会也要吸收长期租客的代表，扩大代表性。小区物业管理企业要承担助老帮困的托底生活服务，如帮助老人使用智能手机、提供居民遇到难题时的解决方案和解决途径等，同时通过推广规范化的手机公共服务软件和建立街道、社区层面的城市大脑"驾驶舱"，线上线下结合，形成闭环机制，为居民提供更加便捷的服务。

作者

周洁红
梁  巧
胡亦俊

# 多元竞争格局下农贸市场
# 公益性与竞争力同步提升策略

　　农贸市场作为"菜篮子"商品供应的主要场所，保供应、稳预期、稳民心的公益性尽显。然而，公益性的保障却是农贸市场在生鲜零售市场的多元竞争格局中处于劣势的重要原因。全面梳理农贸市场的经营困境，深入剖析农贸市场公益性与竞争力之间的矛盾，推动二者平衡发展、同步提升，对于保障"菜篮子"，满足人民群众对美好生活的需要具有重要意义。

## 一、农贸市场经营陷入困境

　　一是农贸市场供需双减，公益性难以为继。随着生鲜零售业态多元化竞争加剧，加上疫情对购物行为的影响，中青年消费群体被生鲜电商、社区团购、生鲜超市等多元业态抢占，习惯于前往农贸市场购物的老年群体被蔬菜小门店截流，农贸市场客源大幅萎缩。据调查，杭州农贸市场周边平均分布有 17 家蔬菜小门店，2021 年日均客流量不足 2019 年的一半。城市近郊蔬菜生产基地和小农户曾以农贸市场作为销售主渠道，为农贸市场提供新鲜优质农产品。然而随着城市规划的调整，近郊基地和小农户逐步退出，当前仅有 11.35% 的农贸市场经营户通过杭州近郊基地采购和自产自销的方式进货。农贸市场本地供应减少、客源大幅萎缩，供需两端传统优势丧失，农贸市场因保障公益性而抬升的成本最终层层传导至消费者，保供能力受到威胁，公益性难以为继。

　　二是市场管理模式粗放，竞争力显著下降。农贸市场重管理、轻服务，精

---

　　[作者简介] 周洁红，浙江大学中国农村发展研究院、公共管理学院农经系教授，国家制度研究院特约研究员；梁巧，浙江大学中国农村发展研究院、公共管理学院农经系副教授；胡亦俊，浙江大学中国农村发展研究院食品质量安全与管理研究所研究助理。

力主要集中在完成上级部门交办的各项任务，如食品安全、环境卫生、限塑令等的执行，缺少提升经营户竞争力的精准服务，如集采集供、市场营销、客户拓展等。同时，农贸市场周边蔬菜小门店监管缺失，相较于农贸市场设摊盈利水平高，吸引了农贸市场经营户流出转向经营蔬菜小门店。农贸市场竞争能力下降，导致农贸市场摊位空置率呈逐年提高态势，从 2019 年的 2.77% 扩大至 2021 年的16.06%。

三是经营主体成本攀升，市场传承显隐患。据调查，近两年老经营户退出后鲜有新经营户入驻，摊位流动性较小，3 年以内的新经营户不足13%。农贸市场传承面临老经营户无人接班，新经营户难以生存的困境。当前76.13%的农贸市场经营户非杭州户籍，在杭生活的房租、消费、教育等支出成本大幅提高。新经营户由于缺少稳定的客源支持，往往一两个月无法盈利即退出农贸市场，宁愿选择外卖、快递等工作。农贸市场招租困难，传承隐患显现。

## 二、农贸市场问题根源剖析

农贸市场传统经营优势丧失，公益性难以为继，归根结底是市场经营效率低与政府差异化监管双重作用的结果。

一是多元主体不公平竞争，经营户收入低。为保障农贸市场公益性，政府主管部门及市场管理主体投入大量人力、物力保障生鲜零售食品安全、环境卫生，"划行规市、分类经营"等刚性管理制度又大幅降低农贸市场经营户经营品种配置的灵活性与分类组合的盈利能力，而蔬菜小门店可以销售全品类的农产品，在及时有效响应客户需求乃至市场设摊盈利水平方面较农贸市场优势明显，因此直接导致蔬菜小门店附近的农贸市场客源被分流和盈利能力降低。据调查，农贸市场经营户年均毛利润7.2 万元/人·年，相当于月薪6000 元。据职友集平台显示，2021 年杭州外卖员平均月薪达10600 元，快递员平均月薪达8400 元，均高于农贸市场经营户。

二是农贸市场便利性下降，模式转型艰难。随着生活节奏的不断加速和移动互联的深度应用，消费者对便利性的需求越来越高。相比于其他业态在线下单、配送到家等的便利性，农贸市场依然坚持划片布点、区域集中的传统便利优势，虽然也注重电商发展，但因投入结构、人员素质等因素，电商水平低。据调查，30%的农贸市场尝试自建网络售菜平台，但日均单量不足50 笔。同时，农贸市场应用物联网、大数据等技术非常有限，智慧化程度远落后于其他业态。

三是农贸市场本地链接缺失，供销体系薄弱。农贸市场86.65%的经营户通过批发市场采购农产品，与其他业态的货源具有同质性，且因单户体量小，采购议价能力弱，食品安全追溯困难。农贸市场销售端则呈现单位客户下降，大酒店、单位食堂等逐步被配送公司抢占，导致盈利能力下降。供销体系的薄弱体现出农贸市场规模似大实小，供销两端本地链接不足，经营户个人能力有限，缺乏系统支持，竞争力弱。

## 三、农贸市场转型发展建议

为避免资本退潮后引发生鲜零售市场动荡，影响"菜篮子"稳定，政府主管部门应着力加强政策引领，协同行业协会与市场管理主体推动农贸市场转型发展，促进公益性与竞争力平衡发展、同步提升，激发市场活力、实现长效发展。

一是注重公平监管，推动市场可持续发展。政府应强化对生鲜电商、社区团购、蔬菜小门店等业态的食品安全、环境卫生等监管，避免差异化监管造成不公平竞争和业态发展失衡；加强大数据、云计算、物联网等技术应用，基于多元主体的实时交易信息采集，拓展市场价格智能监测、分析和预警应用，注重多元主体公平监管。为夯实农贸市场公益性，政府可通过优化农贸市场经营权竞价获取模式和制定优惠、补贴政策等措施降低市场经营成本，减轻保障公益性带来的成本压力；依托行业协会加强农贸市场管理者和经营户职业能力培训，制订农贸人才发展计划，赋能行业成长；鼓励市场主体建立经营户帮扶机制，引进、培育优秀经营户，推动市场有序传承、可持续发展。

二是优化市场布局，构建城市便民生活圈。农贸市场应作为政府公共服务项目统一规划和建设，产权由政府掌控，重新找准定位，通过引进早餐、家政、维修等基本保障业态和休闲、健康、娱乐、社交、亲子等品质生活业态，打造以农贸市场为核心的邻里中心，构建城市一刻钟便民生活圈，聚人气、惠民生，基于便民公益性的聚合增强市场盈利能力，提升市场竞争力。同时，蔬菜小门店作为便民生活圈的有益补充，政府应引导其发挥业态优势，下沉至远离农贸市场的社区，如农贸市场方圆 200 米内不另行开设蔬菜小门店，避免恶性竞争。

三是鼓励集团经营，打造特色化供销体系。产权归属于政府的农贸市场建议委托特定市场主体统一经营，如所在地区供销社、国资委下属企业等，鼓励适度集中实行集团化经营，通过品牌连锁、提高标准规范增强市场竞争力。依托集团化推动农贸市场数字化改革软硬件改造与智慧化应用同步提升，扩大拓深食品安全、便利惠民等智慧化管理服务能效，提升市场智慧体验、满足个性服务需求。政府引导集团化市场主体深化本地链接，构建地域特色供销体系，与批发市场或近郊基地构建联营、集采等深度合作模式，集中采购提升议价能力，智能配送减轻人力成本，整合营销拓展单位客户，基地直销打造特色窗口，同步提升农贸市场公益性与竞争力，激发市场活力，实现长效发展。

作者

刘 杨

# "以房养老"何以不可行？

## ——基于天津市住房反向抵押贷款本土化过程中的风险分析

　　住房反向抵押贷款作为老年人补充养老金的重要方式。2016 年天津市被列为发展住房反向抵押贷款形式的"以房养老"政策的第二批试点城市，2018 年中国银保监会决定将老年人住房反向抵押养老保险扩大到全国范围开展。直辖市天津老龄化显著、房屋自有率较高、金融体系发展较完善、具有明显的政策优势与区位优势等基础和条件，理论上适合住房反向抵押贷款的推广，但在实际推广过程中却遇冷。

　　以房养老政策何以不可行？究其原因，金融机构作为住房反向抵押贷款的供给方，其所承担的来自借款者、抵押物和宏观环境三个方面的风险成为住房反向抵押贷款天津本土化进程中的主要障碍性因素，这一结论得到了理论分析和现实分析的验证。基于天津市安宁里社区 65 岁老人案例的模拟实证分析，分别从来自借款者的寿命不确定风险、来自抵押物的标的房产价值波动风险和来自宏观环境的利率波动风险三个方面证实了该结论。

　　基于此，住房反向抵押贷款的本土化进程任重道远。对于产品本身，需要其明确定位，实现产品多样化；对于供给方，需要实现政府主导下的多元参与；对于需求方，需要加强市场监管的同时对住房反向抵押贷款进行正面宣传，致力于推进住房反向抵押贷款的本土化，促进我国养老金融的发展。

---

　　[作者简介] 刘杨，中国人民大学公共管理学院博士研究生。

# 一、绪论

## （一）研究背景

我国老龄化程度和规模不断加大，截至 2017 年底，60 岁以上老年人口达到 2.4 亿，占全国总人口比重的 17.3%，65 岁以上人口达到 1.58 亿[①]。2020 年，我国 60 岁以上老年人口增加到 2.55 亿人左右，占全国总人口的比重提高至 17.8%。独居和空巢老年人将增加到 1.8 亿，老年抚养比提高到 28% 左右[②]。

我国正处于快速老龄化阶段，"未富先老"与"现金穷人，住房富人"（郝前进和周伟林，2016）现象日益显著。对大多数独居、空巢以及"四二一"家庭结构的老年人而言，养老资金从何而来，如何安度晚年、满足养老需求，成为当前严峻的社会问题。为解决养老资金问题，我国高度重视构建包括第一支柱统账结合的基本养老保险制度、第二支柱的企业年金和第三支柱的自愿性商业养老保险在内的多层次养老保险体系。一方面，我国社会养老体制不健全，制度激励效应差，现行养老保障制度难以完全覆盖城镇老年群体养老费用，甚至出现个人养老账户空账运行的情况。另一方面，基本养老保险制度的名义养老金替代率低，难以满足老年人需求。第二、第三支柱的企业年金和自愿性商业养老保险覆盖率低且不成熟，多处于自发探索阶段。此外，传统的家庭养老模式由于家庭结构变迁给子女带来沉重的经济压力，尤其对独生子女家庭、失独家庭或空巢老人而言。

综上，我国亟须探索一个既能利用住房变现补充养老资金缺口，又能保障老年人晚年质量的新型养老模式。"以房养老"的本土化成为当前释放养老压力的重要选择，其本质以住房反向抵押贷款的方式，通过盘活老年人自有住房固定资产将不动产转换为资金，实现对个人养老金缺口的有效补充。

我国从 2013 年起推广住房反向抵押贷款的本土化，但并未取得良好反响。我国的以房养老政策何以不可行？以天津市为切口，本文试图探究以下问题：国际上具有突出表现的住房反向抵押贷款在我国本土化发展过程中为何受阻？我国是否具有发展住房反向抵押贷款的可行条件和社会基础？作为创新性金融养老产品，住房反向抵押贷款本土化的主要风险和风险承担主体是什么？如何量化并规避本土化风险？

## （二）概念界定

### 1. "以房养老"

"以房养老"是对利用老年人独立拥有的住房来补充或提高老年生活质量的养老

---

[①] 大国新时代两会专题报道：《内司委委员郑功成答记者问》，http：//www. rmzxb. com. cn/c/2018 - 03 - 12/1991764. shtml？ n2m = 1.

[②] 中国政府网：《国务院关于印发"十三五"国家老龄事业发展和养老体系建设规划的通知》国发〔2017〕13 号，2017 年 03 月 06 日，http：//www. cncaprc. gov. cn/contents/2/179240. html.

模式的笼统概述，是研究住房反向抵押贷款所不能忽视的外延概念。严格来讲，住房反向抵押贷款是"以房养老"的一种具体实施方式，二者是包含与被包含的关系。

此外，按老人所持有住房的产权、使用权是否转移以及如何转移，还可将"以房养老"分为租房换养、售房换养、以大换小、售后返租、遗嘱托养、住房反向抵押养老保险等多种形式（王小平，2016）。在分类基础上，陈鹏军（2013）则认为我国居民住房模式不利于各种形式"以房养老"的推广。

2. 住房反向抵押贷款

住房反向抵押贷款是"以房养老"的具体实现方式之一。住房反向抵押贷款也称"倒按揭"，是一款最早出现于荷兰、成熟于美国的结构复杂、风险较高的金融产品（柴效武和王峥，2009），实质是将房屋产权变更为现金的方式。拥有房屋产权的老年人将其抵押给银行或保险公司等金融机构，其在综合评估房主的年龄、健康状况、预期寿命、房屋现值以及未来折旧增值等因素之后，将房屋价值化整为零，以年金、分月或一次性付清的方式向老年人支付现金。金融机构在房主去世之后获得房屋全部产权并将房屋出售、出租或拍卖所取得的收入偿还前期贷款的本息（傅鸿源和孔利娟，2008）。

由于上述过程与住房抵押贷款（按揭）有一定相似度，但其与住房抵押贷款具有在现金流方向、资产转化方向、产权移动方向、借款人年龄和抵押房产所处的试用阶段、借入资金的用途与贷款风险的种类与大小（范子文，2006）等方面具有相反特性和表现形式，因此称为"反向"抵押贷款。

以天津市为例，本文关注"以房养老"政策的实际推广与遇冷情况。天津市的"以房养老"政策指的就是住房反向抵押贷款的实施，而我国目前提及"以房养老"相关政策更多的也是指住房反向抵押贷款这一具体措施。因此，在本文中我们对"以房养老"和住房反向抵押贷款的概念不再进行严格区分。

## （三）研究方法

### 1. 规范分析法

本文采用规范分析法，通过广泛阅读相关文献，对住房反向抵押贷款国际经验、风险研究和我国模式的探索等进行定性分析，归纳住房反向抵押贷款的我国特殊风险和一般风险的特殊表现形式，在此基础上二次总结，初步认识我国住房反向抵押贷款的风险与阻碍。此外，从理论角度理解住房反向抵押贷款的实质、可行性和复杂性，推导出风险的承担者是金融机构，风险阻碍其推广的核心是定价问题，为实证研究打下基础。

### 2. 实证分析法

基于规范分析，以天津市为例构建案例进行模拟实证研究。对相关数据用 Excel 测算、录入后，利用统计软件 Eviews7.2 进行实证分析。

一是描述性统计分析，了解天津市老龄化程度、人口抚养比、城镇化水平等基本信息。二是皮尔森卡方检验（pearson's chi-squared），了解利率风险、房价波动风险和老年人寿命不确定性风险分别对住房反向抵押贷款价格的影响方向和影响程度。三是最小二乘法回归，量化分析上述各风险与相应住房反向抵押贷款定价的关系，探究各种风险对金融机构的具体作用机制和针对性措施。

（四）研究过程与技术路线

本文研究过程与技术路线如图1所示。

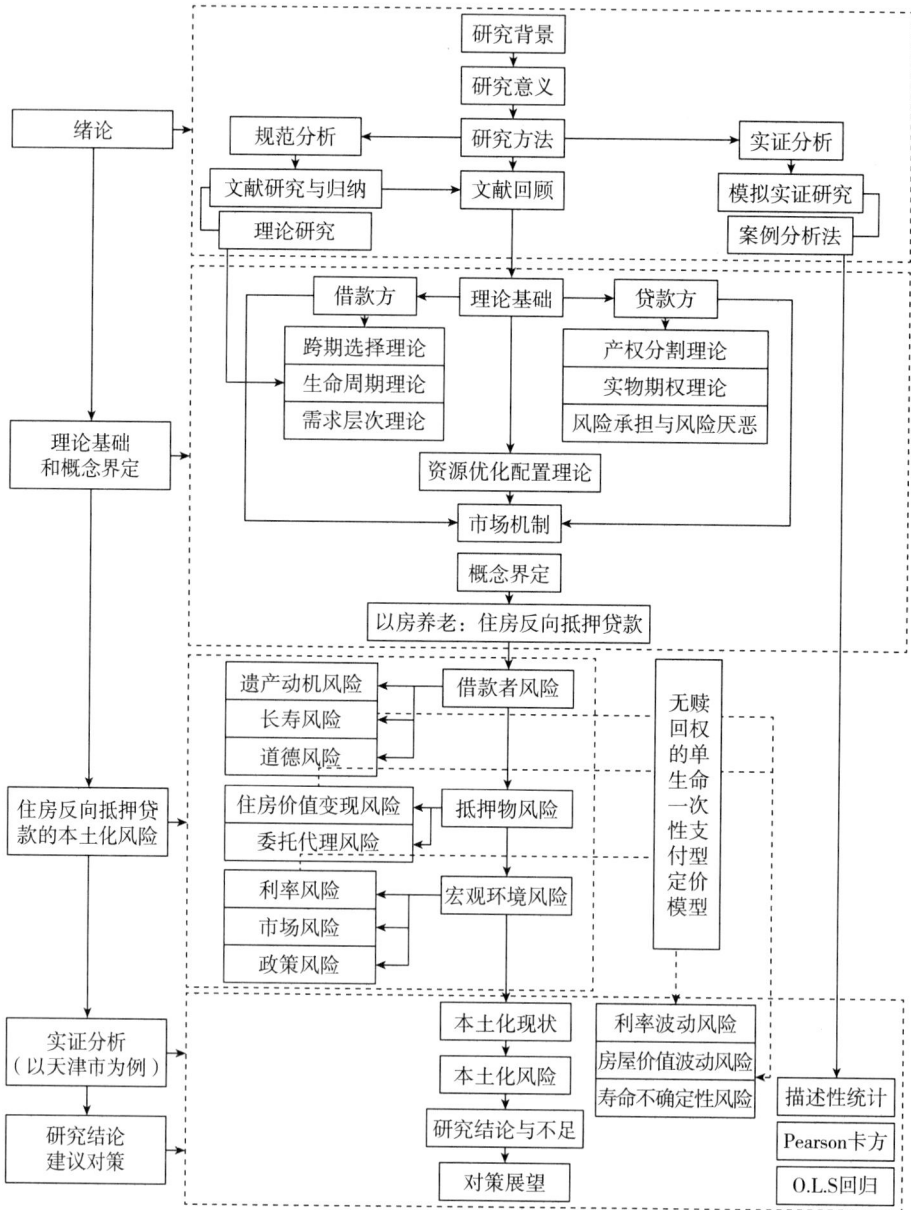

图1 本文研究过程与技术路线

## 二、文献回顾

### （一）住房反向抵押贷款的引进、国际经验与本土模式

已有文献多从"舶来品"角度介绍住房反向抵押贷款，侧重其在发达国家的经验和问题，试图指明我国的发展前景。柴效武（2004）和范子文（2006）较早地对住房反向抵押贷款进行系统介绍。柴效武和胡平（2010）将美国住房反向抵押贷款的发展历程划分为1989年后的起步阶段、1989～2000年的小步发展阶段、2000～2007年的快速发展阶段，以及2007年之后金融危机下的发展。认为我国应在相关政策制定、业务开办和本土化改造上借鉴阶段性经验。袁友文（2006）分析美国房屋价值转换抵押贷款HECM、房屋保管者Home Keeper和财务自由计划Financial Freedom三种实施模式的可行性与风险后，认为本土化发展需要政府扶持、住房金融市场与开放的文化观点。金晓彤和崔宏静（2014）基于与我国文化氛围较为相似的日本、新加坡住房反向抵押贷款的实施情况，提出我国以房养老存在的问题与解决措施。

### （二）影响住房反向抵押贷款推行的因素

我国住房反向抵押贷款尚处于尝试与探索时期，必要的定量分析和技术支撑较为匮乏。研究仍然偏重传统理论领域，以概念解释、案例和综述为主。也有部分学者选择不同计量模型进行实证研究，以探究其推行或受阻的主要影响因素。柴效武和王峥（2009）运用OLS回归实证验证政府支持力度与住房反向抵押贷款业务呈正相关关系；朱劲松（2011）运用二元Logit模型得出结论，影响中老年参与反向住房抵押贷款的关键影响因素是传统习惯，在我国老年人不改变现有传统观念和消费习惯的前提下，住房反向抵押贷款无法取得进展。陈健和黄少安（2013）基于跨期消费模型拓展认可该观点，认为遗产动机较大程度上抑制了老年人住房财富效应，弱化了老年人参与住房反向抵押贷款的积极性。

### （三）住房反向抵押贷款的风险研究

已有文献从两个层面研究风险，一是住房反向抵押贷款固有的、本质的风险，即该产品在各个国家普遍存在的共性风险。范子文（2006）将风险的大小和种类纳入反向抵押贷款和抵押贷款的区别中，认为前者不仅风险重大，而且面临着房价波动风险、利率风险、道德风险、寿命风险和经济周期风险等；胡继晔（2014）在综述国外研究的基础上认为贷款方应当考虑市场风险、长寿风险和道德风险。郝前进和周伟林（2016）将住房反向抵押贷款归纳为借贷人和放贷人的"双向风险"，包括交易成本、临界风险、房屋价值波动风险、长寿风险和现金流风险。

二是结合我国具体情况分析特有的本土化风险，以及共性风险在我国的特殊表现形式。袁友文（2006）在研究中提到了住房反向抵押贷款在中国发展所面临的政策风险、住房价值变现风险、利率风险和道德风险。应霞霖（2017）从风险研究的角度解释我国反向抵押贷款发展产生"瓶颈"的原因，提出了潜在政策风险、利率风险、长寿风险、道德风险和逆向选择等。

（四）文献评析：尚需研究的问题

综上，住房反向抵押贷款作为"舶来品"，在国外推广时间较长，研究、发展均较成熟。反观国内，首先，研究不够深入。前期文献集中在对住房反向抵押贷款的释义、推广和涉及的法律与制度问题上，缺乏一定深度。其次，实证研究不足。现有实证大都立足老年人自身或政府支持等讨论住房反向抵押贷款受阻的原因，实质是在需求侧寻求影响因素。对金融机构等供给主体讨论有限。最后，风险研究层次低，更多的是普遍风险的罗列。对我国特殊情境下风险的独特性研究不足。

因此，当前我国在各城市推行住房反向抵押贷款的前提是在分析当地实际可行性的基础上与当地实际情况相结合。只有这样，才能实现该金融产品的设计、调整与老年人的实际需求相匹配。本文以天津市为例，对天津市发展住房反向抵押贷款的可行性、本土化风险进行理论与实证分析，并针对风险因素提出切实可行的本土化措施与路径。

# 三、住房反向抵押贷款的本土化风险

## （一）借款者风险

来自借款者的风险主要有遗产动机风险、长寿风险和道德风险。遗产动机风险指我国老年人受家庭养老与"但有方寸地，留与子孙耕"等传统观念影响而拒绝住房反向抵押贷款的可能性。一方面，老年人基于家族群体利益倾向将房屋在代际间传递，从而抑制住房财富效应的发挥（陈健和黄少安，2013），使需求薄弱，市场难以形成规模效益且大数法则无法奏效；另一方面，子女在我国社会环境中所承受的舆论压力也加大了遗产动机风险，邻里间的非议与"关怀"客观上不利于住房反向抵押贷款的推广。

长寿风险指参与住房反向抵押贷款的老年人由于寿命的不确定性产生对未来现金流与贷款期限的不确定性，进而对贷款者造成损失的风险。首先，对于贷款方而言，住房反向抵押贷款是一项初期现金流持续流出的长线业务，直至老年人去世才会对借款进行一次性偿付，需要大量资金储备。老年人寿命的不确定性给金融机构造成较大的资金和流动性压力。人口老龄化以及预期寿命的变动带来的人口结构和数量的长期变化也会产生影响（郑秉文，2018）。其次，长寿风险与道德风险相伴存在。住房反向抵押贷款以综合评估老年人年龄、身体健康等为基础，老人年龄越大、身体状况越差，贷款额度越大。处于信息劣势的金融机构倾向于相信所有老年人身体状况优于"健康证明"。道德风险还体现在老年人参与以房养老后没有动力对房屋持续修缮。最终形成住房反向抵押市场上"劣币驱逐良币"的现象，投机性较强，影响该产品的长久存续。

（二）抵押物风险

金融机构能否在住房反向抵押贷款期末获得贷款的偿还与收益取决于其对于抵押房屋的处理，房屋的变现能力直接关系贷款人的供给积极性。无论是租赁还是售房，金融主体都需要借助房地产中介对评估房屋价值。一方面，评估产生繁杂的交易手续与过高的交易成本，一定程度上抵消了金融机构在住房反向抵押贷款中的预期收益，使房屋价值部分流失，存在住房价值变现风险；另一方面，由于住房租赁与二手房交易市场发育尚不成熟，金融机构与中介机构存在明显信息不对称与利益不一致，产生委托代理风险。

此外，住房价值变现风险还受房价波动的影响，目前我国着力平稳房价、抑制泡沫，但对于长线业务，未来房价走势将是较为显著的风险因素。

（三）宏观环境风险

住房反向抵押贷款本土化过程中的宏观环境风险有利率风险、市场风险和政策风险。我国利率波动受利率政策的影响，并未完全市场化。利率影响体现在，第一，业务运行周期长，复利计息规则下，微小的利率变动经过长期积累会对现金流与偿付额产生显著影响。第二，利率受到宏观经济形势的影响。经济周期性波动、增长新常态或者国际经济金融危机等变化影响利率，继而引起住房反向抵押市场的波动。

市场风险指我国证券金融、房地产和房屋租赁等市场不够成熟造成的风险。1989 年美国住房按揭贷款联合会将资产证券化引入住房反向抵押贷款，通过在资本市场大量出资购买所有合格 HECMs 贷款，为反向抵押贷款构建了盘活资本的二级市场（柴效武和胡平，2010），它在分散风险的同时保证了充足的运营资金。我国金融市场发育不完善且产品单一，目前对资产证券化仍持审慎态度，在抗风险以及盘活二级市场的能力上存在欠缺，并不具备将贷款证券化打包出售的能力。

政策风险指我国经济体制下发展住房反向抵押贷款面临的独特风险。西方发达国家明确规定参与房屋必须是有完全产权的独门独户房屋或独栋院落（陈鹏军，2013）。而我国公寓式住宅居多，并且对住宅和土地均只有 70 年的使用权而非所有权。虽然 2007 年《物权法》修订为："住宅使用土地届满可自动续期。"[①] 在法律

---

① 全国人民代表大会：《中华人民共和国物权法》，2007 年 3 月 15 日，http：//www.66law.cn/tiaoli/33.aspx。

和政策上为 70 年产权制度打开"口子"，但至今尚无后续配套政策及续期缴费的相关事宜等具体规定。

产权政策的风险性因素有三点：第一，抵押住房的产权转移至金融机构后，70 年的产权将近或逾期，在二手房市场变现困难，贷款人难以覆盖前期大量资金投入。第二，抵押房屋价值包括地面建筑和土地价值两部分。地面建筑在抵押期间不断折旧，土地价值却因资源稀缺性而逐渐上升（陈鹏军，2013）。在土地永久产权基础上，土地价值上升速度超过房屋折旧速度实现住房资产的增值。而我国土地价值忽略不计。房屋随着产权期限将至而加速折旧。第三，70 年产权制度使我国大多数房屋平均使用寿命仅有 30 年，小于发达国家平均值。不仅制约我国二手房市场发展，也是住房反向抵押贷款本土化的重要风险。

## 四、实证分析：天津市住房反向抵押贷款本土化风险

### （一）天津住房反向抵押贷款的发展潜力与障碍

#### 1. 发展前提：先行先试与政策支持

2013 年，国务院下发《国务院关于加快发展养老服务业的若干意见》，首次明确在我国"开展老年人住房反向抵押养老保险试点"；2014 年 6 月保监会下发《关于开展老年人住房反向抵押养老保险试点的指导意见》，公布北京、上海、广州、武汉四个试点城市；2016 年 7 月，保监会再次发布《关于延长老年人住房反向抵押养老保险试点期间并扩大试点范围的通知》，将原定为两年的试点期延长至 2018 年 6 月，并将试点范围扩大至各直辖市、省会城市与自治区首府、计划单列市等①，天津市在试点范围内；2018 年 8 月，银保监会印发《中国银保监会关于扩大老年人住房反向抵押养老保险开展范围的通知》，拟将老年人住房反向抵押养老保险扩大到全国范围②。

天津市政府 2017 年印发《关于加快发展商业保险促进养老保障体系建设实施方案的通知》，从不同方面明确支持住房反向抵押贷款养老保险业务的开展落实③。天津市作为第二轮试点城市，"先试先行"的政策优势使住房反向抵押贷款的推行具有更长适应与调整期。

---

① 中国保险监督管理委员会：《关于延长老年人住房反向抵押养老保险试点期间并扩大试点范围的通知》，2016 年 7 月 15 日，http://xizang. circ. gov. cn/web/site0/tab5171/info4036068. htm。
② 中国保险监督管理委员会：《中国银保监会关于扩大老年人住房反向抵押养老保险开展范围的通知》银保监发〔2018〕43 号，2018 年 8 月 8 日，http://guangdong. circ. gov. cn/web/site0/tab5225/info4115825. htm。
③ 天津市人民政府办公厅：《关于加快发展商业养老保险促进养老保障体系建设的实施方案》津政办函〔2017〕125 号，2017 年 11 月 03 日，http://gk. tj. gov. cn/gkml/000125022/201711/t20171113_75056. shtml。

**2. 推广基础：老龄化与城镇化**

天津市具有发展住房反向抵押贷款的社会基础。首先，天津市老龄化程度较严重。截至 2017 年末，天津市常住人口中 65 岁及以上有 157.67 万人，占总人口比重的 10.13%，老年人口抚养比为 14.57%[①]，已经完全步入老龄化社会（见图 2 和图 3）。一方面，人口红利期结束给政府和社会带来较大的养老压力；另一方面，老龄化为住房反向抵押贷款在天津的推广提供了充足的受众群体与潜在客户。

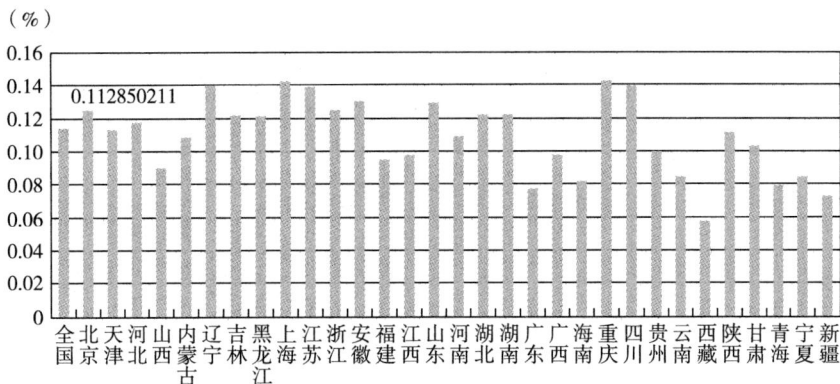

**图 2　2017 年我国各省、自治区、直辖市 65 岁及以上老年人口比重**

资料来源：根据国家统计局《中国统计年鉴》（2018）绘制，人口变动情况来自 2017 年全国人口抽样调查样本数据，抽样比为 0.824%。

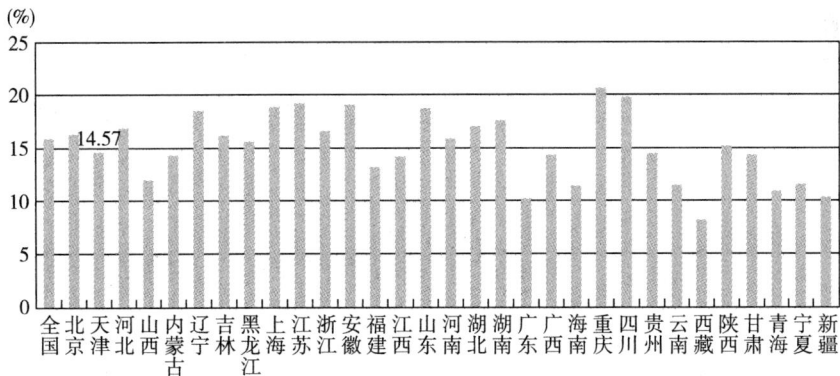

**图 3　2017 年我国各省、自治区、直辖市 65 岁及以上老年人口抚养比**

资料来源：根据国家统计局《中国统计年鉴》（2018）绘制，人口变动情况来自 2017 年全国人口抽样调查样本数据，抽样比为 0.824%。

其次，天津市城镇化水平较高。截至 2017 年末，天津市城镇人口比重高达 82.93%，仅次于上海和北京，远高于全国 58.52% 的平均水平（见图 4 和图 5）。

---

[①]　国家统计局：《中国统计年鉴》（2018）http：//www. stats. gov. cn/tjsj/ndsj/2018/indexch. htm.

在我国传统城乡二元体制下，《物权法》严格限定农村宅基地的流转，户主仅有使用权而无完全产权，住房反向抵押贷款并不具有法理上的可行性。只有具有完全产权的城镇商品房和经济适用房适用于住房反向抵押贷款的推行。天津市极高的城市化水平意味着较高的房屋自有率和明晰的产权，为住房反向抵押贷款提供了充分的空间。

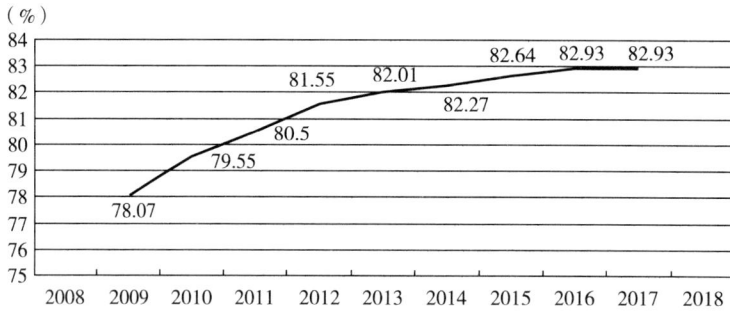

**图4 2008~2018年天津市城镇人口比重**

资料来源：根据国家统计局《中国统计年鉴》（2018）绘制，人口变动情况来自2017年全国人口抽样调查样本数据，抽样比为0.824%。

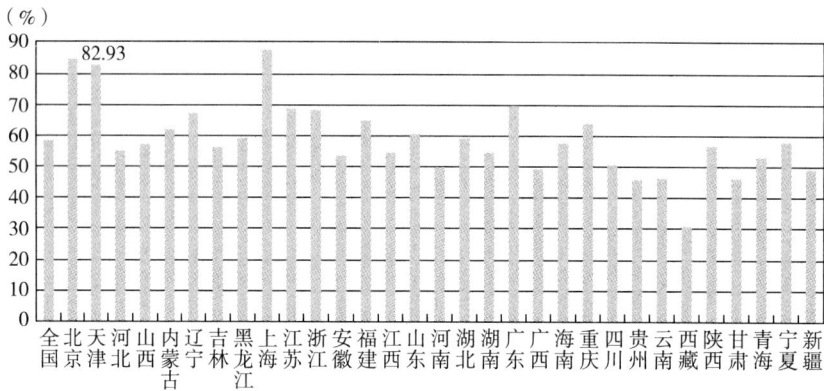

**图5 2017年我国各省、自治区、直辖市城镇人口比重**

资料来源：根据国家统计局《中国统计年鉴》（2018）绘制，人口变动情况来自2017年全国人口抽样调查样本数据，抽样比为0.824%。

最后，天津市城镇职工基本养老保险收支基本相抵，累计结余压力大，养老保险覆盖范围狭窄，无法满足更多老年人更深层次的养老需求。2017年天津市城镇职工基本养老保险基金收入894.3亿元，支出836.1亿元，累计结余463.2亿元[1]，

---

[1] 国家统计局：《中国统计年鉴》（2018）http：//www.stats.gov.cn/tjsj/ndsj/2018/indexch.htm.

结余情况在全国属于较低水平，面临缺口风险。天津推行住房反向抵押贷款能够健全社会养老保障体系，减轻财政负担。

### 3. 发展现状：遇冷

虽然有社会基础和政策支持，但住房反向抵押贷款业务在天津市及全国的推广仍然"遇冷"。

在供给端方面，试点至今，仅有幸福人寿保险股份有限公司和中国人寿保险股份有限公司两家金融机构对住房反向抵押贷款持积极态度。截至2018年底，人保寿险仍处在观望阶段；幸福人寿仅推出一款名为"房来宝老年人住房反向抵押养老保险（A款）"的非参与型产品。该产品也并未受到幸福人寿的重视，其官方网站上没有"房来宝"及相关业务的宣传介绍或投保案例。

在需求端方面，幸福人寿"房来宝"在养老市场上的反响并不好。在全国参与住房反向抵押贷款的120户家庭、174位老年人中，有46户上海借款人[①]，而天津成为试点地区以来，无1位借款人参与。

住房反向抵押贷款在天津的推广具有社会经济优势和需求潜力，但其在可行性基础上仍然遇冷，可以认为，需求端遇冷是由供给乏力造成的。本文选取住房价值波动风险、利率风险和老年人寿命风险，定量分析具体案例中天津市住房反向抵押贷款的价格是如何作用于其供求情况并影响金融机构积极性的。

### （二）精算定价模型选择

一般地，按以下方式对住房反向抵押贷款的定价模型分类，第一，根据一个家庭中领取贷款的老年人数分为单生命定价模型和双生命定价模型。前者指老年人独居，住房产权归及反向抵押贷款均归办理者一人所有；后者指老年人及其配偶共同拥有住房产权并领取款项。第二，根据住房反向抵押贷款标的住房能否被借款人提前赎回，可分为有赎回权的定价模型和无赎回权的定价模型。前者指借款人及其子女可随时偿付贷款本息和赎回抵押住房的所有权；后者规定，在贷款合约期内借款方不得赎回抵押房产，当且仅当住房反向抵押贷款合约到期时方可确定是否赎回。第三，根据住房反向抵押贷款的支付方式可分为一次性支付型和终身年金支付型。前者又称一次趸领定价模型，是指合约生效后，借款人将住房产权完全抵押给金融机构并且一次性领取金融机构支付的全部贷款额；后者又称每年期领定价模型，是指借款人以年金形式定期从金融机构领取款项，直至借款人死亡。此外，存在将二者结合建立的混合支付型住房反向抵押贷款定价模型，借款人以变额年金形式领取事先约定的部分抵押房产价值折合款项，剩余部分由其法定继承人在订立合约初期一次性领取（王雪，2004）。

---

① 新华网：《银保监会：在全国范围开展老年人住房反向抵押养老保险》，2018年12月15日，http：//jrgz.tj.gov.cn/jryw/jryw1/20180815101026870Kqb.shtml.

其中，无赎回权的单生命一次性支付型定价模型和年金支付型定价模型的具体形式为：

$$LS_x = \sum_{t=0}^{T-x} (1 - \alpha - \beta - \gamma) \times H_0 \times \left(\frac{1+g}{1+r}\right)^t \times tq_x \tag{1}$$

$$\sum_{t=0}^{T-x} \frac{tp_x}{(1+r)^t} A_x = \sum_{t=0}^{T-x} (1 - \alpha - \beta - \gamma) \times H_0 \times \left(\frac{1+g}{1+r}\right)^t \times tq_x \tag{2}$$

$$\sum_{t=0}^{T-x} \frac{tp_x}{(1+r)^t} A_x = LS_x \tag{3}$$

其中，$T$ 为保险业所认定的最大存活寿命；$x$ 为借款人年龄；$t$ 为合约履行年数，$t=0，1，2，\cdots，41$；$\alpha$ 为发起费用；$\beta$ 为保险费用；$\gamma$ 为手续费等其他费用；$H_0$ 为签约时标的住房在二手房市场上的估价；$g$ 为未来住房价值平均波动率；$r$ 为住房反向抵押贷款年利率；$tq_x$ 为年龄为 $x$ 岁的借款人第 $t$ 年内死亡的概率，也即第 $t+1$ 岁死亡概率；$t=0，1，2，\cdots，41$；$tp_x$ 为年龄为 $x$ 岁的借款人在 $t$ 年内生存概率；$t=0，1，2，\cdots，41$；$LS_x$ 为申请时初始年龄为 $x$ 岁的借款人一次性可获得的贷款总额；$A_x$ 为申请时初始年龄为 $x$ 岁的借款人每年年初可获得的贷款金额。

综上，终身年金支付型实际上相当于一次性支付总额在借款人全部生存年份的贴现总和。在忽略通货膨胀率的情况下，一次性支付型定价模式更易凸显利率风险、房价波动风险与长寿风险对金融机构的影响。选取无赎回权的单生命一次性支付型定价模型进行实证。

该模型有以下假定。第一，单生命。住房产权拥有者和反向抵押贷款的领取者为同一人，不存在共同借款人。第二，去世时间。假定借款人的去世时间是在某年1月1日，而非随机时间。第三，时间差。住房反向抵押贷款的标的住房能在借款人去世后立即在二手房市场上平价售出，去世时间与售出时间差为零。第四，固定比例。住房反向抵押贷款中所含相关费用与房屋价值成固定比例。

（三）案例假设

根据上述假定，本文通过案例分析的方式进行模拟实证。我国仅有的幸福人寿"房来宝老年人住房反向抵押养老保险（A 款）"产品（简称"房来宝"）规定，60～85 周岁（含 85 周岁）的老年人能够办理该产品。

现假设天津市和平区一位 65 周岁的男性独居老人。该老人为银行退休职工，退休金替代率低，每月 2000 余元。该老人的养老金难以满足其日常医疗需要和高层次的养老需求，退休后生活质量明显降低。

该老人拥有位于天津市和平区安宁里小区中间位置的完整产权住房一套。户型两室一厅一卫（见图6），使用面积 40 平方米，楼层 3/6 楼，东西通透，精装修。房屋建筑结构为钢筋混凝土类板楼。建成时间为 1989 年，截至 2019 年房龄 30 年，目前在二手房市场上估值为 80000 元/平方米，总价值 320 万元。该老年人作为银行退休职工，具有较丰富的金融基础知识和风险规避意识，在与子女充分沟通后，决定申请办理"房来宝"住房反向抵押贷款业务，并选择趸领方式获取贷款，以增加资金持有量补充现有的养老金，提高晚年生活质量。

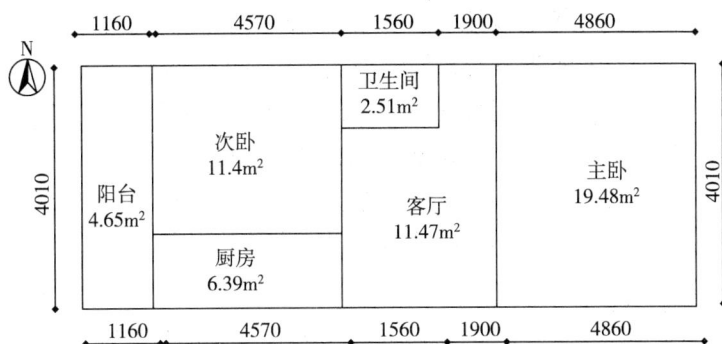

图 6 天津市和平区安宁里小区案例中房屋户型

根据以上信息，结合住房反向抵押贷款本土化的实际情况，对涉及参数进行取值：

（1）x = 65，T - x = 105 - 65 = 40。在该情况中，x 取值为老年人年龄 65 岁。根据我国第三套《中国人身保险业经验生命表（2010—2013）》①，T 取老年人最大存活寿命 105 岁。因此案例中老年人最大剩余寿命 T - x 为 40。

（2）α = 1%，β = 2%，γ = 3%。根据美国住房反向抵押贷款的情况和上述假设，申请该产品需要支付的总费用为住房价值的 6%。即发起费用 α 为 1%，保险费用 β 取值为 2%，手续费、房屋评估费、保单管理费等其他费用和交易成本 γ 为 3%。

（3）g = 7.0288%。g 应当为天津市和平区未来二手房房价平均波动率，但需要经过专业机构的评估预测，获取难度较大。这里借助 2008 ～ 2017 年天津市商品房和商品住宅新房平均销售价格估算未来天津市住宅新房销售价格平均复合增长率（Ng），并结合标的住房的折旧率（d）粗略测算。二手房未来波动率为商品房新房未来销售价格平均复合增长率（Ng）与住房年折旧率（d）的差值，即 g = Ng - d。

根据附表 1 数据，天津市商品房平均销售价格从 2008 年的 6015 元/平方米到 2017 年的 15331 元/平方米，由平均复合增长率式（4）得到增长率为 9.8079%。同理，天津市商品住宅十年新房销售价格平均复合增长率为 10.4604%，五年平均增长率为 12.5297%，2016 ～ 2017 年平均复合增长率为 8.4574%，增速有所放缓。考虑到近十年是我国房地产发展过热的十年，存在泡沫和投机现象，国家宏观政策

---

① 中国保监会：保监发〔2016〕107 号中国保监会关于发布《中国人身保险业经验生命表（2010 - 2013）》的通知，2016 年 12 月 28 日，http：//xizang. circ. gov. cn/web/site0/tab5168/info4054990. htm.

致力于房价稳控降温，房价逐渐向理性的增速回归。因此取两年的平均增长率视为未来商品房住宅新房销售价格的平均增长率，即 Ng = 8.4574%。

$$平均复合增长率 = \sqrt[n]{\frac{P}{B}} - 1 \tag{4}$$

其中，B 为基期量，P 为现期量，n 为年限数。

《国营企业固定资产折旧试行条例》规定采用平均年限法对住房类固定资产折旧，《中华人民共和国企业所得税法实施条例》规定房屋类固定资产最低计提折旧年限为 20 年[①]。该案例中住房以 70 年计提折旧，已知钢筋混凝土结构的预计残值率为 0，根据平均年限法式 5 得到年折旧率为 1.4286%，即 d = 1/70 = 1.4286%。

$$固定资产年折旧率 = \frac{(1 - 预计残值率)}{规定的折旧年限} \tag{5}$$

通常二手房价格波动包括地上建筑物价值上涨、土地增值和折旧三部分。本案例住房位于天津市中心老城区，地价上涨空间不大，土地价值已经充分体现在房价中。因此，忽略土地增值对折旧率反向作用，确定房屋未来价格波动率为 7.0288%，即 g = Ng - d = 8.4574% - 1.4286% = 7.0288%。

（4）r = 7.5%。对金融机构而言，住房反向抵押贷款是风险较高的投资行为。必要收益率显然不能补偿其所承担的全部风险。因此，贷款利率 r 应由无风险收益率 $RP_f$、风险溢价 RP 和必要利润率 f 构成。

$$r = RP_f + RP + f \tag{6}$$

通常将货币市场基金、短期国债或一年期银行存款基准利率视为无风险利率。我国从 2015 年 10 月 24 日起将金融机构一年期定期存款利率从 1.75% 下调至 1.5%[②]，该基准利率实施至今。由此，$RP_f$ 取值为 1.5%。关于风险溢价和必要利润率，本文采用相关文献的分析，将风险溢价 RP 赋值为 3%，金融机构必要利润率 f 为 3%。住房反向抵押贷款年利率 r 的值为 7.5%。

（5）$tq_x$、$tp_x$ 取值如附表 2 所示。$q_x$ 表示年龄为 x 岁的申请人当年死亡率，$p_x$ 年龄为 x 岁的申请人当年的生存概率；$tq_x$ 表示年龄为 x 岁的申请人在住房反向抵押贷款合约生效后第 t 年死亡的概率，$tp_x$ 表示年龄为 x 岁的申请人在住房反向抵押贷款合约生效后 t 年内存活的概率。根据条件概率和寿险精算模型推导如下：

$$p_x + q_x = 1 \tag{7}$$

$$tp_x = (1 - q_x)(1 - q_{x+1})(1 - q_{x+2})(1 - q_{x+3})\cdots(1 - q_{x+t-1})$$
$$= (t-1)p_x(1 - q_{x+t-1}) \quad (t-1)q_x = (t-1)p_x q_{x+t-1} \tag{8}$$

---

① 国务院办公厅：《中华人民共和国企业所得税法实施条例》，2007 年 12 月 11 日，http：//www.gov.cn/zwgk/2007 - 12/11/content_ 830645.htm.

② 中国人民银行：《中国人民银行关于下调金融机构人民币贷款和存款基准利率并进一步推进利率市场化改革的通知》银发〔2015〕325 号，2018 - 07 - 27，http：//www.pbc.gov.cn/tiaofasi/144941/3581332/3588280/index.html.

$$tq_x = tp_x q_{x+t} \tag{9}$$

从我国保监会 2016 年 12 月发布的《中国人身保险业经验生命表（2010—2013）》养老类业务男性表 CL5（2010—2013）摘录出 65 岁后男性各年龄的死亡概率 $q_x$。

本案例中，取 $q_x$ 为 $q_{65}$，该 65 岁申请人从当年（$t=0$）履行住房反向抵押贷款合约，剩余年份的存活概率和死亡概率如下：

$t=0$，$p_{65} + q_{65} = 1$

$t=1$，$1p_{65} = 0p_{65}(1-q_{65})$，$1q_{65} = 1p_{65}q_{66}$

$t=2$，$2p_{65} = 1p_{65}(1-q_{66})$，$2q_{65} = 2p_{65}q_{67}$

$t=3$，$3p_{65} = 2p_{65}(1-q_{67})$，$3q_{65} = 3p_{65}q_{68}$

$t=4$，$4p_{65} = 3p_{65}(1-q_{68})$，$4q_{65} = 4p_{65}q_{69}$

$t=5$，$5p_{65} = 4p_{65}(1-q_{69})$，$5q_{65} = 5p_{65}q_{70}$

......

$t=t$，$tp_{65} = (t-1)p_{65}(1-q_{65+t-1})$，$tq_{65} = tp_{65}q_{65+t}$

执行上述计算过程可得该 65 岁申请人在合约生效之后 t 年内的生存和死亡概率如附表 3 所示。

将各个参数代入无赎回权的单生命一次性趸领住房反向抵押贷款公式，可得该老年人领取总金额为 85.9693% $H_0$，即 275.10 万元，与该二手房市场价格相近。老年人合理转嫁房屋价值下跌风险的同时实现房屋不动产的顺利变现，有助于养老金的增加和生活质量的提高。金融机构不但承担了房价下跌的风险，而且盈利空间被过度挤压，不具长久推广的动力与激励机制。

### （四）实证检验

为进一步探究金融机构承担的风险对反向抵押贷款定价的影响程度和影响方向，以下分别从利率波动、抵押住房价值波动和借款人生命不确定性三个方面定量分析：

#### 1. 利率波动风险

我国尚未实现利率的完全市场化，在控制其他变量的前提下，以 1990 年至今的 43 次利率调整为基础得到一组无风险利率 $RP_f$，取风险溢价为 3%，金融机构必要利润率为 3%，得到 1990 年至今的住房反向抵押贷款利率 r 波动情况如附表 4 所示。

依次将各贷款利率 r 输入无赎回权的单生命一次性支付型住房反向抵押贷款定价模型，得到附表 5 中不同利率水平下的支付金额 $LS_x$（见图 7）。

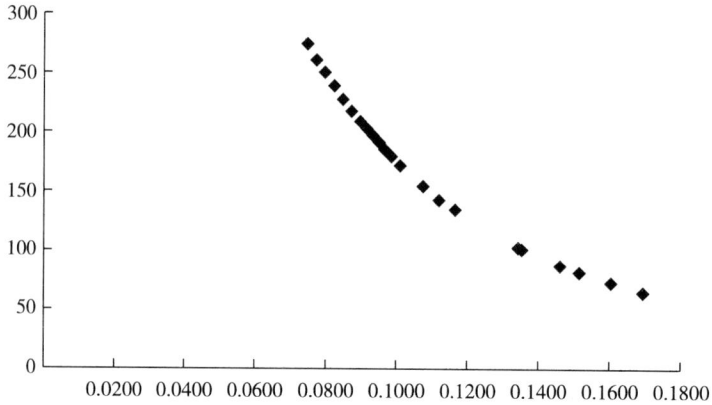

图7 利率r与支付总额LS的散点图

根据图7，金融机构一次性支付金额显著受贷款利率变动的影响，二者呈反方向的线性变动趋势，反向抵押贷款的一次性支付金额随贷款利率的下降而平稳增加。也就是说，当贷款利率上升时，住房反向抵押贷款的定价较低，金融机构支付给借款人的总金额更低，相反同理。

对住房反向抵押贷款定价与利率进行相关性检验和回归分析，结论如表1与表2所示。

表1 贷款利率r与贷款总额LSr的相关关系检验

| | | 贷款利率r |
|---|---|---|
| 贷款总额LSr | Pearson相关性 | − 0.975547 *** |
| | 双侧显著性 | 0.000 |
| | N | 38 |

注：*** 表示在1%的显著水平下有统计学意义。下同。

表2 贷款利率r与贷款总额LSr的O.L.S回归结果

| Variable | Coefficient | Std. Error | T − Statistic | Prob. |
|---|---|---|---|---|
| C | 414.1985 | 8.796574 | 47.08634 | 0.0000 |
| r | − 2235.789 | 83.95334 | − 26.63133 | 0.0000 |
| $R^2$ | 0.951693 | F − statistic | 709.2279 | |
| Adjusted $R^2$ | 0.950351 | Prob（F − statistic） | 0.000000 | |
| S. E. of regression | 12.99449 | Mean dependent var | 186.7598 | |
| Sum squared resid | 6078.843 | Durbin − Watson stat | 0.557690 | |

双变量Pearson相关性检验结果表明二者相关性为 − 0.9755。即住房反向抵押贷款定价LSX与贷款利率r在0.01的概率水平上具有统计显著性，二者负相关。OLS回归后得到一元线性方程：

$$LS_{65} = -2235.789r + 414.1985 + \varepsilon \tag{10}$$

其中，r和c都通过了系数T检验，在0.01的水平上显著。方程通过了F检验，修正 $R^2$ 为 95.0351%，表明在其他因素不变的情况下，利率的下降可以解释约 95% 的住房反向抵押贷款定价上涨的原因，该结论在 0.01 的概率水平上具有统计学意义。约定贷款利率每增加 1 个百分点，住房反向抵押贷款定价将下降 22.35789 万元，案例中老年人的领取金额便减少 22.35789 万元。

贷款利率的微小变化对住房反向抵押贷款定价存在巨大影响。如果利率上升，未来贷款利率高于反向抵押贷款合约签订时的利率，金融机构支付的住房反向抵押贷款总额应当减少。但由于该贷款是以合约签订时的利率为固定利率对老年人一次性支付，金融机构无法根据利率的上升调整已经支付的金额。一方面，贷款利率的上升表明金融机构资金拆借成本更高；另一方面，更高的贷款利率意味着更高的机会成本。金融机构本可以更高的利率发放贷款，但住房反向抵押贷款合约使这笔资金失去其他更高的获利机会。因此，当贷款利率上升时，金融机构承担的是自身贷款成本和放贷机会成本双重增加的风险。同样，贷款利率的下降并不能影响反向抵押贷款额度按合约固定利率测算和发放，老年人无法享有利率下降的福利。在短期，利率下降给老年人带来应发放贷款总额和实际总额差值的"潜在损失"成为金融机构的既得收益。但长期而言，潜在收益被剥夺的老年人难以信任住房反向抵押贷款和金融机构，将需求转嫁到其他具有更低借款成本的投资机会中，逐渐退出市场，提供该产品的金融机构将难以为继。

因此，从长期和宏观的视角，只要住房反向抵押贷款基于合约签订时的固定利率定价，无论未来实际贷款利率上升还是下降，金融机构都将成为利率波动风险的最终承担者，不可避免地遭受损失。且在长周期业务中，金融机构对利率的界定和估算误差更大，面临更高的利率风险，是住房反向抵押贷款供给乏力的原因之一。

2. 抵押住房价值波动风险

根据上述参数测算，未来二手房价格波动率约为 7.0288%。为探究反向抵押贷款标的住房价值波动对反向抵押贷款定价的影响，以 g = 7.0288% 为中心，依次进行上下 5 个基点的顺序调整，得到 41 组不同的住房价值波动率（见图8、附表6）。

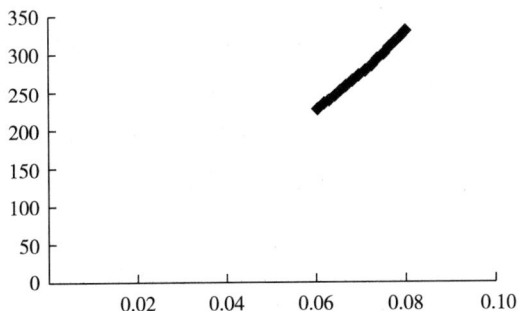

图8　房价波动率 g 与支付总额 LS 的散点图

控制其他变量，将这 41 组住房价值波动率分别输入无赎回权的单生命一次性支付型住房反向抵押贷款模型，输出 41 组住房反向抵押贷款定价总额（见附表7）。

从图 8 可以看出，房价波动率与反向抵押贷款总额呈近似正线性相关关系。随着房价波动率的不断上涨，老年人可以获得金融机构一次性支付的更多贷款金额。双侧 Pearson 相关性检验结果如表 3 所示。

表3　房价波动 g 与贷款总额 LSr 的相关关系检验

|  |  | 房价波动 g |
| --- | --- | --- |
| 贷款总额 LSg | Pearson 相关性 | − 0.998 *** |
|  | 双侧显著性 | 0.000 |
|  | N | 41 |

房价波动率 g 与住房反向抵押贷款的支付总额 LSx 为正相关关系，相关程度为 0.998454，且在 0.01 的概率水平上具有统计显著性。将定价作为被解释变量进行 OLS 回归（见表 4）。

表4　房价波动 g 与贷款总额 LSr 的 O.L.S 回归结果

| Variable | Coefficient | Std. Error | T − Statistic | Prob. |
| --- | --- | --- | --- | --- |
| C | − 89.36302 | 3.277462 | − 27.26592 | 0.0000 |
| g | 5212.586 | 46.46474 | 112.1837 | 0.0000 |
| $R^2$ | 0.996911 | F − statistic | 12585.18 | |
| Adjusted $R^2$ | 0.996831 | Prob（F − statistic） | 0.000000 | |
| S.E. of regression | 1.760149 | Mean dependent var | 277.0192 | |
| Sum squared resid | 120.8269 | Durbin − Watson stat | 0.033386 | |

结果表明，房价波动率与住房反想抵押抵款定价总额为一元线性相关关系，方程为：

$$LS_{65} = 5212.586g − 89.36302 + \varepsilon \tag{11}$$

房价波动率系数与常数项通过 T 检验，分别在 0.01 的概率上具有统计显著性。方程通过了 F 检验，在 0.01 的概率上显著，并且在控制其他变量时，房价波动率的变动能够对住房反向抵押贷款总额有 99.6831% 的解释力度。房价波动率每增加 1 个百分点，住房反向抵押贷款定价增加 52.12586 万元，老年人能领取的贷款总额增加 52.12586 万元。

金融机构支付给老年人的贷款总额应随房价波动增加相应地增加，使双方共享房价上涨的收益。但房价波动率在合约签订之初已经通过机构测算确定下来，老年人无法享有房价上涨的利润，倾向于退出反向抵押贷款市场，不利于其存续。根据历史数据，未来房价波动率降低的可能性较大。如果住房价格增速放缓，由于贷款合约已经确定了高于现行增速的房价波动率，金融机构在房价增速降低时仍需要按较高的房价波动率支付贷款金额。二者差额形成了金融机构的风险和潜在损失。

需要明确,本文中房价波动率是在新商品房平均复合增长率和折旧率之差的基础上进行上下 5 个基点调整而形成的。其中包含房价始终处于上涨态势的假设,房价波动率的大小仅仅意味着涨幅的大小,并没有出现负增长。这是基于天津市房价历史增长、房地产在我国国民经济中的地位、国家宏观调控作出的合理假设。因此金融机构的潜在损失并不是对金融机构造成实际的资金缺口而是预期收益的减少。如果考虑房价负增长,老年人通过住房反向抵押贷款合约能最大限度地将房价下跌与房屋价值贬损风险转嫁给金融机构,使其承担房价下行压力,造成资金流失。

此外,标的住房价格波动风险还体现在测算的高成本和复杂性上。有研究表明,二手房房价事实上是服从布朗运动随机游走的状态,金融机构如果实行固定房价波动率,必然因为与实际房价波动率的不匹配造成不同程度的风险;但如果及时根据房地产与宏观经济变动分期调整波动率,必然会消耗大量人财资源,假设浮动房价波动率带来的额外收益不难以覆盖测算成本,那么金融机构将处于"两难境地",面临房价波动"双重风险"。

3. 借款人生命不确定性风险

养老类金融产品通常采用保监会发布的《中国人寿保险业经验生命表》对金融产品申请人的存活和死亡概率进行预估。该表随死亡率的改善会不断更新和调整。迄今为止,我国共发布使用过三版经验生命表,第一版(CL1990-1993)基于 1990~1993 年寿险业数据编制,第二版(CL2000-2003)基于 2000~2003 年数据编制,第三版(CL2010-2013)基于 2010~2013 年全国若干大型保险公司共计 3.4 亿张保单数据编制,是现行经验生命表。

对比可知,我国经验生命表平均每 10 年更新一次,选取三年的寿险业数据编制并发布。以本案例申请人 65 岁的年龄为例,从第一版生命经验表到第三版,该年龄的死亡概率从 0.0195909 降至 0.0119,再降至 0.006988。可以预计,第四版经验生命表将于 2026 年修订,将采用 2020~2023 年的数据,养老业务类死亡率将进一步降低。

本案例借款人 2019 年签署反向抵押贷款合约时仍采用 CL2000-2003 的死亡率数据,一方面,通过近二十年的历史数据预测未来死亡率存在滞后性,必然导致借款人寿命的低估;另一方面,经验生命表 CL2020-2023 启用时,借款人无法改用死亡率更低的新表,进一步导致高估死亡率与低估寿命。无赎回权的单生命一次性支付住房反向抵押贷款按照预期寿命测算定价,如果借款人实际寿命小于预期寿命,则可提早获得更高借款总额,金融机构也能通过较早变现抵押房产,利用货币时间价值弥补高贷款额度带来的资金缺口。如果借款人实际寿命大于预期,金融机构需要在借款人达到预期寿命后继续支付款项,直至其死亡。这是借款人寿命低估的情况下金融机构承担风险的主要原因。

考虑生命波动风险,分别计算变量年限 t、65 岁老年人在 t 年内生存的概率

$tp_{65}$ 和与其相对应的贷款总支付金额 $tLS_{65}$（见附表 8）。各变量绘制在二维坐标平面上（见图 9 和图 10）。

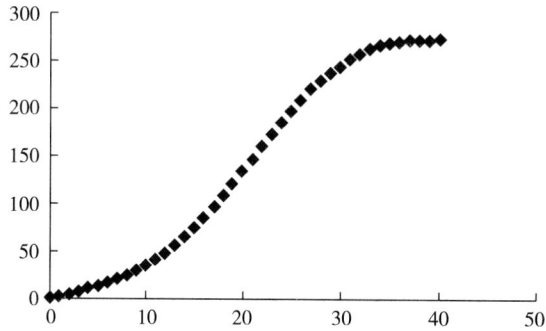

**图 9 生存年限 t 与支付总额 LS 的散点图**

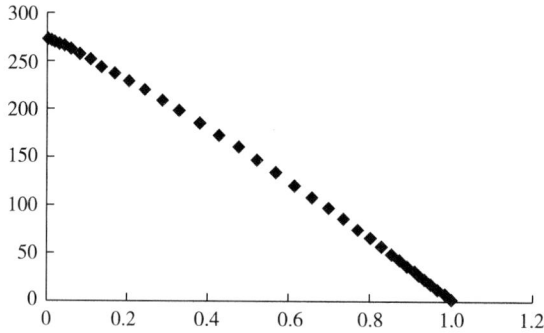

**图 10 t 年内生存概率 $tp_{65}$ 与支付总额 LS 的散点图**

由图 9 和图 10 可知，生存年限与 t 年内贷款总额正相关，t 年内生存的概率与 t 年内贷款总额负相关。以上变量的相关性检验结果如表 5 和表 6 所示，验证了以上判断。

**表 5 生存年限 t 与贷款总额 LSt 的相关关系检验**

| | | 生存年限 t |
|---|---|---|
| 贷款总额 LSt | Pearson 相关性 | −0.985*** |
| | 双侧显著性 | 0.000 |
| | N | 41 |

**表6　t 年内存活的概率 tp 与贷款总额 LStp 的相关关系检验**

| | | 存活概率 tp |
|---|---|---|
| 贷款总额 LStp | Pearson 相关性 | − 0. 999 *** |
| | 双侧显著性 | 0. 000 |
| | N | 41 |

基于以上,分别将 t 和 $tp_x$ 作为自变量,将从无赎回权的单生命一次性支付定价模型中对应输出的两组 $LS_{65}$ 作为因变量,回归结果如表7和表8所示。

**表7　生存年限 t 与贷款总额 LSt 的 O. L. S 回归结果**

| Variable | Coefficient | Std. Error | T – Statistic | Prob. |
|---|---|---|---|---|
| C | − 30. 74357 | 5. 437456 | − 5. 654037 | 0. 0000 |
| T | 8. 564122 | 0. 239953 | 35. 6908 | 0. 0000 |
| $R^2$ | 0. 971033 | F – statistic | 1273. 840 | |
| Adjusted $R^2$ | 0. 970271 | Prob（F – statistic） | 0. 000000 | |
| S. E. of regression | 17. 51818 | Mean dependent var | 126. 2568 | |
| Sum squared resid | 11661. 70 | Durbin – Watson stat | 0. 065662 | |

**表8　t 年内存活概率 tp 与贷款总额 LStp 的 O. L. S 回归结果**

| Variable | Coefficient | Std. Error | T – Statistic | Prob. |
|---|---|---|---|---|
| C | 283. 9905 | 1. 581170 | 179. 6079 | 0. 0000 |
| Tp | − 275. 1745 | 2. 437608 | − 112. 8871 | 0. 0000 |
| $R^2$ | 0. 997027 | F – statistic | 12743. 49 | |
| Adjusted $R^2$ | 0. 996949 | Prob（F – statistic） | 0. 000000 | |
| S. E. of regression | 5. 612271 | Mean dependent var | 136. 2568 | |
| Sum squared resid | 1196. 908 | Durbin – Watson stat | 0. 033421 | |

根据回归,得到两个线性方程如下:

$$LS_{65}(t) = 8.564122t - 30.74357 + \varepsilon \tag{12}$$

$$LS_{65}(tp_{65}) = -275.1745\, tp_{65} + 283.9905 + \varepsilon \tag{13}$$

以上方程系数都通过了 T 检验,分别在 0.01 的显著度水平上有效。方程通过了 F 检验,在 0.01 的概率水平上具有统计意义的显著性。式(12)的修正 $R^2$ 表示 t 的变动对相应的 $LS_{65}$ 有 97.0271% 的解释力度;式(13)表示 $tp_{65}$ 的变动能解释因变量变动的 99.6949%。

式(12)刻画了借款人合约签订后的存活年数 t 与对应贷款总额 $LS_{65}$ 的关系。借款人生存年数越多,其所能领取的贷款总额越多,金融机构的资金压力也就越大，其生存年数每增加 1 年，金融机构发放贷款总额将增加 8.564122 万元。

式（13）刻画了 65 岁借款人签订合约后 t 年内生存概率 $tp_{65}$ 与对应贷款总额 $LS_{65}$ 的关系。t 年内预期生存概率与对应贷款总额负相关，当预期生存概率上涨 1% 时，借款人领取总金额将减少 2.751745 万元。案例中，t 的最大值为 40，即该 65 岁老年人的预期最大寿命是 105 岁，此时该借款人能领取的住房反向抵押贷款总额为 275.1017957 万元。当 t 年内的预期生存概率上升时，预期最大寿命可能会增加。在实际一次性领取总额不变的情况下，剩余生存年份的增加使前 t 年内领取的贷款总额 $LS_{65}(t)$ 减少。反之同样成立。

结合金融机构低估借款人寿命、高估其死亡率的判断，实际生存概率高于预期生存概率。假定案例中 65 岁老年人 t 年内的实际生存概率不变。可得式（14）：

$$实际存活率 Ap_{65} > 预期存活率 tp_{65} \tag{14}$$

$tp_{65} \downarrow$，$Ap_{65} - tp_{65} \uparrow$，$LS_{65}(t) \uparrow$，$t_{actual} \downarrow$，$R_{house} \downarrow$，$t_{actual} - t \downarrow$，$R_{cash} \downarrow$

$tp_{65} \uparrow$，$Ap_{65} - tp_{65} \downarrow$，$LS_{65}(t) \downarrow$，$t_{actual} \uparrow$，$R_{house} \uparrow$，$t_{actual} - t \uparrow$，$LS_e \uparrow$，$R_{cash} \uparrow$

当预期生存概率下降时，实际与预期生存概率的差值越大，预期生存年数减少，实际与预期寿命差值减小，前 t 年内领取的贷款总额增加，金融机构能在更短的年限收回住房出售并偿还贷款，金融机构无须支付额外款项，该情况是金融机构风险较小的理想情况。但更多的是预期生存概率上升，实际与预期生存概率之间的差值减小，前 t 年内领取的贷款总额减少，老年人的实际与预期寿命的差值上升。一方面，老年人实际寿命的增加意味着住房反向抵押贷款的年限更长，金融机构及时收回住房补充资金的风险更大；另一方面，实际寿命高于预期寿命的可能性增加使金融机构需要在借款人领取预期寿命的全部贷款后向其补足超出预期的款项，资金损失风险更大。这两方面的寿命不确定性风险使金融机构对反向抵押贷款的积极性不高。

## 五、住房反向抵押贷款本土化风险的研究结论与对策

### （一）研究结论

对天津市推行住房反向抵押贷款进行理论、现实和模拟实证分析后得出如下结论。第一，我国老年人客观上对住房反向抵押贷款需求较强，住房反向抵押贷款推行阻碍主要来自供给方，金融机构承担的各种风险对反向抵押贷款的推广产生负向激励。第二，根据来源可将住房反向抵押贷款的风险分为借款者风险、抵押物风险和宏观环境风险，这些既是住房反向抵押贷款的普遍风险，又是我国本土化的重要阻碍。第三，从以上三方面选取具有代表性的风险，实证结果表明借款人寿命不确定性、标的房屋价值波动和利率波动通过影响反向抵押贷款的定价，将风险加诸金

融机构，使住房反向抵押贷款的供给受阻。第四，金融机构所承担的来自宏观环境利率波动、借款者寿命不确定和抵押物住房价值波动的风险可以归结为三种核心机制，一是老年人退出市场给金融机构带来前期投入难以回收的沉没成本；二是支付较高的贷款金额给金融机构带来资金成本的压力；三是较长的抵押房屋回收年限给金融机构带来机会成本。

### （二）对策与展望

#### 1. 明确定位，产品多样

首先，明确住房反向抵押贷款"第三支柱"养老补充的定位。将其在整个城市、整个国家的推广并不以增加市场占有率或老年群体参与率为目的，而是使其能获得充分的关注。在老年人需要将其作为补充养老金备选方式时，存在宏观金融环境的支持与提供住房反向抵押贷款相关产品的成熟机构。

其次，在住房反向抵押贷款基础产品上积极进行多层次、多样化创新，探究更加符合我国社会情况与老年人需求的模式。一方面，借鉴美国取得良好成效的三级模式（宋唯琳，2008），在立体层面构筑我国住房反向抵押贷款产品体系，避免纵向"一刀切"，立体覆盖不同层次、经济水平、养老观念和住房质量的借款人需求。另一方面，结合各城市具体情况在全国范围内推广住房反向抵押贷款，保证其本土适应性和横向多样性。我国试点过程中已经形成南京汤山留园养老院养老模式、上海公积金管理中心以房自助养老模式、北京养老房屋银行模式（傅鸿源和孔利娟，2008），以及中信银行的以房养老倒按揭模式（蔡琦和申韬，2014）等多元形式。多层次、多样化的住房反向抵押贷款能够立足需求端，通过满足老年人需求增强其对市场的信任，在一定程度上减少因各种风险因素波动而抑制需求、退出市场的非理性行为，减轻金融机构的后顾之忧。

最后，引入资产证券化，促进住房反向抵押贷款配套金融工具的发展。通过保障金融机构的资金流，规避风险性因素波动带来的供给阻碍。对金融机构而言，住房反向抵押贷款的主要风险来自前期现金流的大量、持续性流出，直至若干年后房屋变现才能弥补前期资金的亏空。运用资产证券化的金融工具，构建能够对反向抵押贷款实施证券化操作的二级市场，可有效改善金融机构资金流入流出不同步而带来的风险。金融机构既将目前缺乏流动性但未来具有现金流入的资产转变为流动性较强的证券，降低风险；又将投资者吸引到住房反向抵押贷款的二级市场上，使金融环境更成熟。

#### 2. 多元参与，政府主导

推动多元主体参与，发挥政府主导作用。一方面，众多类型的金融机构共担责任、分散风险是清除住房反向抵押贷款推广阻碍的重要方式；另一方面，住房反向抵押贷款本身的复杂性和综合性也意味着必须有多元金融机构的参与。

银行、保险公司、房地产机构、特殊目的机构和信用增级机构等各具所长。银行有大规模存贷款业务经验和能力，但不擅长处理住房反向抵押贷款等长周期资金流出业务；保险公司能将住房反向抵押贷款与自身寿险业务结合以规避道德风险，能担保和转移利率和房价波动风险，甚至能对借贷双方合约进行"再保险"，但其没有存贷款和房地产评估等业务；房地产机构具有合理预测未来房价波动与买卖二手房的能力，但其业务范围更片面；特殊目的和信用增级机构是住房反向抵押贷款证券化的配套机构，也只能在分散、打包发放证券和信用评级增级方面具有优势。没有任何一个金融机构能够统合相关功能，独立发展住房反向抵押业务。应当以银行或保险公司为主，整合相关机构，合理外包衍生业务，实现多元主体经营与分工协作。

此外，住房反向抵押贷款社会效益与准公共物品特征不容忽视。政府在其本土化的过程中要积极发挥主导作用，不可缺位、错位。首先是间接参与，"政府搭台，企业唱戏"，利用政策支持稳定房价和利率；通过税收优惠等举措，鼓励多元主体积极进行住房反向抵押金融创新与产品尝试。其次是政府直接参与，"政府兜底"，设置住房反抵押中心等机构，以财政划拨启动基金，成为住房反向抵押贷款的供给主体与风险承担机构之一。将住房反向抵押贷款与社会保险体系有机结合，利用政府公信力分散和规避风险。

3. 加强监管，正面宣传

考虑住房反向抵押贷款"假性需求不足"问题，率先推广渐进式住房反向抵押贷款，在老年人适应的基础上逐步递进和微调。同时，对住房反向抵押加强监管，正面宣传。

根据我国老年人的传统观念和对房屋产权转移的接受程度，应当在我国优先推行渐进式住房反向抵押贷款。第一，为了提高老人和子女的接受度，初期可以为借款人留有弹性赎回空间。在合约到期时，借款人可以选择偿还贷款本息和变更住房所有权。第二，应当考虑老年人对养老环境的心理寄托与依赖，使其无须搬离原有住房，改变原有养老环境。第三，加入"参与型"和"非参与型"（郑秉文，2018）的可讨论性，合约设置是否参与未来房产增值收益的选项，创造借贷双方共享未来房屋增值收益、共担房价波动风险的机会，即使金融机构规避房价波动风险，又能达到吸引老年人积极参与住房反向抵押贷款的目的。

在风险分析中，老年人虽然理论上处于信息优势方，通过"劣币驱逐良币"的方式使金融机构面临道德风险。但现实中，老年人受教育水平和金融知识的制约以及市场监管漏洞、法律法规的不完善和大量以次充好产品的存在，使老年人经常处于被欺瞒与诈骗的弱势方，产生对住房反向抵押贷款的信任危机。因此，要加强金融监管与相关领域立法，严格规范住房反向抵押贷款的实施要求，建立住房反向抵押贷款的市场准入门槛制度。第三方定期开展对住房反向抵押贷款业务和机构的资质评估与核验工作，防止出现金融诈骗等违法违规行为。同时，官方媒体可以通过对住房反向抵押贷款案例的正面报道，逐渐扭转老年人的传统观念。此外，金融机构需要自查自纠，自觉合规经营，尽可能消除现阶段老年人对住房反向抵押贷款产品的"污名化"和"刻板印象"。

参考文献

[1] 蔡琦，申韬. 向抵押贷款的中国化道路：文献综述视角. 海南金融，2014（8）：44－48.

[2] 柴效武，胡平. 美国反向抵押贷款发展历程及对我国的启迪. 经济与管理研究，2010（4）：55－63.

[3] 柴效武，王峥. 以房养老：美国反向抵押贷款业务开办的政府支持. 学习与实践，2009（10）：15－21.

[4] 柴效武. 一种以房养老的贷款方式：住房反抵押贷款. 金融教学与研究，2004（3）：46－48.

[5] 陈健，黄少安. 遗产动机与财富效应的权衡：以房养老可行吗？经济研究，2013（9）：56－70.

[6] 陈鹏军. 我国"以房养老"发展瓶颈及其模式选择. 经济纵横，2013（10）：43－46.

[7] 范子文. 我国发展住房反向抵押贷款研究. 中国金融，2006（13）：21－23.

[8] 傅鸿源，孔利娟. "以房养老"模式的现状及分析. 经济与社会，2008（9）：68－72.

[9] 郝前进，周伟林. "以房养老"的双向风险与我国的制度设计. 上海城市管理，2016（2）：39－43.

[10] 胡继晔. 住房反向抵押贷款：国外经验、风险因素及发展展望. 老龄科学研究，2014（11）：14－25.

[11] 金晓彤，崔宏静. 亚洲国家"以房养老"模式的经验与借鉴——以日本和新加坡反向住房抵押贷款为例. 亚太经济，2014（1）：11－15.

[12] 宋唯琳. 从美国模式到中国本土化——对我国推行住房反向抵押贷款模式的思考. 现代经济，2008（13）：15－21.

[13] 王小平. 以房养老与财富管理创新. 中国金融，2016（15）：23－24.

[14] 王雪. 新型住房反向抵押养老保险模式——混合支付型产品定价模型研究. 东北财经大学，硕士论文，2014.

[15] 应霞霖. 制约我国反向抵押贷款的瓶颈分析. 上海保险，2017（4）：46－48.

[16] 袁友文. 以房养老：国际经验及中国前景分析. 现代经济探讨，2006（6）：79－81.

[17] 郑秉文. 以房养老的前景与政策建议——写在住房反向抵押养老保险推向全国之际. 武汉科技大学学报（社会科学版），2018，12（6）：581－588.

[18] 朱劲松. 中国开展"以房养老"影响因素的实证分析. 东北财经大学学报, 2011 (2): 78-82.

## 附录：实证研究表格数据详情

附表 1　天津市商品房新房平均销售价格和住宅新房平均销售价格

单位：元/平方米

| 年份 | 2008 | 2009 | 2010 | 2011 | 2012 |
|------|------|------|------|------|------|
| 商品房 | 6015 | 1886 | 8197 | 8745 | 8218 |
| 住宅 | 5598 | 6605 | 7913 | 8548 | 8010 |
| 年份 | 2013 | 2014 | 2015 | 2016 | 2017 |
| 商品房 | 8746 | 9219 | 10107 | 12830 | 15331 |
| 住宅 | 8390 | 8828 | 9931 | 12870 | 15139 |

资料来源：2008 年至 2017 年《天津市统计年鉴》。

附表 2　中国人身保险业经验生命表（2010～2013 年）养老类业务男性（部分）

| 年龄 x | 死亡率 $q_x$ | 年龄 x | 死亡率 $q_x$ |
|--------|-----------|--------|-----------|
| 65 | 0.006988 | 86 | 0.091239 |
| 66 | 0.007610 | 87 | 0.100900 |
| 67 | 0.008292 | 88 | 0.111321 |
| 68 | 0.009046 | 89 | 0.122608 |
| 69 | 0.009897 | 90 | 0.134870 |
| 70 | 0.010880 | 91 | 0.148212 |
| 71 | 0.012080 | 92 | 0.162742 |
| 72 | 0.013550 | 93 | 0.178566 |
| 73 | 0.015387 | 94 | 0.195793 |
| 74 | 0.017686 | 95 | 0.214499 |
| 75 | 0.020539 | 96 | 0.23465 |
| 76 | 0.024017 | 97 | 0.256180 |
| 77 | 0.028162 | 98 | 0.279025 |
| 78 | 0.032978 | 99 | 0.303120 |
| 79 | 0.038473 | 100 | 0.328401 |
| 80 | 0.044492 | 101 | 0.354803 |
| 81 | 0.051086 | 102 | 0.382261 |
| 82 | 0.058173 | 103 | 0.410710 |
| 83 | 0.065722 | 104 | 0.440086 |
| 84 | 0.073729 | 105 | 1 |
| 85 | 0.082223 | — | — |

**附表3　65 岁男性老年人的生存率 tp₆₅ 与死亡率 tq₆₅取值**

| 年数 t | 生存率 tp₆₅ | 死亡率 tq₆₅ | 年数 t | 生存率 tp₆₅ | 死亡率 tq₆₅ |
|---|---|---|---|---|---|
| 0 | 1 | 0.006988 | 21 | 0.523766 | 0.047787892 |
| 1 | 0.993012 | 0.007556821 | 22 | 0.475978 | 0.048026197 |
| 2 | 0.985455 | 0.008171394 | 23 | 0.427952 | 0.047640042 |
| 3 | 0.977284 | 0.008840509 | 24 | 0.380312 | 0.046629285 |
| 4 | 0.968443 | 0.009584683 | 25 | 0.333683 | 0.045003779 |
| 5 | 0.958859 | 0.010432381 | 26 | 0.288679 | 0.042785672 |
| 6 | 0.948426 | 0.011456989 | 27 | 0.245893 | 0.04001715 |
| 7 | 0.936969 | 0.012695933 | 28 | 0.205876 | 0.036762462 |
| 8 | 0.924273 | 0.014221793 | 29 | 0.169114 | 0.033111256 |
| 9 | 0.910051 | 0.016095171 | 30 | 0.136002 | 0.029172363 |
| 10 | 0.893956 | 0.018360969 | 31 | 0.106830 | 0.025067651 |
| 11 | 0.875595 | 0.021029174 | 32 | 0.081762 | 0.020945869 |
| 12 | 0.854566 | 0.024066293 | 33 | 0.060816 | 0.016969308 |
| 13 | 0.830500 | 0.027388225 | 34 | 0.043847 | 0.013290944 |
| 14 | 0.803112 | 0.030869203 | 35 | 0.030556 | 0.010034684 |
| 15 | 0.772242 | 0.034358612 | 36 | 0.020522 | 0.007281093 |
| 16 | 0.737884 | 0.037695534 | 37 | 0.013240 | 0.005061294 |
| 17 | 0.700188 | 0.040732055 | 38 | 0.008179 | 0.003359247 |
| 18 | 0.659456 | 0.043340784 | 39 | 0.004820 | 0.002121159 |
| 19 | 0.616115 | 0.045425578 | 40 | 0.002699 | 0.002698715 |
| 20 | 0.570690 | 0.046923836 | — | — | — |

**附表4　1990～2015 年银行一年定期存款利率和住房反向抵押贷款利率**

| 日期 | RP_f | 贷款利率 r | 日期 | RP_f | 贷款利率 r |
|---|---|---|---|---|---|
| 1990 年 4 月 15 日 | 0.1008 | 0.1608 | 2007 年 9 月 15 日 | 0.0387 | 0.0987 |
| 1990 年 8 月 21 日 | 0.0864 | 0.1464 | 2007 年 12 月 21 日 | 0.0414 | 0.1014 |
| 1991 年 4 月 21 日 | 0.0756 | 0.1356 | 2008 年 10 月 9 日 | 0.0387 | 0.0987 |
| 1993 年 5 月 15 日 | 0.0918 | 0.1518 | 2008 年 10 月 30 日 | 0.0360 | 0.0960 |
| 1993 年 7 月 11 日 | 0.1098 | 0.1698 | 2008 年 11 月 27 日 | 0.0252 | 0.0852 |
| 1996 年 5 月 1 日 | 0.0918 | 0.1518 | 2008 年 12 月 23 日 | 0.0225 | 0.0825 |
| 1996 年 8 月 23 日 | 0.0747 | 0.1347 | 2010 年 10 月 20 日 | 0.0250 | 0.0850 |
| 1997 年 10 月 23 日 | 0.0567 | 0.1167 | 2010 年 12 月 26 日 | 0.0275 | 0.0875 |
| 1998 年 3 月 25 日 | 0.0522 | 0.1122 | 2011 年 2 月 9 日 | 0.0300 | 0.0900 |
| 1998 年 7 月 1 日 | 0.0477 | 0.1077 | 2011 年 4 月 6 日 | 0.0325 | 0.0925 |
| 1998 年 12 月 7 日 | 0.0378 | 0.0978 | 2011 年 7 月 7 日 | 0.0350 | 0.0950 |
| 1999 年 6 月 10 日 | 0.0225 | 0.0825 | 2012 年 6 月 8 日 | 0.0325 | 0.0925 |
| 2002 年 2 月 21 日 | 0.0198 | 0.0798 | 2012 年 7 月 6 日 | 0.0300 | 0.0900 |
| 2004 年 10 月 29 日 | 0.0225 | 0.0825 | 2014 年 11 月 22 日 | 0.0275 | 0.0875 |
| 2006 年 8 月 19 日 | 0.0252 | 0.0852 | 2015 年 3 月 1 日 | 0.0250 | 0.0850 |
| 2007 年 3 月 18 日 | 0.0279 | 0.0879 | 2015 年 5 月 11 日 | 0.0225 | 0.0825 |
| 2007 年 5 月 19 日 | 0.0306 | 0.0906 | 2015 年 6 月 28 日 | 0.0200 | 0.0800 |
| 2007 年 7 月 21 日 | 0.0333 | 0.0933 | 2015 年 8 月 26 日 | 0.0175 | 0.0775 |
| 2007 年 8 月 22 日 | 0.0360 | 0.0960 | 2015 年 10 月 24 日 | 0.0150 | 0.0750 |

附表 5　不同住房反向抵押贷款利率对应的贷款总支付金额 $LS_{65}$（r）值

| 日期 | 利率 r | 支付金额 LS（r） | 日期 | 利率 r | 支付金额 LS（r） |
|---|---|---|---|---|---|
| 1990 年 4 月 15 日 | 0.1608 | 71.91861753 | 2007 年 9 月 15 日 | 0.0987 | 180.0898291 |
| 1990 年 8 月 21 日 | 0.1464 | 86.90423295 | 2007 年 12 月 21 日 | 0.1014 | 172.0613281 |
| 1991 年 4 月 21 日 | 0.1356 | 101.0703640 | 2008 年 10 月 9 日 | 0.0987 | 180.0898291 |
| 1993 年 5 月 15 日 | 0.1518 | 80.82107380 | 2008 年 10 月 30 日 | 0.0960 | 188.5946494 |
| 1993 年 7 月 11 日 | 0.1698 | 64.32907159 | 2008 年 11 月 27 日 | 0.0852 | 228.0610976 |
| 1996 年 5 月 1 日 | 0.1518 | 80.82107380 | 2008 年 12 月 23 日 | 0.0825 | 239.4838688 |
| 1996 年 8 月 23 日 | 0.1347 | 102.3870258 | 2010 年 10 月 20 日 | 0.0850 | 228.8838984 |
| 1997 年 10 月 23 日 | 0.1167 | 134.2224710 | 2010 年 12 月 26 日 | 0.0875 | 218.856217 |
| 1998 年 3 月 25 日 | 0.1122 | 144.1391794 | 2011 年 2 月 9 日 | 0.0900 | 209.3661954 |
| 1998 年 7 月 1 日 | 0.1077 | 155.0154222 | 2011 年 4 月 6 日 | 0.0925 | 200.381487 |
| 1998 年 12 月 7 日 | 0.0978 | 182.8702966 | 2011 年 7 月 7 日 | 0.0950 | 191.8718655 |
| 1999 年 6 月 10 日 | 0.0825 | 239.4838688 | 2012 年 6 月 8 日 | 0.0925 | 200.381487 |
| 2002 年 2 月 21 日 | 0.0798 | 251.6174569 | 2012 年 7 月 6 日 | 0.0900 | 209.3661954 |
| 2004 年 10 月 29 日 | 0.0825 | 239.4838688 | 2014 年 11 月 22 日 | 0.0875 | 218.856217 |
| 2006 年 8 月 19 日 | 0.0852 | 228.0610976 | 2015 年 3 月 1 日 | 0.0850 | 228.8838984 |
| 2007 年 3 月 18 日 | 0.0879 | 217.3025497 | 2015 年 5 月 11 日 | 0.0825 | 239.4838688 |
| 2007 年 5 月 19 日 | 0.0906 | 207.1649543 | 2015 年 6 月 28 日 | 0.0800 | 250.6932135 |
| 2007 年 7 月 21 日 | 0.0933 | 197.6081095 | 2015 年 8 月 26 日 | 0.0775 | 262.5516627 |
| 2007 年 8 月 22 日 | 0.0960 | 188.5946494 | 2015 年 10 月 24 日 | 0.0750 | 275.1017957 |

附表 6　标的住房价值波动率 g 变化　　　　单位:%

| | | | | |
|---|---|---|---|---|
| 0.060288 | 0.064788 | 0.069288 | 0.073788 | 0.078288 |
| 0.060788 | 0.065288 | 0.069788 | 0.074288 | 0.078788 |
| 0.061288 | 0.065788 | 0.070288 | 0.074788 | 0.079288 |
| 0.061788 | 0.066288 | 0.070788 | 0.075288 | 0.079788 |
| 0.062288 | 0.066788 | 0.071288 | 0.075788 | 0.080288 |
| 0.062788 | 0.067288 | 0.071788 | 0.076288 | — |
| 0.063288 | 0.067788 | 0.072288 | 0.076788 | — |
| 0.063788 | 0.068288 | 0.072788 | 0.077288 | — |
| 0.064288 | 0.068788 | 0.073288 | 0.077788 | — |

附表7　不同住房价值波动对应的贷款总支付金额$LS_{65}$（g）值　单位：万元

| 房价波动率 g | 支付金额 LS | 房价波动率 g | 支付金额 LS |
|---|---|---|---|
| 0.060288 | 228.312673 | 0.070788 | 277.7090589 |
| 0.060788 | 230.4270659 | 0.071288 | 280.3439464 |
| 0.061288 | 232.5636034 | 0.071788 | 283.0067663 |
| 0.061788 | 234.7225306 | 0.072288 | 285.6978304 |
| 0.062288 | 236.9040958 | 0.072788 | 288.4174541 |
| 0.062788 | 239.10855 | 0.073288 | 291.1659563 |
| 0.063288 | 241.3361469 | 0.073788 | 293.9436598 |
| 0.063788 | 243.5871434 | 0.074288 | 296.7508907 |
| 0.064288 | 245.8617991 | 0.074788 | 299.5879794 |
| 0.064788 | 248.1603768 | 0.075288 | 302.4552597 |
| 0.065288 | 250.4831421 | 0.075788 | 305.3530693 |
| 0.065788 | 252.8303639 | 0.076288 | 308.28175 |
| 0.066288 | 255.2023139 | 0.076788 | 311.2416473 |
| 0.066788 | 257.599267 | 0.077288 | 314.2331108 |
| 0.067288 | 260.0215014 | 0.077788 | 317.2564942 |
| 0.067788 | 262.4692984 | 0.078288 | 320.312155 |
| 0.068288 | 264.9429425 | 0.078788 | 323.4004552 |
| 0.068788 | 267.4427215 | 0.079288 | 326.5217607 |
| 0.069288 | 269.9689265 | 0.079788 | 329.6764417 |
| 0.069788 | 272.521852 | 0.080288 | 332.8648727 |
| 0.070288 | 275.1017957 | — | — |

附表8　65岁借款人不同年限和该年限生存概率对应的贷款总支付金额$tLS_{65}$（g）值

单位：万元

| T | tq（65） | tLSx | t | tq（65） | tLSx |
|---|---|---|---|---|---|
| 0 | 0.006988 | 2.1019904 | 21 | 0.047787892 | 148.1322181 |
| 1 | 0.007556821 | 4.36511871 | 22 | 0.048026197 | 161.2477001 |
| 2 | 0.008171394 | 6.801573658 | 23 | 0.047640042 | 174.2007005 |
| 3 | 0.008840509 | 9.425983657 | 24 | 0.046629285 | 186.8233114 |
| 4 | 0.009584683 | 12.25883874 | 25 | 0.045003779 | 198.9524961 |
| 5 | 0.010432381 | 15.32872476 | 26 | 0.042785672 | 210.4333234 |
| 6 | 0.011456989 | 18.68533925 | 27 | 0.04001715 | 221.1241965 |
| 7 | 0.012695933 | 22.38862987 | 28 | 0.036762462 | 230.9025063 |
| 8 | 0.014221793 | 26.51881695 | 29 | 0.033111256 | 239.6710415 |
| 9 | 0.016095171 | 31.17256801 | 30 | 0.029172363 | 245.2606247 |
| 10 | 0.018360969 | 36.45818083 | 31 | 0.025067651 | 253.9429716 |
| 11 | 0.021029174 | 42.48536068 | 32 | 0.020945869 | 259.4172435 |
| 12 | 0.024066293 | 49.3527763 | 33 | 0.016969308 | 263.8327884 |
| 13 | 0.027388225 | 57.13386237 | 34 | 0.013290944 | 267.2760354 |
| 14 | 0.030869203 | 65.86546446 | 35 | 0.010034684 | 269.8642975 |
| 15 | 0.034358612 | 75.54147465 | 36 | 0.007281093 | 271.7340894 |
| 16 | 0.037695534 | 86.11069145 | 37 | 0.005061294 | 273.0281379 |
| 17 | 0.040732055 | 97.48123994 | 38 | 0.003359247 | 273.8832499 |
| 18 | 0.043340784 | 109.5269957 | 39 | 0.002121159 | 274.4208342 |
| 19 | 0.045425578 | 122.0968412 | 40 | 0.002698715 | 275.1017957 |
| 20 | 0.046923836 | 135.0243599 | — | — | — |

作者

章志涵
张百缘

# 社区项目治理中"专项资金陷阱"的形成机制

## ——以 D 市老年食堂为例

　　社区为了给广大居民提供良好的公共服务，往往会接受上级政府下发的专项项目资金，开展专项活动来促进自身服务水平的提高。以常理度之，社区在获得资金补贴后，应该会开展更多更好的公共服务活动，但在本案例中，社区的"老年食堂"在拿到上级的专项资金补贴后，却大规模停办，或者退出项目谋求发展，是什么导致了此类公共服务项目无法按照预期目标实现治理效果？

　　本调研报告描述的是 2018～2020 年，D 市的社区在老年食堂项目中"因补贴致贫"的怪相。作为一个典型的民生服务项目，"老年食堂"旨在升级社区原有食堂软、硬件配置，提升社区向老年人提供餐食服务的能力。在被纳入项目补贴范围后，D 市社区原本运转良好的食堂，纷纷陷入亏损并走向停摆；D 市整体的社区养老服务供给水平不升反降。但出人意料的是，从老年食堂项目中退出，放弃专项补贴的社区食堂反而扭亏为盈，恢复了正常的经营秩序。

　　本文详细阐述 D 市老年食堂项目开展的全过程，展现项目补贴注入基层社区引发组织失灵的前因后果，总结上级考核压力、社区管理能力以及属地社会环境对社区老年食堂经营的影响，深入分析专项补贴导致社区食堂收支失衡的原因，揭示专项补贴下民生服务项目运转失灵的深层逻辑，强调基层自治组织拥有的自主性对实现公共服务供给具有的重要意义。

　　调研报告将分为七个部分展开。第一部分是引言，第二部分、第三部分、第四部分、第五部分描述了 D 市老年食堂项目从项目设计、到项目实施再到

　　[作者简介] 章志涵，华东政法大学政治学与公共管理学院硕士研究生；张百缘，华东政法大学政治学与公共管理学院硕士研究生。

严重亏损的现实过程，第六部分总结了 D 市老年食堂"越补越穷"的结构性因素，第七部分结合 D 市现实条件提出了相关对策：①提高项目精确性，完善资助形式；②增强项目持续性，扩大资金来源；③设置奖励与惩罚，发挥杠杆作用；④提高基层执行力，细化评估内容；⑤做好社会规范营造，降低项目执行阻力。

# 一、问题的提出

## （一）社区治理的政策背景与研究价值

2021 年，《中共中央　国务院关于加强基层治理体系和治理能力现代化建设的意见》中提到，要"推进城乡社区综合服务设施建设，依托其开展就业、养老、医疗、托幼等服务，加强对困难群体和特殊人群关爱照护……加强综合服务、兜底服务能力建设"。在实际操作中，优化地方政府的公共服务能力是政府改革的应有之义。然而，社区在按照专项项目开展治理活动和提供服务的过程中并不会完全地遵照设计内容去执行，从而失去了政策设计的效力。基于上述判断，社区公共服务项目的失败原因常被认为是社区及其工作人员没有做好工作。本文认为，在政府开展专项项目治理的过程中应该考虑地方的特殊性，抓住主要矛盾的主要方面去解决问题，生搬硬套地发资金、派项目，无法真正实现治理的提升。

## （二）研究意义

本文对 2018~2020 年 J 省 D 市社区老年食堂项目中的 6 个社区展开分析，上级政府给予社区公共服务专项项目资金，但社区没有充分发挥治理效果，使社区在运作项目时出现收支失衡。效益亏损的现象称为"专项资金陷阱"。作为一个典型的民生服务项目，老年食堂旨在升级社区原有食堂软、硬件配置，增强社区向老年人提供餐食服务的能力。但意料之外的是，D 市社区原本运转良好的食堂在被纳入专项项目后纷纷陷入亏损。从老年食堂项目中退出，放弃项目资金的社区食堂反而扭亏为盈，恢复了正常的经营秩序。那么，为什么 D 市社区在获得了专项资金后，相关的公共服务资源反而越发紧张？为什么在增加财政投入后，D 市整体的社区养老服务供给水平不升反降？

# 二、项目设计

社区"党建＋养老驿站"是老年食堂的官方称谓，但是在日常生活中，政府工作人员、社区干部、社区居民更多地使用老年食堂的名称。出于尊重田野调查中受访者习惯用语的考虑，下文使用老年食堂指代 D 市社区"党建＋养老驿站"。D 市老年食堂项目是一项典型的民生服务项目。项目预设目标是解决城乡基本养老服务不足的问题，提升社区养老服务供给水平与质量，为高龄、空巢、留守老人提供一日三餐的养老服务。2018年6月19日，D市市委组织部、民政局、市财政局为指导项目工作开展，印发了《D市推进老年食堂和"城乡特困失能人员集中护理"建设工作实施方案》（简称《实施方案》）。下面结合上述老年食堂项目政策文本介绍项目工作目标、项目开展原则、项目实施步骤、项目资金补贴方案等相关内容。

第一，项目工作目标。D市政府以数字指标为导向，用量化标准来衡量老年食堂项目的开展成效。《实施方案》明确了到2019年，老年食堂的村、居覆盖率达到50%，2020年覆盖率达到80%，2021年拥有老年食堂的村、居比例达到100%的工作目标。

第二，项目开展原则。老年食堂项目遵循居家养老、村居主导、居民自愿、非营利四个原则。其中居家养老原则指，老年食堂不将老年人迁居集中，也不包揽子女应负的赡养义务，主要为老年人提供一日三餐的饮食服务；村居主导原则指以村居为单位开展老年食堂，村居需要负责辖区内老年食堂的管理运行，并且自负盈亏；居民自愿原则指老年居民拥有自主选择是否前来食堂就餐的权利，村居不得强迫老人前来就餐，也不得拒绝有就餐意愿的老年居民；非营利原则规定了老年食堂不以营利为目的，必要情况下可接受社会公益性捐赠，食堂收支情况接受社会和群众监督。

第三，项目实施步骤。第一步工作是调查摸底。各村居应对辖区内老年人分布情况、规模、就餐需求等情况进行了解统计，并于当年6月5日前上报市民政局。第二步是选点建设。市民政局应按照群众需求、村居经济基础、村居"两委"班子"战斗力"等指标选定开展老年食堂的村、社区，并由村、社区按照民政部门设施、设备要求在当年8月前完成老年食堂的场地、设施等硬件方面的筹备工作。第三步是组织验收，市民政局与市委组织部将成立联合专项验收组，通过实地考察、现场查看的方式按统一标准评估验收各个乡、街道老年食堂的数量、布局、建设、质量、环境卫生等情况。第四步工作是证照办理，各村居应在当年9月办理食品卫生安全执照（食品经营许可证）、营业执照和公共娱乐场所消防安全许可证。经过上述工作步骤，D市社区老年食堂便可在当年10月的重阳节前开业。

第四，项目资金补贴方案。项目方案试图通过市财政专项补贴、乡政府（街道）配套资金、使用者付费、社会爱心人士捐助等多渠道统筹解决资金问题，但是在文件中仅明确了村、社区的市财政专项补贴标准：每个承办老年食堂的社区可一次性获得6万元的建设专项补贴，用来支付社区食堂设施建设、设备采购、装修升级等项的成本，此外每年还可获得5万元的运营专项资金。

## 三、样本运营问题

D市社区老年食堂项目是当地民政部门开展项目创新的成果。2018年，面对年度综合目标绩效考核的压力，D市民政部门决定向城市社区注入专项资金，开展社区老年食堂项目。在项目开展前，各社区都以社区食堂的形式为社区工作人员和老人提供餐食服务。2018年10月，在市民政局的行政指令下，社区以原有社区食堂为基础，纷纷挂牌成立专门为老年人提供餐食服务的老年食堂。民政部门每年向社区提供专项资金，不定时检查、监督社区老年食堂运营；社区自负盈亏，"盈利留用，亏损不补"。但现实表明，老年食堂项目落地后，增加的食堂运营成本超过了社区拿到的专项资金，多数社区在项目开展的一年内亏损金额从3.4万元到12.2万元不等（截至2019年12月），以至于不得不中止经营。在2020年10月的回访中，研究人员了解到D市社区老年食堂共有停摆、转型、继续经营以及摘牌四种状态，其中停摆现象最为普遍。

（一）停摆——Q社区、N社区、F社区

2020年，不少社区负责人以疫情防控为托词，等待上级部门重启老年食堂的命令，导致老年食堂陷入停摆的窘境。相比之下，Q社区则是因为人手不足难以维持食堂运转而停办了老年食堂。Q社区居民中有大量国企退休员工，社区人口老年化特征明显，总计有老年居民2448名，占社区总人数的31%。因此，社区老年食堂的用户群体规模较大，日均售出餐食110份，年亏损额仅为3.4万元。但是2020年的防疫工作、养老保险认证、人口普查和棚户区改造任务，使仅有7名社工的Q社区分身乏术，不得不停办了老年食堂。

（二）转型——K社区

为迎接2019年"创建国家卫生城市"工作，D市政府着手进行城中村棚户区改造，K社区Y书记于2020年3月向上级申请，将K社区老年食堂转变为棚改食堂。转型后，K社区棚改食堂每天为包干棚改任务的政府工作人员提供餐饮服务，D市政府棚改办则以计件方式，按20元每餐的标准为K社区棚改食堂提供补贴。在上级政策扶持下，K社区棚改食堂实现了盈利，但食堂转型显然违背了老年食堂项目的政策目标。

（三）经营——X社区

截至2020年10月，唯一坚持运营的X社区在2019年财务亏损11.7万元，占社区2019年财务收入（21.5万元）的一半以上。X社区负责人坚持运营食堂主要有两方面原因。其一，少部分社区老年人高度依赖食堂提供的餐食服务，社区干部碍于人情，难下关闭食堂的决心。其二，按社区书记的理解，上级领导许诺向食堂增加专项资金是支持运营食堂的表态。综合考虑上级政府的态度和用餐老人的诉求，X社区选择继续维持老年食堂。

（四）摘牌——Y 社区

Y 社区成立于 2018 年初，是本文 6 个社区中唯一的涉农社区。Y 社区老年食堂通过"摘牌"退出项目，放弃了上级政府的专项资金，继续以社区食堂的形式向居民提供餐食服务。在老年食堂项目中，Y 社区累计亏损 9.8 万元，占 2019 年Y 社区全年财务总收入（44 万元）的 22% 以上。Y 社区负责人综合考虑各方面因素，得到街道办准许，于 2020 年 3 月向市民政局申请退出老年食堂项目，并以社区食堂的名义重新办理了执照。2020 年 4 月，摘牌后的 Y 社区食堂重新开业。在2020 年 4 ~ 10 月的经营中，Y 社区食堂经营成本降低，用餐人数增加，实现了收支两抵、略有盈余。

# 四、"专项资金陷阱"如何产生

## （一）绩效考核下的成本增加

为应对考核压力，下级行政组织需要增加成本，有针对性地应对上级设计的考核指标。D 市 6 个社区在老年食堂项目的开展中普遍面临政府部门和来自领导调研、媒体报道等的压力。在此情境下，社区老年食堂的运营成本持续增加（见表1、表 2）。

**表 1　D 市首批老年食堂收支情况（数据统计于 2019 年 10 月）**　　单位：万元

| 社区名称 | 支出 | | | 收入 | | 亏损总额 |
|---|---|---|---|---|---|---|
| | 建设费用 | 用人成本 | 原料购买 | 营业收入 | 上级补贴 | |
| Q 社区 | 11 | 7.5 | 32.3 | 36.4 | 11 | 3.4 |
| X 社区 | 15 | 6 | 13.8 | 12.1 | 11 | 11.7 |
| Y 社区 | 13 | 6 | 9.1 | 7.3 | 11 | 9.8 |
| K 社区 | 17 | 11.4 | 25 | 25.2 | 16 | 12.2 |
| N 社区 | 16 | 6 | 6.9 | 8.6 | 11 | 9.3 |
| F 社区 | 12 | 7.6 | 13.1 | 11.6 | 11 | 10.1 |

**表 2　D 市首批老年食堂现状（数据统计于 2020 年 10 月）**　　单位：%

| 社区名称 | 老年食堂亏损占年收入比例 | 老年食堂项目现状 |
|---|---|---|
| Q 社区 | 2.7 | 停摆 |
| X 社区 | 58.2 | 营业 |
| Y 社区 | 22.3 | 摘牌 |

| 社区名称 | 老年食堂亏损占年收入比例 | 老年食堂项目现状 |
|---|---|---|
| K 社区 | 7.7 | 转型 |
| N 社区 | 9.6 | 停摆 |
| F 社区 | 48.1 | 停摆 |

1. 建设成本过高，政府监管过多

在老年食堂的建设中，民政部门、市场监督局和消防大队三个部门发出了要求，导致食堂成本超支。在老年食堂项目工作会议结束后，社区参照民政部门标准化建设要求，着手改造原有食堂的厨房、小餐厅。在当年 8 月完成民政部门验收时，各社区均基本用尽了 6 万元补贴。但是，在老年食堂卫生许可证的申办中，市场监督局又对各社区老年食堂提出了大量整改意见，进一步增加了食堂建设的必要开支。在消防安全许可证的申办过程中，几乎所有社区都收到了消防中队的整改要求，整改事项包括在老年食堂内外增设消火栓、增购干粉灭火器。部分社区还需要整改已经建设完成的设施。

2. 人手和考核的双重成本

项目落地后，D 市场监管局和民政部门依据相关法律法规对社区食堂用工提出了严格要求。据 F 社区负责人介绍，之前的社区食堂雇了 1 名社区里的阿姨负责烧饭、洗碗，一个月工资在 1000 元左右。老年食堂项目开展后，社区雇 1 名只管烧饭的厨师，一个月就要 4000 元。加上聘用保洁（消毒）员的用人成本，食堂每月的用人成本相较于项目开展前至少增加了 4500 元。来自上级职能部门的质检压力同样增加了社区老年食堂的管理成本：市场监督管理局要求 D 市社区老年食堂必须对各类菜品与米饭留样 3 天，民政部门要求社区进行"日查"、"周检"、"月汇报"，并制作食堂账目报表，以供监督。

3. 上级检查带来的成本增加

根据 D 市宣传部门公开的信息，2018 年 10 月至 2019 年 12 月，市及以下各级领导到访 28 次，D 市官方媒体也对社区老年食堂进行了 10 次以上的宣传报道。为了在领导视察和媒体报道中展现与实际情况脱节的绩效面貌，D 市社区普遍以"请客吃饭"的方式吸引老年人在迎检活动中前来"撑场面"。以 F 社区为例，2019 年该社区 4 次迎接地、市两级领导调研，3 次接受媒体宣传报道。F 社区均通过请老人吃饺子、吃粽子等方式吸引老年人，食堂的正常收支计划也因此受到挑战。另外，用餐人数较多的社区，无须采用请客吃饭的方式，但是迎检活动依然增加了老年食堂的经费支出。

（二）缺少人手，缺失能力

在老年食堂项目中，社区能力短板主要体现在如下方面：

1. 人手短缺

在老年食堂项目中，因人手短缺，社区普遍选择民政专干兼任食堂经理。民政专干本身就已承担大量工作，无法以充足的时间应对管理任务，而社区如果无法完成与项目要求匹配的、形式固定的台账工作，项目的周期考核将不合格，相关的负责人将受到惩罚。为了尽可能地减轻民政专干的工作负荷，社区试图简化老年食堂的管理业务，D市社区书记在相互沟通后，最终形成了统一的管理策略——包月订餐。

包月订餐是指有用餐需求的老年人月初在社区一次性缴纳当月每日餐食费用，购买月票，之后每日凭票就餐。社区食堂每日按月初购买月票的人数准备餐量。如果老年人因个人原因不能前来就餐，则视为自动放弃当日就餐机会，餐款不退。包月订餐制一方面可以避免就餐人数剧烈浮动，减少备餐的不确定性；另一方面可以实现在统一时段内收取餐费，方便食堂管理账目。但是在尚有自理能力的老年人看来，老年食堂是一种方便的选择，它的吸引力在于灵活性，而凭票吃饭、过期作废的就餐制度意味着老人外出就餐、走亲访友就必须承受损失。

2. 社区管理能力不足

在老年食堂项目开展中，民政部门仅给出了评检老年食堂的标准，却没有开展相应的食堂经营管理培训，D市社区只得自行解决食堂管理问题。整体而言，D市社区的管理能力不足以应对老年食堂项目的业务要求。

首先，社区财务管理能力不足。D市每个社区只有一个财务账户，各类专项经费、工作经费、上级补助经费都存放其中，各类经费相互挪借的现象十分普遍。在老年食堂项目运营中，社区考虑到拖欠原材料供应商货款的可能性，均未通过签订正式合同确定原材料供应商。同时，社区缺少开展招标活动的能力，无法合规地确立稳定的原材料供应渠道。因零购方式，社区食堂难以得到优惠的批发价格，外聘人员也可能利用裁量权，在采购中以次充好、收受回扣。为防止采购中的腐败活动，各社区选择固化采购清单，实行固定菜谱——按周编写固定菜谱，依次轮换。外聘人员只能按确定的菜品种类，视当月的就餐人数购买食材，而社区只需了解几种菜品的价格，就能对外聘人员采购活动实施有效监管。但是，固定的、非时令的食谱难以满足老年人群体的多样化膳食和健康饮食需求（如"不时不食"）。

3. 用餐人群固定

包月订餐制和固定菜谱确实简化了社区老年食堂的管理，社区得以在各项工作的重压下，以民政专员一人之力承接老年食堂的运营管理任务。但是节省运营成本的目的降低了社区老年用餐群体的满意度，造成的结果便是只有不得不前往食堂就餐的失能老年人才会选择购买餐票。然而，固化的用餐群体无法形成规模效应。

（三）缺少示范效应

D市社区老年群体对养老服务长期存在的偏见、社区干部与老年人群体之间沟通不畅等问题加重了老年人对老年食堂项目的误解，降低了老人的用餐意愿，导致老年食堂项目难以走出持续亏损经营的困境。

### 1. 追求效率

在传统养老观念的影响下，D 市社区老年人对购买养老服务存在三重顾虑：首先，去食堂吃饭意味着懒惰；其次，被社区照顾意味着失能；最后，成为养老服务对象某种程度上还意味着被抛弃。在 D 市老年人熟悉的机构养老模式（敬老院）中，养老服务的对象大多是无子女赡养或鳏居寡居的空巢老人。在社区老人看来，购买养老服务的老人缺少子女照料，所以选择政府。

在宣传中，社区干部忽视了老年群体中长期存在的"养老等于不中用、被抛弃"的社会心理，反而希望打造养老招牌吸引老年人前来。N 社区在宣传栏公示购买用餐月票老人的照片和姓名，以鼓励老年人前往食堂就餐，试图形成就餐示范效应，但却加重了用餐老人及其亲属的心理负担，甚至出现老人得知信息被公示后，老人的子女强令要求食堂退款的事件，破坏了居民和社区之间的和谐互动关系。

### 2. 没有形成榜样带动效应

D 市社区存在着社工与本社区老年人缺乏有效沟通的问题。从语言区域上看，D 市处于楚方言、吴方言和徽州方言的重叠地带，社区人员构成复杂，社区干部难以和持多种方言的老人群体展开有效的沟通。在政府推广老年食堂项目的理念与多数老年人的自我认知存在冲突的情况下，社区缺少"中间人"（如热心群众、志愿者）代表社区与老年人沟通，消除老年人和社区居委会之间的误解。在此情况下，D 市社区多数老年人对食堂持冷漠态度，既不理解也不认可食堂项目的初衷，D 市政府推广的社区老年食堂处于既缺少能提供劳动力和有效信息的志愿者，又缺少消费者的尴尬境地。

### （四）特殊案例的启示——摘牌反而"脱穷"

理解社区老年食堂"越补越穷"现象的形成原因需要从特殊案例入手。Y 社区老年食堂摘牌事件表明，当社区摆脱政府项目后反而可以扭亏为盈，原因有以下两点：

### 1. 运营成本降低

摘牌后，Y 社区老年食堂不再聘用专业程度较高的工作人员，降低了用人成本。挂牌老年食堂时，Y 社区雇佣了持有从业资格证和健康证的厨师、保洁员各 1 名，每月支出用人成本 5000 元。摘牌后，Y 社区聘请了一对本社区生活困难的"五保户"夫妇负责小餐厅的后厨工作，每月支出用人成本仅为 1500 元。Y 社区每年就可节约用人成本 4.2 万元。Y 社区食堂的管理成本同样得以削减，社区工作人员不再需要制造有关食堂卫生情况"日查"、"周检"的工作台账，也无须从事"月汇报"这样的形式主义工作。摘牌后，社区干部通过陪餐的方式监督食物质量。

2. 用餐人数增加

摘牌前，食堂提供膳食的规格也被上级严格限定，但在主动放弃了项目资金后，社区食堂便可更加灵活地为全体社区居民提供餐食服务。多元经营，附近居民、职工通过扫码付款的方式也可购买食堂的餐食服务。随着用餐制度趋于灵活，固定菜谱的方式被 Y 社区抛弃，转而在食堂中聘用本社区居民，其他居民能够时时监督采购信息，并为社区采购食材的方式和品类提供建议，降低了食堂原材料采购的腐败风险和监管成本。总体来看，摘牌后，Y 社区食堂就餐制度更加灵活，膳食菜品种类更加多样，青壮年就餐群体的出现和就餐老人人数的增加，最终扩大了 Y 社区食堂的用户群体。

（五）综合分析

综合以上分析，来自政府的绩效考核压力、社区能力不足和缺少引导是形成"专项补贴陷阱"的关键因素。专项项目带来的绩效考核压力使社区不得不面对大量的"迎检成本"。而社区能力不足则导致用餐群体缺少灵活性。人手不足与尚不能行使招标权的社区只能通过固化的方式维持形式运转，减少了目标群体选择，难以扩大服务规模。此外，社会环境中可能会产生不利于项目运作的价值观念，加之缺少引导，项目开展中的宣传动员适得其反，将同样导致项目运营成本较高。

# 五、问题与对策

本部分在指出 D 市现有方案不足的基础上，提出了新的老年食堂建设方案。新方案试图在不增加公共投入的条件下，提升 D 市老年人餐食服务的供给水平与可持续性。

（一）D 市老年食堂项目的设计缺陷

D 市老年项目的《实施方案》事无巨细的内容看似周详，但若仔细地加以审视，便会发现项目设计内容中存在着自相矛盾、表述模糊等问题。

第一，《实施方案》下达的时间是 2018 年 6 月 19 日，但方案中的第一个实施步骤却要求村、社区在 6 月 5 日前向市民政局上报项目目标人群摸底情况。因此，在实际的项目落实工作中，实施步骤的第一个环节被直接略去，D 市社区没能对辖区内老年人用餐需求、老年人居住地分布等情况进行调查。D 市民政部门也没能掌握全面的信息，有针对性地开展选点建设的工作，而只是通过对村、社区财务情况的大概了解，向财力较强的村、社区摊派"养老驿站"项目。

第二，《实施方案》一方面强调应按照目标群体需求、村居"两委"工作能力、村居经济能力等综合指标科学选择养老驿站的建设点，另一方面却制定了严格的时间期限与刚性的量化指标，要求一年内在半数以上村、社区建设养老驿站，三年内完成养老驿站的村、居全覆盖。上述两方面要求间存在着内在张力，前者要求民政部门审慎地衡量养老驿站的开设，并考虑养老驿站的可持续运转问题，而后者则鼓励项目执行者尽可能地追求数量，扩大养老驿站开办量。在 D 市养老驿站的项目执行中，市民政部门没能将存在张力的两方面要求一视同仁地贯彻实施，而是片面追求养老食堂开设数量的最大化。因此在项目选点中，政府没能综合考虑项目目标群体需求、村居"两委"工作能力等多方面因素。事实上，受限于村、社区积极性等现实阻力，截至 2020 年底，D 市下辖的 70 个社区、86 个行政村中成立的养老驿站仅有 56 家，远未完成既定的目标。

第三，项目设计内容中没有制定具体、详细的考核验收指标，只对考核验收的事项做出了笼统的规定。例如，"十有"标准，有标识牌、有场所、有设备、有管理制度、有服务人员照片、有娱乐设施、有宣传栏、有卫生间、有收入台账、有灭火器。上述关于设施、设备的考核标准，仅对设施、设备的种类做出了规定，但是没能明确各类设施、设备的数量、规格、档次。显然，《实施方案》拟定的考核标准过于笼统而不能直接用于指导社区开展养老驿站的建设工作。实践中，社区建设设施、采购设备的筹备工作更多地依赖民政部门通过会议传达、口头指令、"打招呼"等方式相机做出指示。在实施方案不明确的情况下，民政部门难以统筹消防、安监等多条线的监管标准，只能凭借主要领导的判断对社区养老驿站的建设规格提出要求。并且，在项目设计内容笼统的情况下，民政部门也可在项目落地过程中向社区"加码"任务。由此，在养老驿站的项目建设阶段，各社区普遍出现了经费超支的情况。

（二）D 市老年食堂的脱困之法

"淮南之橘，生淮北则为枳。"农作物如此，政策更应因地、因时制宜。在 D 市的老年食堂项目实践中，城市社区陷入了补贴陷阱，在专项资金的扶持下越补越穷，最终难以为继，社会养老服务水平不升反降。为此，基于 D 市社区老年食堂现状的深度调研，我们试图依据现有情况，减轻社区负担，提升社区养老服务的供给水平，为 D 市老年食堂脱困提出相对可行的现实路径。方案如下：

第一，提高项目精确性，完善资助形式。每年政府都会有大量的专项资金用于基层治理的方方面面，政府为了扩大自己本年度的财政预算和"看得见"的项目落实情况，往往习惯性地去往特定领域广撒网，造成了项目资源的浪费，政府要从源头紧抓，只有按照地区实际情况，找准民生问题的关键，提高项目和问题之间的匹配度，以资金、人员或是培训等不同的形式来资助基层开展自治，而不是一味地摊派项目。

第二，增强项目持续性，扩大资金来源。调研案例很重要的一点发现就是政府在有限的项目预算里大幅度提高了对项目开展情况的设计规划，从不同的方面增加了项目开展落地的成本。民生工程本身需要资金持续不断地投入，而不是"一次付清"，政府在开展项目前应该做好一定时期内长远的财政规划，持续地投入资源来维持好项目的开展基础。另外，来自政府的项目资金本身有限，基层政府不可拿多少的钱办多少的事甚至办不了事，多方扩大自己的资金渠道来源才能够保证项目的有效开展。

第三，设置奖励与惩罚，发挥杠杆作用。人是第一生产力，如何去发挥人的主观能动性，则需要上级针对项目的具体环节来设置奖罚机制，让激励与惩罚成为撬动基层项目开展活力的重要杠杆，让制度成为激励基层人员更好完成目标的动力与警醒。老年食堂项目在开展的过程中，基层人员增加了大量的工作负担，却没有相应的制度来提供奖励，缺少制度上的关怀。在任凭项目关门的社区，是否在这个过程中领导干部出现了失职的情况没有相应的惩罚，缺少制度底线。

第四，提高基层执行力，细化评估内容。在整个项目开展的过程中，由于基层人员缺少年轻人和相对高学历人才，丧失了贯彻上级意图、完成预定目标的执行能力；相关经验和内部沟通交流的缺乏导致基层工作人员的政策落实能力与资源利用能力的双方面不足。在上级考核的过程中缺少对项目开展情况评估的具体要求，无法形成对项目开展的指导与协作，应清晰规定评估指标，明确"可为"与"不可为"的边界，给基层工作人员充分的自主管理空间。

第五，做好社会规范营造，降低项目执行阻力。政府应通过引导建立起社会成员认可的行为标准，让示范性、典型性的公民行为发挥榜样的作用，改变长期以来居民对某些问题的习惯性思维或者价值偏见，把社区居民针对项目开展的想法纳入正确的轨道中，避免负面情绪与价值传递在项目与基层之间产生隔阂，从而减轻项目执行阻力。

## 六、结论与讨论

D市的老年食堂项目落地后，社区和原先良好运转的社区食堂陷入了收支失衡、效益亏损的困境。项目专项资金的单向输入不仅没能为居民提供优质的服务，而且使社区陷入了"越补越穷"的"专项资金陷阱"中，挤占了社区其他项目资金，没有达到预期的效果。

地方政府应尊重基层社区和村庄在提供服务时的自主性，避免因项目强制推广，打破社区自身的管理规律和平衡。当然，必须要指出，本文并不反对为社区提供专项项目补贴，也不否认，只要政府无限量地增加公共服务项目专项资金，使专项资金足够支付项目运转可能产生的所有亏损，社区也可以走出"越补越穷"的专项资金陷阱，但显然公共服务资源是有限的，不可能无限供给。本文意在强调，在社区能力不足、外界条件不成熟的情况下，政府将专项资金生硬地套给社区，非但无法帮助社区提升公共服务供给的质量，反而可能使社区丧失了自我管理的能力，形成"专项资金陷阱"。

# 乡镇建设

作者

罗　诚
毛如寅
於金泓

# 产乡融合：乡村产业振兴的平湖经验

产业振兴是乡村振兴的关键，也是实现农业强、农村美、农民富的经济支撑。平湖市的农业基础扎实，在"三农"领域进行了大量有益的尝试，探索得到诸多先进的典型做法，为乡村产业振兴的实现贡献了平湖经验。本文围绕乡村产业振兴这一主题，通过县、乡、村三级的实地参观和调研走访，深入了解平湖市乡村产业振兴战略，总结乡村产业振兴六大案例，概括界定不同类型模式，分析乡村产业振兴中的主体、要素和功能，提炼乡村产业振兴的实现路径，并针对平湖市在乡村产业发展过程中存在的问题，提出简要的对策建议。调研结果发现，围绕"产乡融合"的乡村产业振兴路径，平湖市形成了产业园项目入驻型、乡村农文旅综合型、村集体经济治理型和产业组织创新型四大模式。同时，在政府、村支"两委"、工商企业、村民及各类经营主体、社会公益组织和科研院所多元主体跨界合作、横向协同、上下联动以及政府、市场和农村社会协同互动下，在区位优势、有效治理、人居环境、土地集中和城市反哺农村的配套要素保障下，在农业文化、生态、社会、经济的多功能拓展下，平湖市走出一条产业融合、业态融合、要素融合和区域融合的乡村产业振兴之路。最后，针对平湖市乡村产业振兴中存在的产业项目难以持续、农民收益较低、参与不足、人才回流较少等问题，分别提出参考性建议，以期为乡村产业振兴后续发展提供借鉴。

## 一、引言

党的十九大报告中首次提出乡村振兴战略，为新时代"三农"工作定下总基调。按照"产业兴旺，生态宜居，乡风文明，治理有效，生活富裕"的

---

［作者简介］罗诚，浙江大学本科生；毛如寅，浙江大学硕士研究生；於金泓，浙江大学硕士研究生。

总要求，乡村振兴主要包括五个方面：一是乡村产业振兴；二是乡村人才振兴；三是乡村文化振兴；四是乡村生态振兴；五是乡村组织振兴。在这其中，产业振兴是乡村振兴的重要基石，是解决农村一系列问题的经济前提，是实现农民致富的根本手段。乡村产业根植于县域，以农业农村资源为依托、以农民为主体、以农村一二三产业融合发展为路径，其地域特色鲜明、创新创业活跃、业态类型丰富、利益联结紧密，是提升农业、繁荣农村、富裕农民的产业①。

平湖是嘉兴市下辖县级市，地处长江三角洲，位于杭嘉湖平原东北部，南濒杭州湾，东临上海市，是上海、杭州、苏州、宁波四大城市组成的菱形对角"黄金节点"。近年来，浙江省平湖市乡村振兴加速推进，在农业平台打造、农业品牌培育、产业融合促进、产业结构优化、数字乡村建设等方面取得明显成就，农村创新创业环境不断改善，新产业、新业态、新模式大量涌现，农业产业发展质量和效益显著提升，农民增收链条延长，逐步探索出城乡一体化的"产乡融合"新模式②。

那么，在乡村振兴战略大背景下，平湖如何突破传统农林牧渔第一产业的束缚，引导一二三产业深度融合，实现农业转型升级？乡村产业振兴的模式类型有哪些？乡村产业振兴中需要哪些支撑性主体和配套性要素？诸如此类问题，有待进一步解答。因此，本文以平湖市为研究对象，从县域范围内择取典型案例进行深入调查。2020 年 7 月 16 日至 8 月 14 日，我们对县市、街道（乡镇）、村庄三级进行了调查和走访。具体而言，在县市级的宏观层面，走访了市农业农村局、市委党校；在街道、乡镇人民政府的中观层面，调研了当湖街道、独山港镇、林埭镇、新埭镇和广陈镇农业经济开发区；在村庄的微观层面，调研了当湖街道通街村、独山港镇赵家桥村、林埭镇徐家埭村、新埭镇泖河村。通过对县市级相关领导干部和工作人员的访谈，我们从宏观层面了解到平湖乡村产业振兴的整个战略规划。通过与街道、乡镇干部的座谈了解到街道、乡镇在乡村产业振兴中发挥的"起承转合"作用，如何将县市级政策贯彻落实，同时兼顾地方性特色发展产业。在村庄一级，我们看到乡村产业政策落地，依托本地特色孕育出不同形态的产业模式。当然，本调查报告涉及的案例不局限于实地调研地，通过当地领导干部的推荐，我们也获得了其他地方的二手文本资料，如"新仓经验"。一手调研资料结合二手本文资料，使调研报告呈现乡村产业振兴的"平湖经验"图景更为丰富。

总体来看，本文紧紧围绕平湖市以"产乡融合"为主题的乡村产业振兴战略，通过深入调研了解平湖市乡村产业振兴的具体做法，分析乡村产业振兴的案例，提炼概括不同类型模式，分析乡村产业振兴中的主体、要素和功能，厘清平湖乡村产业振兴的实现路径，为乡村产业振兴的未来发展提供参考和借鉴。

---

① 国务院. 国务院关于促进乡村产业振兴的指导意见 ［EB/OL］. http：//www. gov. cn/zhengce/content/2019－06/28/content＿5404170. htm, 2019－06－28.

② 祁海龙. 积极探索"产乡融合"新模式 ［J］. 今日浙江, 2017（16）: 56.

## 二、平湖乡村产业振兴的案例

本部分介绍了平湖市乡村产业振兴的典型案例，分别是广陈镇的农业经济开发区、林埭镇的徐家埭村、独山港镇的赵家桥村、新埭镇的泖河村、当湖街道的通界村和新埭镇"新仓经验"，并根据特点将它们分类为产业园项目入驻型、乡村农文旅综合型、村集体经济治理型和产业组织创新型（见表1）。

表1　平湖市乡村产业振兴案例总结

| 案例 | 模式 | 特色 | 共性 |
|---|---|---|---|
| 农业经济开发区 | 产业园项目入驻型 | 以工业理念发展农业，像抓城市建设一样抓农村建设 | 围绕"产乡融合"，实现产业、业态、要素、区域融合，助力乡村产业振兴 |
| 徐家埭村 | 乡村农文旅综合型 | 棒球主导，错位发展 | |
| 赵家桥村 | | 航天科普，产旅融合 | |
| 泖河村 | | 陆子文化，主题教育通界村 | |
| 通界村 | 村集体经济治理型 | 村集体经济发展成果共享与村民参与乡村治理行为有机结合 | |
| "新仓经验" | 产业组织创新型 | 构建生产、供销、信用合作"三位一体"的为农服务体系 | |

### （一）产业园项目入驻型

位于广陈镇的平湖农业经济开发区，与上海金山区廊下镇接壤，是浙江省首个农业经济开发区（以下简称农开区），于2017年11月27日揭牌成立。区域面积达55.8平方千米，下辖11个村、1个社区，全区人口约4.5万。自创建以来，主动融入长三角一体化发展和乡村振兴两大国家战略，确立"以工业的理念发展农业，像抓城市建设一样抓农村建设"新理念，建立区镇合一管理新体制，在此基础上围绕建设"农业硅谷、农创高地"打造乡村振兴示范区的目标定位，坚持"粮食安全、高质量发展"主线，大力开展农业招商，乡村振兴呈现新景象。2019年，农业生产总值达2.9亿元，生态效益、社会效益增幅明显提升。同年完成省级、中期绩效评价和省级农业绿色发展示范项目建设，获得全国农业产业强镇验收优秀等级。

农开区作为示范区和试验田，在乡村产业振兴过程中的具体做法归纳起来主要有以下三点：

一是实施科学规划、平台优化。农开区打破传统定位，高起点规划农业硅谷。用发展工业的理念推进园区建设、项目招引、要素保障。规划先行，优化现有产业布局，努力实现规模化经营。同时打破运行体制，高规格组建集团公司。实行区镇合一实体化运作，管委会下设农业发展局、招商服务局等10个职能部门。按照大部制、公司化、专业化原则组建农开区集团公司，下设五大专业公司，分板块负责项目基建、营销企划等工作。打破身份限制，高标准打造服务团队。实施干部职工无差别竞争上岗，成功打造农业全产业链招商、项目全流程服务两大团队，对项目实行保姆式跟踪服务，确保审批、建设、验收等各环节无缝对接、顺畅高效。

二是实施精准开发、产乡融合。首先是全域景区化，建设高能级农业平台。按照"产业生态化、园区景区化、农旅一体化"目标，建成一批基础设施项目，启动农创小镇、农创学院、院士专家楼等重点配套工程。研究出台"1+3+X"农业产业化扶持政策，即一个"四新"农业扶大扶强，农业产业退低进高、农业新型人才引育、农创项目孵化三个政策以及其他一系列专项举措，推动各类要素向园区集聚，实现园区建设标准化、集约化、高效化。其次是项目国际化，集聚高质量融合产业。坚持一二三产融合发展理念，制定"扶大、扶强、扶新"优惠政策，对符合产业发展导向的重大项目实行"一事一议"专项奖补。大力招引总部型、融合型、种子种源类、农业智能机械类、现代农业服务业等农业"四新"经济项目，以高质量项目加快形成高质量农业产业。最后是品质标准化，打响金平湖区域品牌。坚持把质量和品牌作为农业供给侧结构性改革的关键要素，发布"金平湖"农产品区域公用品牌，建立健全品牌培育、发展和保护全程体系，加快农产品质量安全追溯体系建设。与安厨电子商务、阿里云计算合作共建农业大数据中心，为农业产业化提供电商孵化、数据服务、冷链物流等专业化、标准化、市场化精准服务，特色优势农业产业节本增效达到10%以上。

三是实施党建引领、区域合作。首先是坚持党建引领，构建联动发展新机制。全国首创"1+4+6"毗邻党建引领区域联动发展模式，广陈、廊下深化全领域合作，定期召开联席会、会商会、研讨会，设立共建项目库，深化合作交流。其次是坚持以民为本，创新共同富裕新模式。创新发展农民"股金+租金+薪金"三金联动增长机制。让资源变"股金"，把土地、房屋、服务等资源整体折算入股；让资产增"租金"，农民自行开设农家乐、民宿，农户经营性收入将显著增加；让劳动获"薪金"，积极引导农业产业项目就近吸收农民成为产业工人、经营服务人员等。最后是坚持区域合作，打造融合发展新高地。积极与上海在农业设施、产业发展、人才培养等方面进行深度合作。与上海沪江网、金山区、荷兰瓦格宁根大学共同筹建"长三角乡村振兴学院"和"现代农创学院"，以本科教育模式培育高素质乡村干部和新型职业农民。启动首届长三角"田园五镇"青年农创大赛，面向全社会召集青年农创客参赛。

总体来看，产业园项目入驻型模式即地方政府通过招引一批技术先进、带动力强、产品附加值高的农业产业龙头项目，倾斜优势资源和集中主要精力，实现园区内各要素、业态和区域间的深度融合，使传统农业不再"靠天吃饭"，农业产业链延长、价值链提升，具备现代农业的特征，兼具强烈的代表性和特殊性。此外，虽然是借助工业园区的发展模式，但建立农开区的最终目的和归宿仍是服务"三农"，让村集体经济收入壮大起来，让农民的腰包鼓起来，让农民在农业开发区中唱"主角"。通过建立农创园，让青年人回到农村，让农民成为有吸引力的职业。通过土地的整村流转，由开发区的平台公司进行全部收储，然后通过对外流转及建设标准厂房（高质量大棚）的方式出租，既让农民赚流转的钱、股权分红的钱，又可以规模化经营，还可以用闲置的农房建民宿、农家乐，发展特色经济。这不仅可以增加农业产业工人岗位，还让更多农民在家门口就有事干、有钱赚。

（二）乡村农文旅综合型

1. 林埭镇徐家埭村——"郊野乡园"田园综合体

林埭镇徐家埭村南接嘉兴港区，北与平湖主城区相接，是平湖市区的东向门户。村域面积约 7.5 平方千米，下辖 24 个村民小组，总人口 4715 人。徐家埭村曾是远近闻名的养猪、养鸭大村，村中的河道俞家浜是劣五类的"黑臭河"。2017年，俞家浜正式启动美丽乡村建设。徐家埭村积极挖掘俞家浜良好的自然环境和地理区位优势，通过定区域、定人员、定职责的"三定"责任制以及"四位一体"（保洁）、绿化养护认领等方案，大力推进区域环境建设，把生态负债转变为新的生态财富。2019 年该村成为第一批国家森林乡村、浙江省 AAA 级景区村庄、浙江省美丽乡村特色精品村、浙江省美丽乡村美育村、嘉兴市乡村振兴工作先进集体。在 2020 年上半年度嘉兴市 45 个 AAA 级景区村庄测评中，徐家埭村位列第一，也是第五次蝉联嘉兴市 AAA 级景区村庄第一位（见表2）。

表2  2020 年上半年度嘉兴市 AAA 级景区村庄旅游发展得分    单位：分

| 序号 | 村庄 | 得分 | 县（市、区）、镇（街道） |
| --- | --- | --- | --- |
| 1 | 徐家埭村 | 83.75 | 平湖市林埭镇 |
| 2 | 潘家浜村 | 80.91 | 秀洲区新塍镇 |
| 3 | 建林村 | 80.70 | 秀洲区王店镇 |
| 4 | 新仓村 | 80.37 | 海宁市丁桥镇 |
| 5 | 丰义村 | 80.24 | 海盐县通元镇 |
| 6 | 山塘村 | 78.89 | 平湖市广成镇 |
| 7 | 联丰村 | 78.52 | 南湖区凤桥镇 |
| 8 | 紫金山村 | 78.04 | 海盐县澉浦镇 |
| 9 | 三叉河村 | 78.02 | 平湖市新仓镇 |
| 10 | 金星村 | 77.88 | 海盐县武原街道 |

资料来源：《嘉兴市 3A 级景区村庄旅游发展监测与评价情况通报》，2020 年 8 月 14 日。

徐家埭村乡村产业振兴的具体做法主要包括以下三个方面：

一是抢救非遗文化，文旅有机结合。徐家埭村作为摇快船这项古老民俗竞技活动的发祥地之一，当地村民自古亲水、喜水、戏水、乐水。依托这一嘉兴非物质文化遗产，开启了振兴乡村发展旅游的致富路。

二是推进乡村"美颜"，打造郊野品牌。挖掘地方文化特色，利用农户闲置的猪舍和杂院打造充满乡土人文特色的文创空间；棒球场、高科技农业农场、水上赛道、真人 CS 场地四类旅游、活动设施，并结合"九彩龙"、"摇快船"两项非遗项目体验，整合打造了集休闲观光、餐饮住宿、棒球培训、民俗体验于一体的"郊野乡园"景区。

三是错位发展"棒球"，打造特色旅游。以错位发展为思路，突出"党建＋产业"，通过体育产业提升美丽经济。注重棒球品牌，打造棒球文创产品，同时依托棒球体验，创新"棒球＋农业＋旅游"的发展模式，用特色农产品、"八大碗"餐饮、棒球主题的民宿等带动多产业融合发展，助力乡村振兴。

调研发现，徐家埭村在美丽乡村这一生态优势的基础上逐步探索出一套经营乡村产业的"徐家埭模式"：在党建引领和村书记领头雁带动下依托俞家浜和晒浜自然村落良好的生态环境，以"一棒球、两农场、两非遗"为核心竞争力，整合民俗文化资源，导入休闲观光、餐饮住宿、民俗体验、农事采摘、棒球培训等新兴业态，打造成为"农文旅"融合的田园综合体，农业发展质量显著增强，农村面貌极大改善，农民收入明显提升，成为远近闻名的"棒球村"。

2. 独山港镇赵家桥村——"阡陌彩树林，神箭屹赵家"

赵家桥村位于平湖市独山港镇东北部，地处浙北长江三角洲，杭嘉湖平原中部，是典型的江南水乡。该村结合当地古色古香村落以及历史文化悠久的特色，近年来注重发展生态旅游，打造了水韵赵家桥、古镇赵家桥、乐游赵家桥、产业赵家桥为主题的四个项目建设，满足了人们对现代化与历史韵味相融合的美好理想村落的向往，已成为独山港经济技术开发区的后花园。"阡陌彩树林，神箭屹赵家"，创建核心景区分别为阡陌彩树林——东郁国际新优景观植物产旅融合示范园，神箭屹赵家——航天科普主题公园。2019 年，被浙江省美丽宜居示范村建设专项督察组评为美丽宜居示范优秀村庄。2020 年，赵家桥村入选嘉兴市 AAA 级景区村庄名单。

在乡村产业振兴的具体做法上，赵家桥村主要涵盖以下三个方面：

一是推进基础设施建设，打造 AAA 级景区。2019 年，赵家桥村对照景区村庄考核标准，东郁国际新优景观植物产旅融合示范园投入资金约 4000 万元，航天科普主题公园投入资金约 2500 万元，镇村景区创建办加大对景区村庄的基础设施建设，进一步完善景区功能，创建浙江省 AAA 级景区村庄。

二是发挥古镇特色，挖掘历史文化资源。修复村内现存遗址，如平丘墩遗址、新港河岸的老姐以及供销社、棉站、粮站、陶家洋房等老建筑。此外，大力宣传红色精神，把抗日英雄陈新民牺牲的地点杨老太庙、双枪老太婆曾击毙敌寇20多人的自然村落大竹园列为党日活动红色路线站点。同时建成老朱木刻工作室和老潘竹师工作室，传承平湖市非物质文化遗产，并大力地推广自身特有的眉毛饺、糖菜塔饼、印子糕、果酒果干等特色传统美食。

三是推动现代农业和旅游业融合发展。引进东郁国际新优景观植物产旅融合项目，以花卉苗木产业为基础，利用全进口彩色花卉苗木自然形成的四季彩色生态园景观，融合民宿、亲子、花园超市、马术俱乐部等休闲娱乐元素，从而打造一产与三产完美融合的综合性农旅项目。开展乡村旅游节活动，举办如"金平湖刻瓜灯节"，扩大村庄景区的知名度。

四是推广航天科普主题系列活动。依托独山港镇黄姑中学与中国运载火箭技术研究院的历史渊源和动人故事，创建航天科普主题公园，涵盖航天科普、科教，农业体验、特色游乐、拓展训练等主要功能，成为赵家桥村"农文旅"融合发展的核心竞争力。

总体来看，赵家桥村同样是通过环境整治和美丽乡村建设，依托乡村良好的自然环境，以此为基础发展乡村旅游，并通过挖掘村庄的历史文化资源——航天渊源作为核心竞争力，引入景观植物产旅融合项目弥补产业发展后劲不足的缺陷，通过"生态＋产业＋旅游"融合发展实现村庄蝶变。

3. 新埭镇泖河村——"以点带面，全域旅游"

新埭镇作为接轨上海第一镇，地处平湖市北端，毗邻上海市金山区，与上海地缘相近、人缘相亲，既享受沪浙旅游发展的溢出效应，又成为长三角旅游一体化的集散地。作为全国首个跨省（市）合作的科技园区——张江长三角科技城的所在地、省第三批省级小城市培育试点镇，拥有构建临沪产业发展平台、全面融入上海的天然优势。这为新埭镇"全域旅游"先行先试、创新发展提供重要的战略基地。2018年前三季度，平湖国际游购小镇共接待游客56万人次，每天吸引上海乃至长三角地区的中高端人群来小镇游购2000多人，较上年同期增长40.6%。

在乡村产业振兴上，泖河村主要有以下三大举措：

一是依托历史文化，文化遗产连点成链。泖河村人文底蕴深厚，其中以来自泖河的"天下第一清廉"、清代理学大师陆稼书留下独有的"陆子文化"最为突出。以全域旅游为引，深入挖掘陆稼书清风无讼理念，以家风文化、清廉文化、无讼文化为轴线，建设新埭名人馆和稼书亭，修复陆稼书三鱼堂、清风楼和尔安书院，把文化遗产串点成链，逐步形成一条集文化名人、乡村美景、主题教育为主的风景线。

二是依托政策支持，利用全域旅游红利。依托全域旅游建设政策的支持，把全域旅游提档升级作为乡村振兴的新路径。利用平湖国际进口商品城这一"跨境电商＋旅游购物"相融合的特色小镇所吸引而来的客源市场，打造一站式现代农业体验农场，如位于泖河村的水月湾农庄便抓住机遇，逐步形成以"六味"（回味、趣味、乡味、美味、风味、品味）为特色的乡村旅游。

三是依托科学技术，做好产业产品提质。包括泖河村水月湾农庄在内的诸多农庄，均积极与本地农业合作社交流对接，加强与高校科研院所的技术合作，引进新品种、新技术、新模式，在实现传统种植业提质增效、做优做强精品农业的同时，发展现代农业产业，建立田园综合体型农业产业园，拓展农旅融合项目。

总体来看，泖河村先天具有丰富的历史文化资源，同时又有毗邻上海的区位优势，客源腹地广阔。在通过村庄规划和环境整治后，补齐发展乡村旅游的短板，借助全域旅游建设的新契机，由点到面、串点成线、连线成片、全域覆盖，全面激发旅游业发展的活力，农业多功能性得到极大拓展，为乡村产业振兴提供强大发展动力。

### （三）村集体经济治理型

通界村位于平湖市当湖街道南部，全村区域面积 3.24 平方千米，有 18 个村民小组，常住人口 2525 人。自 2018 年"股权分红 + 善治积分"的模式在通界村试点以来，取得了巨大的成效，在积分激励分红的刺激下，通界村农户乡村治理参与率达到 100%，极大地推动了乡村治理工作。2019 年，通界村集体经济全年分红为56.16 万元，其中基本股分红 46.8 万元，积分激励分红 9.36 万元，积分激励分红占全年分红的 16.67%。从村党总支书记毛建明处了解到，通界村 2020 年积分激励分红的金额和占比持续提升，总金额超 10 万元，占比 20% 左右。2020 年，平湖市将深化"股份分红 + 善治积分"的分配模式纳入"强村富民"工程，并向全市全面推广。

通界村"股份分红 + 善治积分"主要是从原有的按照股份分红的分配模式中取出一部分，按照积分高低进行二次分配，将村集体经济发展成果共享与村民参与乡村治理行为有机结合，推进了农村"自治、法治、德治"三治融合，促进了美丽乡村建设。那么，这一模式与乡村产业振兴存在何种联系？为何将其归类为村集体经济治理型？经过调研后发现，一方面，"善治积分"将乡村产业振兴纳入，积极促进村民参与或配合乡村产业，能人可以踊跃创业，普通村民可以积极配合政策实施，进而推动整个村镇的经济发展；另一方面，在"股份分红 + 善治积分"制度下，美丽的乡村环境、良好的乡村治理氛围、高昂的村民创新创业热情都为乡村振兴创造了良好的外部环境，有助于村镇干部招商引资及相关乡村产业振兴政策的实施，因此，这项新的收入分配模式可以为乡村产业振兴创造良好的创新创业、吸引投资的内外部环境。

### （四）产业组织创新型

新仓镇位于平湖东北部，东与上海市金山区钱圩镇接壤，北与上海市金山区廊下镇接壤。1950 年 6 月 20 日，新仓镇供销合作社在农民群众的积极参与下成立，成为平湖县第一家农村供销合作经济组织。自 1953 年开始，新仓供销社与农业生产合作社签订购销结合合同。通过签订结合合同,将供应生产资料和销售农副产品有机地结合,加强了工农业产品的交流,推动了供销社和农业生产合作社、互助组的巩固和发展。这一供销合作社模式得到毛泽东批示,被称为"新仓经验"。70 年来,新仓人在实践中把"合作求发展,联合兴'三农'"作为继承与发展新仓经验的精髓,让"新仓经验"得到创新与发展。

平湖市供销合作社在全省率先实现市、镇两级"三位一体"农合联全覆盖,不断增强"联农户、联市场、联政府"的为农服务功能,吸收各类涉农服务单位、农业生产经营主体 478 个,形成了市、镇、村三级横向统筹、纵向联动的大格局。在具体做法上,市社在实践中不断探索,创新生产合作体系、供销合作网络和信用合作模式,成功打造服务生产、供销、信用的全方位、立体式为农服务体系,农业产业的组织化程度有效提高,农产品的销售渠道有效拓宽,农业融资难题有效缓解,适应了现代农业产业化发展,为乡村产业提质升级提供了重要保障①。

"新仓经验"是合作经济组织的典型体现,通过将涉农服务单位和农业生产经营主体联结在一起,极大地提高了为"三农"服务的效率,助力农业生产模式和组织模式的创新,为农业产业链的延长、农产品价值链的提升发挥了重要作用,也为乡村产业振兴提供了重要支撑。

### 三、平湖乡村产业振兴的案例分析

综上,产业园项目入驻型模式是以工业的思维来发展农业,地方政府圈地建设农业经济开发区,通过招商引资将农业企业引入产业园区,依靠企业来具体运作。这种模式将产业交付给了市场,具有高度的市场化特征,但离不开政府的大量基础设施投入和补贴。乡村农文旅综合型模式是将农业、文创、旅游等产业结合,以农业为基础带动旅游、文创等二三产业,通过二三产业来反哺农业,以实现农业产业链的延长和附加值的提升。村集体经济治理型模式是将原有的村集体资产进行合理分配的一种创新模式,以通界村的"股权分红 + 善治积分"分配模式为代表,实现将村集体经济发展成果共享与村民参与乡村治理行为有机结合。产业组织创新型模式则是通过供销社这一中间主体,将涉农服务组织和农业经营主体紧密联结,以便更好地服务"三农"发展,实现农业生产模式和组织模式的创新。可以看到,这四种乡村产业振兴模式具有显著的本质差异。

同时,四种模式之间具有高度的相似性。乡村产业振兴从来不是某一主体或某一要素单独发挥作用就能迎刃而解的,需要多元主体协同、全要素保障,为弱质的农业产业发展提供各方面的支持。因此,在平湖市乡村产业振兴过程中,不管是外部的政府、工商企业,还是内部的村支"两委"、村集体经济组织和村民,或是从

---

① 金治平. 论"新仓经验"的时代价值 [J]. 中国合作经济, 2015 (11): 12 – 16.

供销社的产业组织创新角度考虑，都是围绕"产乡融合"这一主题进行发展创新，通过土地、资本、人才、技术、制度和体制机制等方面的要素保障，积极拓展农业自身除经济外的社会、文化和生态价值，为乡村产业振兴提供稳定、有效和可持续支撑。

### （一）乡村产业振兴中的多元主体及其关系

乡村产业振兴战略是一项十分复杂的系统工程，实施过程中包括政府、基层党组织和村委会、村民、企业、社会公益组织、外出务工人员或创业者等返乡置业群体等多元主体，调动和吸引各多元主体参与乡村产业振兴战略实施的过程中来，发挥他们各自的优势，有助于提高乡村产业振兴战略实施的成效。同时，只有厘清了多元主体的职能边界，确定各主体的职责定位，才能促进所有乡村产业振兴利益相关者的分工与协作，进而发挥这些多元主体应有的功能与作用。本部分结合平湖案例，分析乡村产业振兴中的主体及其关系。

1. 乡村产业振兴中的多元主体

在乡村产业振兴战略实施过程中，政府处于核心地位，它是乡村振兴战略的发起者、制定者、监督者和主要实施者（见表3）。在所有涉及的政府部门中，农业农村局是乡村振兴的牵头部门和主要负责部门。政府部门主要发挥了"引领、服务、监督、推动"四大作用。政府对乡村产业振兴的引领作用主要表现在规划引导、模式指导和政策指引。服务作用主要表现为深化"放管服"改革，发挥各类服务机构作用，为从事乡村产业的各类经营主体提供高效便捷服务。监督作用主要体现为对各类乡村产业建设项目的投资、建设、运营及其收益分配进行审计监督；对乡村村支"两委"及其党员干部进行监督，预防"微腐败"，开展"微监督"；上级政府部门对乡镇开展乡村产业振兴情况组织专题调研等。主要是推动水、电、路、气、讯、文、教、卫、养、保等公共产品供给，包含建设、运营维护；整合涉农项目投资，集中投放乡村产业振兴事业；对于乡村产业振兴项目在产业园区内的国有土地出让收入，用于支持区内项目建设等；主动配合乡村积极争取相应上级政府部门获取各类支持政策与资金，促进地方乡村产业振兴建设。

**表3 乡村产业振兴中的多元主体及其角色和作用**

| 主体 | 在乡村产业振兴中扮演的角色 | 在乡村产业振兴中发挥的作用 |
| --- | --- | --- |
| 政府部门 | 发起者、制定者、监督者和主要实施者 | 引领、服务、监督、推动 |
| 村支两委 | 执行和推动者 | 整合资源，保障产业政策落地生根 |
| 工商企业 | 参与者 | 提供知识、技术、资金和人才 |
| 村民及各类经营主体 | 参与者和受益者 | 就地就近就业创业，配合土地流转，获得收益 |

| 主体 | 在乡村产业振兴中扮演的角色 | 在乡村产业振兴中发挥的作用 |
|---|---|---|
| 社会公益组织 | 助推者 | 发挥在提供农村社会服务、促进社会协调和道德调节方面的优势 |
| 科研院所 | | 提供智力支持与专业性人才 |

村党总支或村党支部是乡村振兴的核心领导与战斗堡垒，是乡村产业振兴的支撑平台。其职责是为开展组织建设、干部队伍建设、文化建设、民主建设，对乡村资源进行确权，制订产权交易方案，制定决策方案与表决办法，就有关重大表决事项组织表决。村民委员会是乡村产业振兴的主要执行者和推动者，其职责主要有搬迁安置、土地流转、发展集体经济；土地管理——项目建设范围内建设用地的管理，按照"谁用地、谁出钱"进行；获得非建设用地土地增减指标政策性收入；开展集体经济组织经营，获得经营收入；保护生态环境；社区建设及社保体系管理等。例如，当湖街道通街村"股份＋积分"制改革就是发展和壮大了集体经济，同时又有效提升了村级治理。

工商企业是乡村产业振兴战略实施过程中重要的参与者，是知识、技术、资金和人才的重要来源。随着工商资本下乡，农村产业业态变得丰富，从单一农业向农旅、文旅、体旅结合的一二三产业融合转变。企业可以与乡村开展合作：一是企业通过承包农村土地，开展种植业，对农产品进行精深加工，将技术、资金和经验带到乡村，促进了乡村的发展，村民不仅能够获得土地流转的租金，而且能够进入农产品加工企业工作。二是企业投资乡村旅游项目，促进了乡村的发展。平湖的乡村拥有优美的自然环境和人文环境，通过第三方企业系统的规划，对自然环境进行合理的开发，推出休闲观光旅游和民宿项目。通过有效的营销手段，吸引游客，进而带动村民致富。这体现了将生态优势转变为经济优势和发展优势，推动乡村发展。

在乡村产业振兴战略实施过程中，村民是最主要的参与者之一，也是最直接的受益者。《中共中央　国务院关于实施乡村振兴战略的意见（2018 年 1 月 2 日）》①指出，要坚持农民主体地位，充分尊重农民意愿，切实发挥农民在乡村振兴中的主体作用，调动亿万农民的积极性、主动性、创造性。广大农民作为农业生产的主力军、农村美好家园的建设者、乡村文明成果的创造者和受益者，在乡村产业振兴中的主体作用不可忽视。对于广大村民而言，其职责主要是就地就近就业创业，配合流转土地，获得村集体经济分红。根据居住时间及作用的不同，可以将村民分为常驻村民群体和大学生、在外务工或创业等返乡置业群体。对于长期驻留乡村发展的

---

① 新华社．中共中央　国务院关于实施乡村振兴战略的意见［EB/OL］．http：//www.gov.cn/zhengce/2018－02/04/content_5263807.htm，2018－02－04．

中青年群体，应通过专业技能培训方式，帮助其成为新时代的农民。在"双创"环境的影响下，大学生回乡创业，外出务工人员或者是创业人群等群体回乡置业的概率越来越高，这一类群体通过自身的知识、技术、资金或者经验，将创业项目与乡村发展有机结合，不仅能够实现自身的发展，而且能够将知识、技术、资金带回乡村，推动乡村建设，还能为村民解决就业，增加村民收入。林埭镇徐家埭村的创业青年张天伦就是一个典型案例。2018 年大学毕业后，张天伦回到故乡平湖创业。在当地政府的支持下，他在徐家埭村对一间猪舍进行改造，以此为平台进行文创工作。2018 年 7 月，他创办了平湖市"者舍"传统文化产业工作室，2019 年 4 月，在平湖注册创办了自己的公司。张天伦提取平湖当地的特色文化元素，设计、生产了一大批本土的互联网产品及文创产品，大大助推了平湖市文化产业的发展。

社会公益组织是乡村产业振兴战略实施中的有益补充。社会公益组织的最大特征是非营利性，其参与到乡村振兴战略中来，能够发挥在提供农村社会服务、促进社会协调和道德调节方面的优势。例如，公益环保组织参与乡村产业振兴战略实施中，既可以通过环保行动帮助村民清除生活垃圾，也可以通过发放环保资料、讲解环保知识、播放环保宣传片等方式来提高村民的环保意识和垃圾处理意识；农技服务组织可以指导村民开展农业生产服务；科技服务组织可以为农村科技产业提供专业性的指导与服务。

高校等科研院所可以全方位参与到乡村产业振兴过程中，为乡村产业振兴提供智力支持与专业性人才。例如，农业经济开发区的项目涉及产品研发，这就需要科研院所的专家提供智力与技术支持。高品质农业作物的培育也需要众多专家的参与。例如，广陈镇农业经济开发区与浙江大学中国新农村研究院、金山区廊下镇合作建立长三角乡村振兴协同发展中心，每年邀请国内外农业农村领域学者专家举办山塘论坛，与上海沪江网、金山区、荷兰瓦格宁根大学共同筹建长三角乡村振兴学院和现代农创学院，以本科教育模式培育高素质乡村干部和新型职业农民等。

2. 乡村产业振兴中的多元主体关系

政府、企业、科研院所等主体间除发挥各自优势外，在推动产业发展过程中还会进行良性互动，如不同性质的主体间跨界合作、政府部门内部的横向协同、不同政府层级之间的上下联动。这些多元主体之间的协作配合和协调联动打破行政壁垒、区域壁垒，在很大程度上降低了产业项目落地过程中的交易成本，推动项目更快更好见成效。

在跨界合作上，作为核心推动者的政府和主要实施者的村庄，需要与各种组织（社会组织、企业、科研院所等）合作，从而使科研资本、社会资本更多地进入乡村产业振兴场域。越来越多的企业认识到依托科技创新的重要性，如平湖农业经济开发区很多项目都是企业在运营，特别是涉及产品研发和设计方面与高等院校和国际团队的合作。

在横向协同上，主要体现为两个或两个以上同级政府单位共同配合。例如，在平湖乡村振兴实施中成立了乡村振兴领导小组办公室，乡村振兴"八大专项组"包括组织部、宣传部、政法委、民政局、司法局、自然资源和规划局、农业农村局、文旅局牵头部门各自围绕工作职责开展相应的工作，配合主要负责部门完成中心工作，协同实现振兴目标。

在上下联动上，中央政府和地方政府各自发挥不同的职能作用，各层级政府虽然在职责上存着明显的区别，但都以紧紧围绕乡村振兴战略来开展工作，政府层级越高，政策制定越偏向宏观，统领全国；反之政府层级越偏向基层，政策制定越偏向具体，更加注重实践性。同时，下级政府的工作依赖于上级政府的指导支持，上级政府的政策文件精神需要得到下级政府的贯彻落实才能发挥作用。

实际上，不仅微观上的政府部门、企业和村民等主体在乡村产业振兴战略落地中需形成合力，而且从宏观上看，政府、市场、农村社会三大主体同样缺一不可，由政府、市场与农村社会互动与协同所形成的动态平衡系统是保证乡村产业振兴战略顺利达成的关键。政府、市场与农村社会需要扮演好各自的角色，厘清三者各自的职能，是乡村产业振兴中的首要问题。乡村振兴离不开政府的推动，政府在其中承担着保障者的角色，对战略实施效果具有基础性的影响。乡村产业振兴依赖市场，通过市场实现对资源的优化配置。乡村产业振兴离不开现代农业的发展、农业产业结构的升级换代和农产品的供给侧结构性改革。什么样的农业产业和农产品才能在竞争中胜出并获利，仍然要由市场来决定。乡村产业振兴中农村社会的职能是充分发动村民群体、乡贤群体、乡村精英群体和社会组织在乡村振兴中的能动作用。在乡村振兴实践中，政府、市场和农村社会的职能不会一成不变，需要根据客观条件的变化对三者的职能边界进行相机调整，以便更好地服务于乡村建设。乡村振兴是政府主导下的农村社会发展战略，是一个自上而下的发生过程，同时乡村振兴离不开市场与农村社会的参与。市场主体在利益的牵引下参与乡村建设中的资源配置，农村社会承接国家的乡村重建战略，市场和农村社会的参与得益于政府主导的战略启动，政府要规制市场的自发性，改变农村社会的被动性，实现乡村振兴中多元力量的整合。

（二）乡村产业振兴的配套性要素保障

乡村产业振兴是系统性工程，除政府、市场和农村社会等主体以及相关工作这些基础性的支撑外，还需要一系列的配套性要素。从我们对平湖地区的社会调研来看，配套性要素主要包括区位优势、有效治理、人居环境、土地集中和城市反哺农村。

1. 区位优势

区位优势主要由自然资源、劳动力、工业聚集、地理位置、交通等决定。优越的区位条件是乡村产业振兴的有力支撑。平湖市背靠上海，是嘉兴全面接轨上海示范区的最前沿、浙江接轨上海的第一站。依托优越的区位优势，平湖把接轨上海作为首位战略，致力打造上海市民休闲旅游的目的地和上海安全农产品的重要来源地，为农业接轨上海创造重要机遇。同时，平湖作为浙江省唯一经省政府批准的日商投资集聚区，国际化程度居浙江省各县市第 4 位，开放型经济蓬勃发展，为乡村产业振兴带来丰富的人流、物流、资金流、信息流。例如，泖河村的发展依托了张江科技城、进口商品城、古镇的传统文化等，其与上海金山区交界、交通便利，为上海居民来平湖旅游带来了便利。

### 2. 有效治理

有效的基层治理是乡村产业振兴的必然要求。有效治理、良性善治必然带来有条不紊的乡村秩序，对推动产业发展、保护生态环境、醇化良好乡风、改善农民生活产生直接影响，并提供有力保障。平湖市健全党领导农村工作的组织体系、制度体系和工作机制，加快推进自治、法治、德治"三治融合"的乡村治理新模式和基层治理新体系，探索出无讼村社区、友邻善治、股份分红 + 善治积分、同心参治等基层治理实践经验，显著提升乡村治理能力，引导村民、乡贤、能人参与农业发展和农村建设，广泛凝聚合力，最大限度整合资源，为乡村产业振兴提供体制机制保障。

### 3. 人居环境

优良的自然环境是乡村产业振兴的坚实基础。平湖市深化"千村示范、万村整治"工程，开展农村环境全域秀美整治，全域推进示范创建，全面实施农村生态环境保护、农村基础设施建设，持续提升农村人居环境，为农文旅等产业融合发展提供有利机会，为乡村业态引入和产业发展奠定环境基础，将环境优势转化为经济优势，美丽乡村由此转化为美丽经济。调研中，我们印象比较深刻的是对泖河村泖口古镇水月湾农庄主人陆永其的访谈，他谈到，如果村庄环境治理不好，游客就没有意愿来到农庄消费。环境治理得到优化，游客才能以旅游心态来村里游玩，顺道体验休闲农庄。

### 4. 土地集中

激活土地要素是推动乡村产业振兴的重要手段和核心问题。土地流转是"深化农村土地制度改革"和"发展多种形式适度规模经营"的前提和主抓手。以放活土地经营权为抓手，促进农村土地有效流转。近年来，在平湖农村土地制度改革领域，一项最具活力的改革举措是土地流转。乡村产业振兴战略必须建立在土地流转机制不断完善的基础上。调研中的产业园项目入驻型、乡村农文旅综合型、村集体经济治理型和产业组织创新型离不开农民土地的高效流转机制。

### 5. 城市反哺农村

城市的反哺具有优化农村资源配置、促进农村产业结构提档升级和农村全面发展的重大意义。城市消费需求激发乡村旅游发展，长三角核心城市群的广阔客源市场推动平湖市"农文旅"融合产业的发展，城市的生态绿色、高质量消费需求。倒逼农业品牌的打造和农产品质量的提升。城市科技资源有效推动农业科技创新和乡村产业转型升级，农产品质量提升及精深加工、农业生产方式转变和生产效率提高、农业科技创新平台的建设都必须借助和依靠城市的科技资源。城市智力资源为乡村产业振兴人才匮乏问题的解决提供智力支持，引导大学生、科技人员、经管人才返乡入乡创新创业，引导高校科研院所加强与农业农村的产学研合作，通过城市人才输出激发乡村产业发展活力。

### （三）乡村产业振兴的农业多功能性拓展

农业最基本的功能即经济功能，主要包括为社会提供农产品、为非农部门提供生产要素以及对非农部门产品的需求消费，以此保障国民基本食物需求和促进二三产业发展。然而，农业除经济功能外，还包括社会、生态和文化等功能，这些功能在价值衡量上往往比单一经济功能发挥出更大的作用，也就是所谓的农业多功能性。在乡村产业振兴中，仅仅依靠农业的经济功能是不足以支撑农业以及与之相关的二三产业发展，而农业产业融合就是要打破传统理论视角下产业分割的思维，充分发挥农业多功能性①，通过农业产业内部整合、产业链延伸和跨产业融合，释放潜在的经济价值。通过对平湖市乡村产业振兴的调研，我们发现当地农业的多功能性得到较好拓展。

地处发达地区的平湖，拥有广阔的消费市场，尤其是随着城市居民消费的升级，人们对传统田园生活方式、优美的自然景观和天然的乡土味道以及淳朴的民风民俗有了更多追求和向往。在强大的市场需求牵引下，农业农村对自身的功能和价值有了更多思考和审视，逐步开发村庄内部现存的历史文化资源，美化自然生态环境，注重对传统民俗和艺能的传承等，培育出"农业＋文化教育"、"农业＋运动健康"、"农业＋休闲养生"等诸多新兴业态，提升对来自城市居民消费需求的供给能力，逐步形成充分体现农业多功能性的产业融合发展体系。

在农业的文化功能上，平湖市充分挖掘传统农耕文化、民俗民风、非物质文化遗产等载体所提供的审美、教化、休闲功能。例如，林埭镇徐家埭村把非物质文化遗产"九彩龙"和"摇快船"作为展现村庄特色的名片，赵家桥村借助当地黄姑中学与中国运载火箭技术研究院的一段情缘打造成航天科普主题公园，泖河村同样依托"天下第一清廉"陆稼书的家风、清廉、无讼文化打造乡风文明风景线。在农业的生态功能上，平湖市各村庄借助美丽乡村建设的契机，大力推动农村环境整治，创建景区村庄。在良好的生态环境基础上发展乡村旅游，在人与自然和谐相处的过程中为消费者提供城市所无法提供的生态产品，把美丽乡村转化为美丽经济。随着农业文化、生态功能的深入拓展，带动一二三产业的深度融合，一方面产业的发展直接拉动当地旅游经济的发展，经济发展所催生的土地流转需求为村民带去收

---

① 周立，李彦岩，王彩虹，方平. 乡村振兴战略中的产业融合和六次产业发展［J］. 新疆师范大学学报（哲学社会科学版），2018，39（3）：16－24.

益，农村剩余劳动力有了更多适合的就业机会；另一方面，农村面貌改善和农业机遇增多，吸引大量外来资本投资和人才就业创业，为农业农村注入源源不断的活力，农业的经济功能和社会功能得到更大程度的释放和发挥。总体来看，在乡村产业振兴过程中，平湖市不仅注重农业的经济功能，而且重视对农村自然、生态和文化资源的统筹利用，加大生态产品和文化产品的供给，激发农业的生态性功能和文化性功能，借势完善农业的社会性功能，在满足城市居民日益丰富多样的需求同时，也推动乡村产业振兴的实现。

（四）乡村产业振兴的路径实现

"中国要强，农业必须强；中国要美，农村必须美；中国要富，农民必须富"。在实现农业强、农村美、农民富的迫切现实需求下，乡村振兴战略应运而生。而在乡村五大振兴中，产业振兴被摆在首要位置，产业兴旺直接关系生态宜居、乡风文明、治理有效、生活富裕的实现。因此，探索一条行之有效的产业振兴路径则显得尤为重要。根据对平湖市乡村产业振兴实践中六大案例的分析，本文尝试对平湖"产乡融合"这一乡村产业振兴的路径进行提炼总结，从中概括出具有普适性的规律（见图1）。

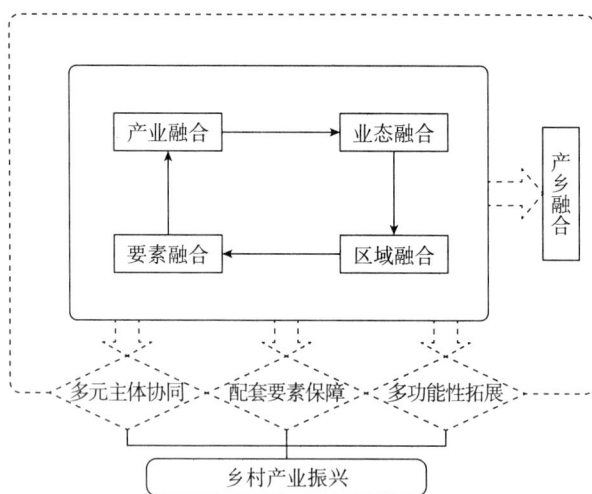

**图1 平湖市乡村产业振兴实现路径**

从字面意思上看，"产乡融合"即产业和乡村的紧密联系和结合，即依托乡村基础发展产业，通过发展产业振兴乡村。我们认为，在平湖市的"产乡融合"中主要包含四个方面的内容：一是产业融合；二是业态融合；三是要素融合；四是区域融合。在产业融合上，既有农业产业内部整合，如泖河村和赵家桥村的稻渔综合种养；也有农业产业链延长融合，如平湖农合联构建的产供销一体化机制，还有跨产业融合，如徐家埭村的农文旅融合发展。在业态融合上，依托农村资源的多样性和农业的多功能性，培育出生态旅游、文化创意、科技教育、特色餐饮和智慧农业等多种新兴业态，即"农业＋"。在要素融合上，整合土地、资本、人才、技术、环境和政策等要素，保障各类资源要素的优先投入，如广成镇农业经济开发区作为乡村振兴的示范区和试验田在要素获取和保障上具有明显优势。在区域融合上，借助长三角一体化和上海大都市圈建设的契机，积极主动与上海开展交流合作，为乡村产业振兴吸引资金、人才、技术等资源。例如，毗邻上海金山区的新埭镇，便承接大量来自上海的乡村旅游客源。

如何推动实现产业融合、业态融合、要素融合和区域融合四大融合？平湖市从主体、要素和功能三个方面入手。一是多元主体协同，明确政府、企业、村委、科研院所等主体的职责定位，在充分发挥各自优势的基础上协作配合，凝聚合力，以较小的成本获得较大的收益。二是配套性要素保障，土地指标、政府财政、人才技术等要素向乡村产业发展的倾斜，基层治理结构的不断完善健全，使各类资源要素能够高效配置和有效使用，既保障投入也保证产出。三是农业多功能性拓展，充分利用农村的自然、生态、文化资源，挖掘农业的生态、文化功能，提升农业价值链，推动产业、业态的融合，创造更多的经济价值和社会价值，最终推动乡村产业振兴的实现。

## 四、平湖乡村产业振兴中的若干问题及对策建议

### （一）乡村产业振兴中的若干问题

#### 1. 产业难以持续

由于农业的公共产品属性，政府对乡村农业产业项目前期投入大量资本，且通过行政力量的干预和引导去促进产业发展。然而，就地方乡镇政府而言，农业产业没有税收可言，低回报的农业本身投入大、周期长、见效慢，政府很难持续性投入，乡村振兴产业项目的可持续性发展成为一个难题。如何实现从"被输血"到"主动造血"的转型？决定了乡村产业是否可以真正振兴。调研中我们发现，不管是农业经济开发区的产业园项目还是赵家桥村的文旅产业项目，都面临能否可持续性问题。

#### 2. 农民收益较低

乡村产业振兴的重要标志是乡村产业发展能够实现农民持续稳定增收。但农业产业本身价值较低，市场收益较低。从调研来看，一个突出的问题是农文旅结合型的产业振兴项目可以盈利，但这些产业项目仅能帮助一部分村民解决就业问题，较少带动周边农民真正致富。在村集体经济治理型中，通界村"股份分红＋善治积分"是一种新的收入分配模式，但其仍存在一些缺陷，一方面，"积分激励"其分

红部分占比不高，2019 年通界村积分激励只有 9.36 万元，其分红占全年分红的 16.67%，但分配到每户人家只有几百元，从经济角度对各项政策的促进作用仍不显著。

3. 农民参与不足

农民作为乡村产业振兴最直接的参与者和受益者，理应在其中起到主导作用，充分发挥积极性、主动性和创造性。然而，从现实情况来看，一方面，由于农村剩余劳动力素质低下，年龄较大，对本村产业发展参与意识不够、参与能力不足，只能沦为产业发展过程中的旁观者；另一方面，对于农村大学生和外出务工人员等群体而言，从事农业无法获得理想的社会地位和经济回报，使这一部分相对具有高素质、高技能的村民参与乡村产业发展的意愿较低。在调研的农文旅综合型模式中，除个别有一定资本积累的村民能通过开设民宿、农家乐、农庄为本村产业发展发挥建设性作用，部分留守农村的老年人参与景区环境维护外，其余很少见本村村民参与乡村产业发展。

4. 人才回流较少

实现乡村产业振兴，构建"产乡融合"的乡村产业体系，必须把人力资本开发摆在首要位置，打造一支强大的乡村人才振兴队伍。然而，在广大青壮年劳动力转移到城市和非农产业后，农村现存的劳动力数量和质量往往无法满足乡村产业振兴发展的要求。在对平湖农业经济开发区的调研中，广陈镇人民政府某副镇长感慨道："现在村里年轻人都跑去城里读书、就业，农村人才都留不住了，谁来建设农村呢？农业收入低，年轻人谁也不愿意当农民。"如何吸引人才来农村投资创业就业是需要解决的问题。

（二）对策建议

乡村产业振兴绝非一朝一夕之功，各地乡村产业发展都面临着既有共性也有个性的问题，对此既要保持相当的历史耐心，从长远的角度去谋划乡村产业发展，要脚踏实地逐一解决历史遗留和现实产生的问题，通过资源整合、主体协同、要素保障等全方位去推动乡村产业兴旺。为此，本文针对在调研中发现的问题，尝试性提出对策建议，以供参考。

在产业项目难以持续这一问题上，关键在于落地的产业项目是否能够为乡村产业链完善、价值链提升发挥作用，同时从长远布局来看是否有足够潜力为乡村创造经济、社会价值。第一，政府作为乡村产业振兴的引领、服务、监督、推动者，在产业发展过程中不仅需要重视和支持乡村产业发展，还要从宏观上合理规划产业布局，通过市场化运作引导资源和要素高效配置和流动，防止政府"缺位"的同时避免过度利用行政手段干预。第二，各级区域（乡镇、村庄）之间应加强彼此的合作交流，特别是在"农文旅"融合发展中打造各具特色的乡村旅游风景线，共享资源和信息，串点成线、以线带面，实现区域联动发展。第三，明确界定乡村产业发展中各主体的职能边界，理顺体制机制，选择合适的治理结构，发挥不同主体的优势作用，为产业项目的可持续发展贡献智慧，凝聚最大合力。

在农民收益这一问题上，要想实现农民增收致富，不能仅依靠农业就业岗位，必须通过盘活农村资源，以农业为基础实现一二三产业深度融合，通过二三产业的高附加值和紧密结合的利益链条助力农民增收。对此，第一，要继续深化农村集体产权制度改革，稳定农民集体土地承包权，适度放活宅基地和农民房屋使用权，完善集体资产收益分配制度，拓宽农民的增收渠道。第二，要培养更多专业大户、家庭农场和农业龙头企业等新型农业经营主体，搭建更多农业园区、农业开发区等产业发展平台，为农民参与进乡村产业发展中创造更多机会。第三，要进一步助推农业产业链内部整合、纵向延伸和跨界融合，培育休闲观光、生态旅游、文化教育、养生养老等产业新业态新模式，拓展农业多功能性，实现产业价值倍增。

在农民参与这一问题上，一方面是因为参与意识欠缺，另一方面是参与能力不足。历史和实践证明，农民是具有伟大创造力和智慧的群体，重点在于如何激发主体意识，化被动参与为主动参与。对此，一是运用多种途径和手段加强宣传引导，对农村这样的乡土社会而言，社会规范和道德激励在其中发挥着重要作用。通过设立乡贤馆、荣誉堂、红黑榜等形式引导有一定经济实力和社会地位的村民回报桑梓。二是设立老年学校或定期举办职业培训班，为年龄较大或劳动力素质较低的村民提供技能培训和情怀培养，在提升村民人力资本的同时号召村民为乡村建设和乡村产业发展作出更大贡献。

在人才回流这一问题上，人才是乡村产业振兴的第一推动力，直接影响乡村产业发展的成败。对此，其一，各地要加强与高校科研院所的紧密合作，通过在乡村设立实践基地或"科技小院"等形式定期沟通交流，获得高校科研院所的智力和人才资源支持。其二，出台鼓励和优惠政策，在住房、土地、税收等方面给予大力支持，以吸引返乡就业创业人员和引进高层次人才，为其解决各类后顾之忧。其三，完善人才服务的激励机制，让建设家乡、回报乡村、投身农村的各类人才能够过得体面、取得相应的经济回报和社会认可，最大限度地激发人才的内在活力，在乡村产业振兴中施展才能。

作者

王中汉　黄晨怡
邱昕泽　刘昕怡
陈可轩

# 乡村振兴中的数字治理
## ——基于淮安市建设大数据管理系统的治理实践

在乡村走向共同富裕的过程中，社会治理存在着农户信息收集难、对象识别存误差、帮扶责任人动力不足、管理机制不健全和绩效考核方式不完善等诸多治理难题。自 2016 年以来，江苏省淮安市逐渐建立起以连接公众层、管理层和监督层为框架，以农户数据库、基金数据库、项目数据库和帮扶数据库为支撑，以电子客户端为载体的大数据管理系统，形成了一条利用"大数据＋互联网"逐步实现乡村振兴目标的数字治理新路。然而，后续调查发现，大数据管理系统在实际运行过程中仍存在着政企合作低效、责任落实不力、系统重复建设、用户体验不佳和群众参与不足等问题。这些问题表明，在淮安市的数字治理实践中，治理主体和治理方式的转型仍旧不充分，致使社会治理中信息不对称问题难以解决，数字治理的效能难以充分释放。基于此，本文从治理主体和治理方式转型出发，提出完善合同管理制度、强化人才队伍管理、建立一体式服务平台和建构复合型治理主体等对策建议。

## 一、引言

2021 年 4 月通过的《中华人民共和国乡村振兴促进法》把"走中国特色社会主义乡村振兴道路，促进共同富裕"列入总则，推进乡村振兴，实现农民致富成为我国现阶段实现全体人民共同富裕的重要任务之一。然而，在乡村走向共同富裕的过程中，社会治理存在着农户信息收集难、对象识别存误差、帮扶责任人动力不足、管理机制不健全和绩效考核方式不完善等诸多治理难

［作者简介］王中汉，浙江大学公共管理学院博士研究生；黄晨怡、邱昕泽、刘昕怡、陈可轩，浙江大学公共管理学院本科生。

题。从中央政府到地方政府再到基层农户，信息在生产和传递过程中产生的不对称造成社会治理中存在"评估难"和"监督难"两大难题。一方面，农户收入状况难以精准获取，生活状态难以量化评估，因此很难实现乡村振兴的精准评估和测度；另一方面，在农民致富项目立项、实施、结项过程中，各个项目往往独立运作，数据报送的时间周期长，缺乏第三方的实时监督。致富项目、帮扶干部和致富资金难以耦合，挪用资金、贪占截留、消极怠工等问题层出不穷。

面对乡村振兴中的社会治理难题，江苏省作为东部高新技术产业发展的前沿阵地，在近年来积极探索运用数字技术服务社会治理，其中具有代表性、卓有成效的是数字治理在乡村振兴、农民致富过程中的应用。调查发现，始于江苏省淮安市的大数据管理系统运用信息技术服务乡村振兴的全进程：一方面，运用大数据整合政府干部、致富对象、资金信息，从而实现了农户状态的精准识别；另一方面，通过后端系统方便快捷地提供服务，监督帮扶干部工作，通过大数据管理系统实现全方位资金核查。淮安市的大数据治理实践让江苏省探索出了一条利用"大数据＋互联网"逐步实现乡村振兴目标的数字治理新路。然而，在后续追踪调查的过程中发现，曾经发挥关键作用的大数据管理系统仍存在诸多不足。政企合作低效、缺乏后续跟进、责任落实不力、干部积极性低、系统重复建设、用户体验不佳、群众难以参与、治理主体单一等问题，使原本基于技术提升治理能力的大数据管理系统依然落于"表面数字化"的窠臼，尚未有持久长效的发展。本文在此基础上进一步提出对策建议，未来各地在探索数字治理的过程中，应完善合同管理制度、强化人才队伍管理、建立一体式服务平台和建构复合型治理主体，更好地让数字技术赋能乡村振兴和社会治理。

近年来，大数据、区块链等新兴技术的快速发展，以及"互联网＋"等国家战略和政策倾斜使数字治理成为政府治理改革、研究的重点。诸多学者对于其在解决信息不对称、提高治理资源利用效率、突破传统经验决策不足上的重要意义已有一定研究，而对其在实践中未能展现出公众所寄予的精准治理、整体治理的理想图景这一事实缺少关注与反思。值得注意的是，2020年我国宣布全面脱贫后，乡村社会治理面临巩固扶贫成果、实现共同富裕的历史新要求。然而目前有关研究多分散于贫困治理和电子政务的各自领域中，较少关注二者在实践过程中的关联和影响。本文一方面试图通过分析淮安市建设大数据管理系统的起因、经过和成效来回答其如何通过数字治理嵌入基层乡村振兴、解决传统治理难题，另一方面通过后续追踪调研进行有关数字治理在微观实践层面的"冷思考"，为解决近年来数字治理过程中出现的诸多问题提供了新视角。

## 二、淮安市建设大数据管理系统的治理实践

本文选取江苏省淮安市作为典型案例，通过文献分析法对基础信息进行了收集和整理，通过实地调查和访谈相关部门领导进一步了解淮安市建设大数据管理系统治理实践。在调研过程中了解到，自 2016 年底以来，淮安市逐步建立起以电子客户端为载体的"三层四库一端"大数据监督管理系统，经过近四年的实践尝试，走出了一条以大数据管理系统为载体，利用"大数据＋网络技术"实现共同富裕目标的技术治理新路。

（一）调研概况

1. 淮安市基本情况

江苏省位于我国东部沿海地区，自然条件优越，经济发展较好，各项经济指标都居全国前列。但江苏省面临区域经济发展不均衡，贫富差距较大的难题。苏北地区经济发展状况最为薄弱。淮安币位于江苏省中北部，是苏北中心城市，也是江苏的农业大市。2016 年，淮安市人口 564.45 万，乡村从业人员 212.50 万，农村常住居民人均可支配收入 13128 元，与苏南地区的苏州市 25580 元的农村常住居民人均可支配收入相差甚远。此外，淮安市自然资源并不丰富，乡村治理问题仍然十分严重。在"十三五"时期，淮安共识别低收入人口 42.2 万、经济薄弱村 170 个。在江苏省内，淮安市是在实现共同富裕进程中面临困难较多的市份。

"十三五"时期以来，淮安市委、市政府坚持高位推动实施脱贫致富奔小康工程：分类施策、结对帮扶，开展定制式精准帮扶；县乡联动、多元支撑，因地制宜发展特色产业；重点重抓、痛点狠抓，重点片区整体开发。在过程中，淮安市于2016 年底开始在江苏省纪委全程指导下试点开发和运行的大数据管理系统取得了最为抢眼、备受瞩目的成就。在致富需求、财力支撑和技术经验等多方耦合下，淮安市成为试点大数据管理系统建设的首个地区。这套举全市之力建设和运行的系统，将大数据技术深度应用于乡村振兴进程，通过健全制度体系、借助技术支撑、强化信息公开等手段，淮安市初步探索出一条瞄准帮扶目标、突出问题防范的社会治理新路。本文将淮安市作为实地调研的重点，以此为切入口分析数字治理实践的经验与问题。

2. 调研过程

本调查在江苏省淮安市通过观察法、访谈法和问卷法，对淮安市建设大数据管理系统的治理各主体进行访谈，并向接受扶贫的贫困户发放问卷，访谈对象为淮安市乡村振兴部门工作人员、淮安市纪委工作人员、淮安市统计部门工作人员、大数据平台开发人员、对口帮扶干部，调研计划安排如表 1 所示。

**表1 调研过程**

| 调研阶段 | 时间安排 | 调研任务 |
|---|---|---|
| 前期准备 | 2019 年 5 月 8 日 ~ 6 月 10 日 | 收集梳理文献资料和相关的各级政府政策,确定调查主题和内容、访谈对象、访谈问题等 |
| 初次调研 | 2019 年 6 月 11 日 ~ 7 月 10 日 | 联系淮安市政府工作人员,获取基本资料,了解大数据信息管理平台概况;赴当地开展实地调研 |
| 二次调研 | 2021 年 4 月 20 ~ 30 日 | 在网络平台搜索手机客户端相关信息 |
| 结果整理 | 2021 年 5 月 1 ~ 5 日 | 对调研数据和访谈资料进行整理分析 |
| | 2021 年 5 月 6 日 ~ 7 月 20 日 | 撰写分析报告 |
| | 2021 年 5 月 20 ~ 30 日 | 在老师和专家的指导下完善分析报告 |
| | 2021 年 5 月 30 日 | 提交分析报告 |

## (二)大数据管理系统

自 2016 年底以来,淮安市为了实现乡村振兴的政策目标,逐渐建立起以连接公众层、管理层和监督层为框架,以乡村振兴对象库、乡村振兴基金库、乡村振兴项目库和乡村振兴力量库为数据支撑,以电子客户端为载体的"三层四库一端"大数据管理系统。在大数据管理系统的助力下,首先,淮安市扶贫部门协同公安、住建、工商等部门全面收集农户信息,充实信息比对数据库,形成覆盖所有贫困群众的"乡村振兴大数据",有效地解决了信息收集和识别的难题;其次,利用大数据进行实时信息反馈,形成贫困户脱贫轨迹,增加帮扶人员责任意识和成就感,形成乡村振兴"助推器";再次,统一利用大数据管理系统管理扶贫资金,利用电子化公示系统形成对项目和人员的双重监督;最后,将大数据和扶贫绩效评价体系结合,量化考核扶贫人员和脱贫群众,摆脱了"假性脱贫"的困境。经过淮安市近两年的实践尝试,已经形成了一条以大数据管理系统为载体,利用"大数据+网络技术"实现乡村振兴目标的技术治理新路。

1. 统一收入界定标准

收入的界定与统计是确定重点农户的首要环节。农村居民收入的构成相当复杂,其中务工收入包括非农经营性收入和工资收入,务农收入则主要由种植业、养殖业产量决定,受气候、市场影响较大。过去多项收入尚无一个准确的填报、统计系统,更加大了收入统计的难度。为解决细节指标难以界定的问题,淮安市首次统一规范各项收入的标准和计算方式。项目组通过走访农户、访谈打工者、提取各地统计局数据等方式,结合实际生活情况,首次提出了各项收入标准和计算方式(见表2和表3)。细化收入标准为精准识别、制定帮扶政策奠定了基础,成为大数据管理系统建设过程中的重要一环。

表 2　务农收入认定标准

| 行业 | 收入标准 |
|---|---|
| 种植业 | 水稻 730 元/亩；小麦 370 元/亩；山芋 350 元/亩<br>玉米 400 元/亩；油菜 400 元/亩；花生 450 元/亩<br>大豆 300 元/亩；露天种植蔬菜 2000 元/亩<br>大棚西瓜 5000 元/亩；大棚草莓 4000 元/亩<br>大棚香瓜 2000 元/亩；大棚食用菌 3500 元/亩<br>大棚红椒 6000 元/亩 |
| 养殖业 | 生猪 300 元/头；羊 300 元/只；肉鸡 2 元/只，蛋鸡 10 元/只<br>鸭 6 元/只；鹅 40 元/只；鱼 2000 元/亩；螃蟹 2200 元/亩 |

表 3　外出务工收入认定标准　　　　　单位：元/月

| 地区 | | 规定标准 | 最低工资标准举例 |
|---|---|---|---|
| 县区内 | 本乡镇 | 1600 | 1520 ~ 1720 |
| | 县内乡外 | 1800 ~ 2000 | |
| | 打零工 | 1500 ~ 3000 | |
| 省内县外 | 苏南 | 2500 ~ 3500 | 1890 |
| | 苏中 | 2000 ~ 3000 | 1720 |
| | 苏北 | 2000 ~ 3000 | 1520 |
| 省外城市 | 京沪广深 | 3500 ~ 4500 | 1895 |
| | 其他城市 | 3000 | 1500 ~ 2010<br>1550 ~ 1910 |

### 2. 大数据整合比对机制

相较于以往线下开展致富对象识别工作，淮安的大数据管理系统按照"大数据整合"的思路建档立卡户家庭经济状况比对机制（见表4）。项目组按照帮扶对象"实名制"的要求，建立建档立卡户家庭经济状况比对中心，对接公安局、民政局、工商局等11个单位，定期比对车辆、农机、住房、财政供养人员等13类信息，随后利用大数据系统对于多种来源数据进行比对。所有帮扶干部的手机上都下载有手机客户端，可以查到所有帮扶农户的信息，包括致富对象家庭的人口、经济情况。

表 4　大数据比对单位信息

| 比对单位 | 比对信息 | 比对单位 | 比对信息 |
|---|---|---|---|
| 公安局 | 车辆 | 人社局 | 社保 |
| 民政局 | 婚姻/殡葬/社团组织 | 公积金中心 | 公积金 |
| 工商局 | 工商 | 农机局 | 农机 |
| 住建局 | 住房 | 财政局 | 财政供养人员 |
| 地税局 | 缴税 | 银行 | 存款 |
| 证券公司 | 证券 | | |

3. "1+3"资金监督管理模式

为进一步打通条块，有效串联"条条"上的资金、项目、对象和干部，沟通"块块"上的领导小组、纪委、市县区扶贫办公室、各职能部门和经济薄弱村，项目组统筹整理资金交叉关键环节，开发出"1+3"的监管模式——以一条资金链为主线，对资金在项目、村、人三方面的去向进行监管（见图1）。

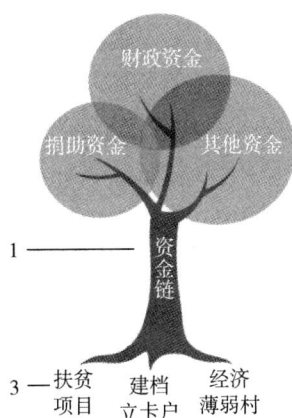

**图1 "1+3"资金监管模式**

大数据管理系统以一条资金链贯穿始终，录入了市扶贫办、农委、民政局、教育局、住建局、残联、红十字会、慈善总会等部门30余条资金线自上而下到农民致富项目、建档立卡户、经济薄弱村三个末端的全过程（见图2），监督资金流向。该系统有利于查验监督、反向印证，能自下而上监督资金拨付，确保资金的精准滴灌。

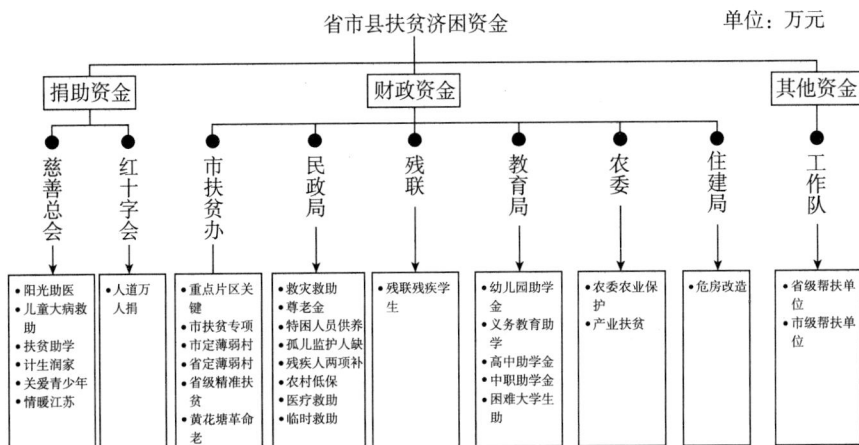

**图2 致富资金线**

4. "三层四库一端"

大数据管理系统主要由"三层"、"四库"和"一端"构成，分别实现数据的管理、整合和收集（见图3）。"三层"指系统管理的三个层级，分别是公众层、管理层和监督层，它是数据提取和呈现的平台。在整合分析数据资源的基础上，公众层公开共富工作进度、贫困户脱贫轨迹和资金使用状况，为社会公众提供完善的服务平台；管理层实时监控各层级资金、致富工作落实、脱贫进度等；监督层的审计、财政、纪检等部门对共富过程中的工作流程、资金条线进行在线预警和监督。"四库"指对象数据库、力量数据库、资金数据库和项目数据库，它是整个管理平台的基础。多项数据汇聚在此，共同为其他模块的运行提供支撑。"一端"即客户端，既是大数据管理系统的信息源，也具备检验数据的功能。网站和手机客户端能有效收集帮扶干部工作、帮扶对象生活状况及接受补贴状况、致富项目开展情况等信息，通过与其他部门的数据协同共享，充实形成完善可用的大数据系统；另外，致富对象的各项补贴数据的采集，也可与各部门公示的补贴数据对比形成直接性检验，有效防止了假致富、贪占截留现象的发生。

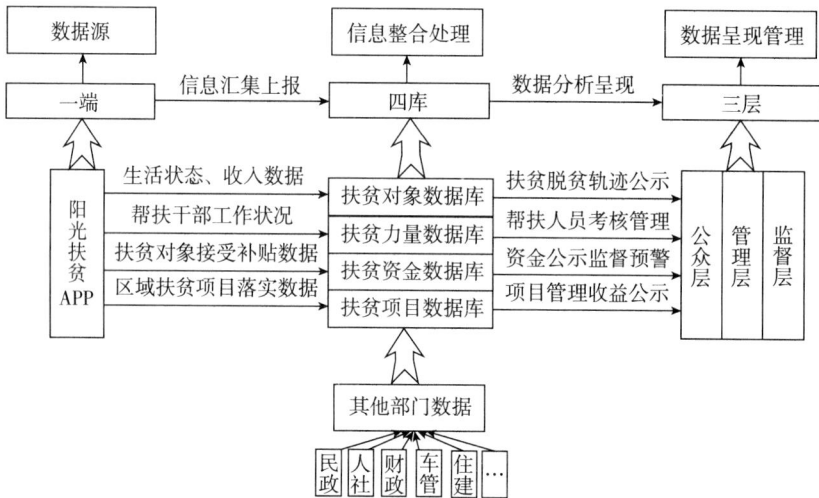

图3 "三层四库一端"系统的逻辑框架

（三）大数据管理系统治理成效

技术赋能是大数据管理系统助力乡村振兴的关键。在大数据技术应用前后，淮安市共同富裕工作状况有着明显变化。在系统建立前，淮安市共同富裕工作仅以简单的不同层级数据报送为主，多种数据无法发挥集中效能；系统建立后，政府利用项目管理机制快速汇集多部门信息，充分运用大数据分析技术辅助乡村振兴领域的决策，达到精准识别、精准管理、精准帮扶、精准考核的效用（见表5）。

表5　大数据管理系统建设前后的数据应用对比

| 应用阶段 | 系统建立前<br>（数据整理阶段） | 系统建立后<br>（数据治理阶段） |
|---|---|---|
| 治理方式 | 原始数据简单汇总，无法为决策提供依据<br>无统一数据标准的意识 | 多部门数据整合，形成多项大数据库<br>数据分析整理，辅助决策预测及效果评价 |
| 治理主体 | 无法统一数据标准<br>各部门数据孤岛<br>数据效用未发挥 | 不同种类数据采集接口一致<br>数据质量高且完善 |
| 治理客体 | 无法利用数据识别管理治理对象 | 快速自动精准识别管理服务对象 |
| 原因分析 | 不具备应用数据的意识 | 服务意识、责任意识导向 |

## 1. 帮扶对象精准识别

淮安市自2017年以来，全方位收集、整合信息，每季度开展一次低收入农户和经济薄弱村信息采集工作，逐村逐户逐项进行摸底排查，并通过手机客户端录入信息，包括经营性收入、工资性收入、财产性收入、转移性收入和其他收入5类，同时对群众致富情况进行分析，包括生活现状、身体状况、致富难点、就业需求、岗位偏好以及致富计划等，实现帮扶过程全程留痕、清晰可见，由此，形成庞大的帮扶对象生活情况数据。加之协同公安、税务、财政等11个部门全面对比13类信息，利用全面完善的数据库，结合系统智能化优势，通过高速运算，及时发现、剔除不符合条件对象，有效提升了识别工作的精准度。市县纪委组织人手逐一入户核查，共核减不符合条件的建档立卡低收入户3.9万户14.7万人，增补符合条件的2.2万户4.9万人，共处理相关责任人1568人，包括党纪政纪处分、诫勉谈话、书面检查、组织处理等（见表6）。

表6　致富对象核对

| 比对信息 | 筛查存疑问题 | 合计（人） |
|---|---|---|
| 车辆 | 重型货车304人、半挂牵引车41人、普通客车1658人、轻型货车834人、轿车188人、其他车辆4692人 | 7717 |
| 农机 | 轮式拖拉机88人、旋耕机109人、谷物联合收割机176人、水稻插秧机48人、其他21人 | 442 |
| 住房 | 交易额大于60万元的930户、30万~60万元的3034户、其他4522户 | 8486 |
| 财政供养 | 月收入大于3000元的52人、1000~3000元的22人、少于1000元的303人 | 377 |
| 纳税 | 缴纳个人所得税3360人，缴纳企业所得税法人12人 | 3372 |
| 公积金 | 月缴存额大于1000元的219人、500~1000元的514人、300~500元的2566人、300元以下的1167人 | 4466 |

| 比对信息 | 筛查存疑问题 | 合计（人） |
|---|---|---|
| 社保 | 社保缴存基数大于 5000 元的 140 人、2000～5000 元的 14360 人、1000～2000 元的 9377 人、1000 元以下的 1124 人 | 25001 |
| 殡葬 | 2015 年以前死亡人数 67 人、2016 年死亡人数 1648 人、2017 年以来死亡人数 973 人 | 2688 |
| 组织法人 | 暂无 | 151 |

#### 2. 乡村振兴精准管理

大数据管理平台在乡村振兴的运用，有助于促进农民致富工作的高效高质开展。在乡村振兴工作过程中，通过数万帮扶干部所作的信息采集，了解帮扶群众的详细生活状况，智能分析致贫因素，结合系统收集的低收入农户致富计划和岗位需求，汇集困难群众就业、致富意愿，智能分类，有针对性地组织开展工作，保证致富计划适于群众需求，制定真正便于困难群众发展的、符合群众利益的大数据致富思路。进一步加大对低收入农户的就业扶持力度，强化大数据管理系统就业推进作用，探索政府购岗扶持就业、组建农民专业合作社、开展就业培训等多种方式推动低收入农户就业，提高农户收入。

#### 3. 致富工作精细监督

大数据管理平台可以实现对致富项目和干部的双层次监管。首先，进行致富项目运营监管。利用大数据先进算法程序，进行机器学习和自动效果评价，实时进行致富项目实效测算，确保项目跟着流程走、线上线下同步走，推动项目实施进度，并展开项目运营风险和偏态预警，及时防控运营风险。其次，开展帮扶干部工作监督。通过帮扶过程中位置、图像、文字等多种信息采集，严格监管帮扶干部的工作状况。另外，帮扶表现与个人绩效实现挂钩，可激发帮扶干部工作积极性，确保致富工作有序、高质开展。还可以实现对致富资金精准监管，资金及时、足额拨付，实现致富资金效用的充分发挥。按照"各级各类、应进尽进"的原则，所有致富资金统一归集到大数据管理系统，规范和优化财政资金拨付程序，实现统计监管的全口径、全覆盖，探索建立可查询、可跟踪、可追溯、可预警、可评估的致富资金使用监管机制。

#### 4. 致富成效精准考核

大数据管理平台可以实现对致富成效的精准考核。一是将大数据管理系统建设纳入年度防返贫工作、党风廉政建设责任制和党建工作责任制考核。及时掌握系统运行、帮扶责任落实和致富进度等情况，结合工作绩效评价指标体系，通过后台大数据分析识别帮扶干部工作成效，生成年度成绩。打通各主体内在利益作用机理，将致富实效和致富成绩直接关联帮扶人员和单位发展，倒逼帮扶责任落实到位，强化乡村振兴政策落实。二是精准考核脱贫群众，按季度组织督查，坚持线上跟踪、实地核查、暗访调研相结合，按照有进有出、应扶尽扶原则，实行脱贫销号、返贫入库。对困难群众致富状况进行严格考核，合理制定致富标准和流程，严格界定各项收入、债务，了解脱贫群众的真实状况，确保实现脱贫群众的"防返贫"。

## 三、数字治理助力乡村振兴下的冷思考

有效治理涉及三个基本问题，即谁治理、如何治理、治理得怎样。换言之，治理主体、治理方式和治理效能是影响治理是否有效的三个重要因素。数字治理与传统治理的不同之处在于前者在治理主体和治理方式上发生了巨大转变。按照淮安市大数据管理系统最初的构想，治理主体应由单一的政府治理转变为政府购买数据服务、企业提供技术支撑、群众给予信息反馈的多元化治理格局，治理方式应由传统的上传下达转变为实时的信息分发，但是在淮安市的治理实践中，治理主体方面存在着各方责任落实不力、群众难以参与的问题，治理方式上存在着政企合作低效，信息系统更新慢、重复建设等问题。治理主体和治理方式的转型不充分致使精准致富中信息不对称仍未根本解决，数字治理的效能难以释放，数字治理助力精准致富仍难以达到理想的效果。

### （一）政企合作低效，缺乏后续跟进

在淮安市初显成效后，大数据管理系统在江苏各地级市推广开来。这样的推广以"淮安市相关工作者介绍成功经验＋各地建立大数据管理系统"的模式展开，但是在后续工作中，政府并未进行足够的跟进和监督，似乎正如很多基层工作者抱怨的那样——"只是为了应付领导的一时兴起"。具体来看，江苏共有 13 个地级市，常州、连云港、盐城、扬州 4 市的手机客户端只是短暂地存在于互联网的记忆中，在手机端的应用市场（如苹果系统内置的应用商店）中已毫无踪迹。我们统计了现存 9 个地级市的手机客户端的评分数据（见表 7），可以看到，在实践过程

表 7　IOS 系统应用市场相关软件基本信息

| 手机客户端区域 | 用户评分（分） | 用户评分数（人次） | 开发公司 | 更新时间 |
|---|---|---|---|---|
| 淮安 | 1.5 | 101 | 中兴（淮安）智慧产业有限公司 | 3 年前 |
| 宿迁 | 1.8 | 90 | | 7 个月前 |
| 南京 | 1.6 | 14 | | 3 年前 |
| 无锡 | 1.7 | 14 | | 1 个月前 |
| 苏州 | 2.0 | 4 | | 3 年前 |
| 镇江 | 4.0 | 2 | | 3 年前 |
| 镇江 | 无有效评分或评价 | | 北京中农信达电子商务股份有限公司 | 未显示 |

续表

| 手机客户端区域 | 用户评分（分） | 用户评分数（人次） | 开发公司 | 更新时间 |
|---|---|---|---|---|
| 徐州 | 2.7 | 34 | 成都思必达软件技术服务有限公司 | 1 年前 |
| 南通 | 1.4 | 58 | "YIZHIPING"公司 | 7 个月前 |
| 泰州 | 2.3 | 23 | 江苏皓盘软件科技有限公司 | 未显示 |

资料来源：通过苹果应用商店搜索获得。

中手机客户端的使用情况不容乐观甚至收到很多恶评。翻阅梳理这些恶评的过程中，我们发现"形式主义"和"使用体验"的评价出现频率最高。在使用体验中，主要存在"更新不及时"、"闪退"、"与苹果手机不兼容"等技术问题。而政府合作的企业都是专业的软件开发公司，有着丰富的软件开发经验，为什么技术上的问题却频频得不到解决甚至引发了"越更新越难用"的讨论？

重新审视淮安及江苏其他政府与企业合作的方式，主要以政府采购服务为主。这种采购服务的局限之处在于政府认为这种外包是"一劳永逸"的，但实际上一旦合作政府缺乏后续持续的关注和监督，这种服务往往变成"一次性"的——系统建成之日即企业功成身退之时。而评论中指出的"只是用来应付领导的一时兴起"也说明了这样的产品和服务对于群众来说往往是一时的。无论是政府，还是企业，后续都缺乏持续更新的动机。现存的 9 个手机客户端中，只有 3 个在一年内有过更新，4 个更新时间在一年以上，2 个从未有过更新。反观此前江苏政府的优秀政务手机客户端"江苏政务服务"①，一个月内有 5 次更新历史。相比之下，手机客户端的更新频率显然是偏低的，成为一种只是应付领导检查、罔顾用户体验的"僵尸手机客户端"。"登高而招，臂非加长也，而见者远；顺风而呼，声非加疾也，而闻者彰。"技术能够提升政府治理能力的前提是政府懂得如何利用技术发现并解决治理的痛点，而非滥用技术装点政绩。

（二）责任落实不力，干部积极性低

大数据管理系统要求帮扶责任人使用手机客户端全程留痕帮扶过程，督促帮扶责任落实。一方面，在实际帮扶工作开展过程中，动机偏离的情形无可避免。有客户端用户留言表示，"到家里扶贫，定位，填信息，拍照。就看着一个个走进基层玩手机！"基层工作人员不深入了解致富对象具体问题，帮扶措施仅为发放慰问金，实际解决困难的不多，甚至有些帮扶责任人在入户帮扶走访时只是机械化地签到和拍照上传，入户调查的重点环节彻底沦为蜻蜓点水般地走过场。另一方面，将

① 根据数字政府专业研究智库数旗智酷发布的《2018 中国省级移动政务服务能力调查评价报告》，江苏政务服务（手机应用＋小程序）获得了集约化建设与规范化管理的单项优秀第一名。

群众的精准识别转化为数字化的指标后，尝试以此来反映复杂的治理客体本身就暗含信息的失真与过滤，加上很多数据只用于迎合上级的技术发包与致富考核、是否真正投入进入政策修正环节很难体现，而且无法避免相关工作人员消极怠工，不及时落实信息反馈甚至为了减少后续任务量而修改数据、弄虚作假。种种责任缺位的表现使信息技术并未能有效应用于致富实践，反倒有成为致富工作中的累赘之虞。

在数字治理助力乡村振兴的实际开展过程中，技术的引入赋予基层工作人员更大的自主性，但也弱化了外部监管的强度，使帮扶队伍懒散化的可能性大大增加，如何开展帮扶的相关知识储备和工作能力长期匮乏，共同富裕观念未能随时代更新，帮扶对象最终难以得到有效的实质性帮助，其形式往往大于其内容，异化为形式主义。数字治理改革的初始动机在于借助互联网信息技术提高公共服务口碑、提升公众满意度，而大数据管理系统的建设和运营却似乎变质为披着数字化外皮的"政绩主义"。

（三）系统重复建设，用户体验不佳

自大数据管理系统从淮安推广到江苏全省后，各个地级市也就有了自己的手机客户端，截至 2021 年 5 月，南京、无锡、徐州、苏州、南通、淮安、镇江、泰州、宿迁 9 个地级市的手机客户端还可以在应用市场搜索到①，除淮安直接用"阳光扶贫"命名外，其他手机客户端都加了地名前缀，按照"××阳光扶贫"命名。如此繁复的手机客户端，不禁让许多帮扶工作人员在初次下载时犯了难，非淮安市的工作人员下完了客户端才发现这个手机客户端专门服务淮安市，必须卸载后重下。如果在入户收集信息时才发现了这个问题，就会严重影响基层工作者的工作效率。而在 9 个手机客户端中，5 个手机客户端继续和中兴（淮安）智慧产业有限公司合作，剩余 4 个则分别和不同的软件公司合作，但事实上和中兴合作的几个手机客户端内部界面和功能都大同小异，只有应用图标不同（见图 4）。类似的情形常常发生在地铁公共服务的手机客户端上，当我们习惯于使用支付宝的"××市地铁乘车码"乘坐地铁时，来到上海，发现需要下载使用"Metro 大都会"客户端；来到北京，发现需要使用"亿通行"客户端；来到苏州，发现需要使用"苏 e 行"客户端……地方政府花了更多的资金，重复建设新的手机客户端，不仅没有实现便民效果，而且导致了怨声载道，实际上造成了资源浪费。

---

① 其中镇江市在 IOS 系统上发布有两个"阳光扶贫"手机客户端，故江苏省"阳光扶贫"系列手机客户端目前尚存 10 个。

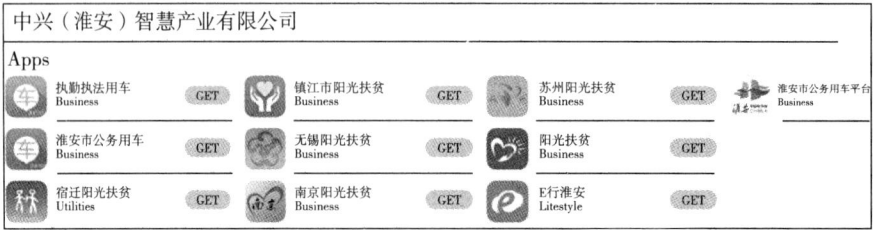

图4　中兴（淮安）智慧产业有限公司开发的系列客户端一览

### （四）群众难以参与，治理主体单一

数字治理的初衷在于整合"政府—社会—技术"的治理结构以实现"善治"目标，其重要一环为促进多元治理主体（政府、企业、社会组织和公众）协同治理，形成网络开放式的交互关系。但在现阶段的大数据管理系统运作中，非政府机构或社会公众仍然扮演着传统的服从者和管理对象角色，反馈渠道较为狭隘，各种意见很难真正投入落实，同政府之间的关系较为割裂，更遑论发挥治理作用，这使大数据管理系统并没有很好地吸纳整合多样化的治理资源，企业和社会公众缺少发挥自身力量的渠道，本应构建的多元主体协作治理机制并没预期生效，最终导致有数字而无治理。

调研发现，以淮安市的系统工程为代表的数字治理平台是否需要，需要什么及如何建设等问题基本上是政府单独决策的，来自贫困户的反馈大多未落实于实践中。"层层发包"的治理格局无法改善帮扶参与过程中的力量不均现状，实则强化了政府的主导能力，企业、社会组织和公众仍然是被动的弱势方。不可否认，数字治理确实更新了乡村治理的形式，但在我国压力型体制下，实施的是政府居于主导地位的一元化管理模式，快速达成上级任务、政治责任的过度挤压等痼疾很难通过技术和同治理的融合来瓦解。即使需要企业或社会的参与，基层政府留给它们以"协作主体"形式进行讨价还价、批评监督的空间非常有限。

## 四、提升数字治理效能的对策建议

数字治理是将数字思维嵌入政府主导的社会治理全过程中，避开了普遍的碎片化技术治理误区，促成精准化理念的高效落地。根据上文的逻辑，为了充分提升乡村振兴中社会治理的效能，有必要从治理主体和治理方式两个维度予以优化。从治理主体上看，数字治理在坚持以政府为枢纽的基础上，应拓宽企业、公众等社会力量的参与渠道，实现各参与主体高效配合，逐步构建起复合型治理主体；从治理方式上看，要牢牢把握数字治理中各组成要素的行动路径，以局部革新促成整体优化；进一步整合大数据管理系统中的各类资源，实现兼具统一化和差异化的多层次管理；完善政企合作的相关制度规范，切实提高政府的合同管理能力；进一步输入帮扶治理队伍人才，规范基层干部工作办法、提升队伍工作能力。

（一）完善合同管理制度

大数据管理系统的客户端作为典型的信息化系统，属于政府向企业购买的信息网络开发服务。周俊（2010）认为，在政府购买公共服务的过程中，作为购买方，政府往往只关注资金往来和系统交付，而对其他规范缺乏足够的重视，这实际上是政府合同管理能力缺乏的体现。系统建成后，作为提供技术支持的主要企业，中兴（淮安）智慧产业有限公司对于自己的产品和服务缺乏持续的关注和更新，APP出现的种种技术问题得不到及时解决，甚至引起了使用者的强烈不满，恰恰印证了这一点。

因此，政府要成为精明的购买者，就必须完善合同管理制度，增强自身的合同管理能力（李军鹏，2013），达成更高效、更持久的政企合作模式。对于信息网络系统的建设和维护这类长期的服务，政府应当在订立合同初期就执行目标、服务要求、服务提供方法、绩效标准、财务报告、外部评估、审计等作出一系列规定，在信息系统服务履行的相当长的一段时间内，政府要强调长效的质量管理，考虑由企业公司相关工作人员定期向政府部门汇报系统情况，并根据实际服务提供质量确定给付标准，而非在建成之后"撒手不管"、放弃跟进，依靠企业的"良心"与"自觉"更新系统。必须指出的是，政府对于购买服务的合同管理是一个长期、动态的过程，需要持续性的更新与调整，而并非仅仅局限于合同签订的时点。

（二）强化人才队伍管理

责任落实不力是由外部不完备的监管考评机制和内部综合素质偏低的工作人员队伍共同导致的。现行大数据管理系统的确能在一定程度上优化精准识别、精准管理、精准帮扶、精准考核，但治理环境存在的结构性问题仍构成威胁。既有绩效考评主体单一、主观性较强，基层工作人员内部工作积极性不高、态度较为敷衍甚至弄虚作假，无法办成实事，形式主义问题泛滥，成为数字治理的"死角"。同时，工作人员自身对共同富裕重要性的轻视、理解上的滞后和偏差，也导致数字治理所能发挥的功能大打折扣。童佩珊和施生旭（2020）指出，"互联网＋"思维无法完全替代数字治理中"人"的职能。换言之，数字治理并不能也无法将一切工作交付给算法或程序而坐享其成。因而，下一阶段大数据管理系统应进一步规范基层干部工作办法、提升队伍工作能力，完善健全一套责任对点、更为准确的考评监督机制，设定多元体系的评价反馈机制，对公众评价、专家评价、自我评价等进行综合考量，并将相关考核结果作为晋升和奖惩的重要依据，发挥"以评促建"的带动作用，搭建起权重分配合理、倒逼机制完备的立体化考评体系，其中针对各类违法违规行为应通过从严处理的方式予以约束，使改革结果能长期有效延续，从根本上扭转压力型体制下责任落实不力的基层政府运作机理，保证精准治理的方向不偏、效果不减。在强化外部监管力量的同时，政府应逐步加大本土人才培育力度，逐步构建起一支专业的数字治理小组，从理论到实践能更加熟悉系统的运营和相关工作的开展，带动基层组织形成自觉担责的良好氛围，以保障日常运营，更加深入理解数字治理的实质。

### （三）建立一体式服务平台

针对手机客户端各地重复建设却内容雷同的现象，深度整合资源应当成为下一步的发展方向，即充分整合各地级市手机客户端，搭建由省政府主导的一体化致富应用平台，达到跨地区服务，优化互联网技术的嵌入路径。首先，整合内容和功能设置，优化服务内容，取缔重叠功能，创建江苏省一站式服务平台，待系统成熟后推广至全国，建立全国一站式致富服务平台；其次，整合各地数据，提供统一接口，精准瞄准农民现实诉求和反馈意见，提炼真正需要治理的问题，根据不同的政策和项目提升定制化服务能力，提供个体差异化服务。类似的信息系统既要考虑"同"，既整合数据资源、方便统一管理，又要考虑"同"中的"不同"，即充分关照不同地区、不同贫困户的不同情况，在实现统一管理的基础上实现定制化服务的目标、满足多元化的价值诉求，这两者是辩证统一的。随着当下政府对政务手机客户端的实践越发丰富、探索不断加深，无论是功能的融合还是渠道的整合，都应该以更好服务公众为目的（薛万庆和谢明荣，2015）。

### （四）建构复合型治理主体

在探索"政府—社会—技术"的数字治理机制中，只强化部分环节力量难以达成长期效益，因而应强化机制中各参与主体的作用发挥，促进多元治理主体协同治理进而实现复合型治理主体，形成网络开放式的交互关系，才能摆脱政府亲力亲为、事事包办的尴尬场景，实现真正意义上的致富联动治理。因此，要将技术真正融入致富、带来可持续化的收益，就必须进一步厘清政府、企业、社会机构和普通公众之间的关系，以将需求信息与社会各界的致富资源、帮扶意愿进行有效对接，提高企业、公众等社会力量参与精准致富的有效性，实现社会致富资源的精准化配置。陈浩天（2020）指出，清单治理体系力主打破诸致富主体之间"各自为政"的合作困局，为跨区域和跨部门的脱贫清单的数字化共享提供流程再造方案。为了巩固大数据管理系统成效，政府应摆脱单一治理的传统思路，树立起复合型治理的价值观念，充分利用企业和社会组织资金、产业结构、农业科技、社会资源等方面的优势；同时应重视社会舆论力量，重视网站上的反馈平台带来的效能改进功效，可以考虑定期举办民主会谈，将不同社会力量聚集，拓宽各社会主体想法分享与交流的渠道，丰富其参与管理的途径选择，打造包容开放的环境，充分吸纳他们针对致富工作的意见，最终实现各参与主体的充分参与、高效配合。

参考文献

［1］黄建伟，陈玲玲．国内数字治理研究进展与未来展望［J］．理论与改革，2019（1）：86－95.

［2］俞可平．国家治理体系的内涵本质［J］．理论导报，2014（4）：15－16.

［3］周俊．政府购买公共服务的风险及其防范［J］．中国行政管理，2010（6）：13－18.

［4］李军鹏．政府购买公共服务的学理因由、典型模式与推进策略［J］．改革，2013（12）：17－29.

［5］薛万庆，谢明荣．服务型政府视角下政务 APP 的发展现状与策略思考［J］．电子政务，2015（3）：38－42.

［6］童佩珊，施生旭．中国精准扶贫建设历程：路径、模式与趋势［J］．电子政务，2020（4）：38－47.

［7］莫光辉，张玉雪．大数据背景下的精准扶贫模式创新路径——精准扶贫绩效提升机制系列研究之十［J］．理论与改革，2017（1）：119－124.

［8］陈浩天．后扶贫时代脱贫清单的数字化运作及信息共享理路［J］．中国行政管理，2020（7）：78－83.

［9］徐凤增，袭威，徐月华．乡村走向共同富裕过程中的治理机制及其作用——一项双案例研究［J］．管理世界，2021，37（12）：134－151＋196＋152.

作者

姚　瑶
李路杨
宋　晓

# 绿水青山 vs. 金山银山：桉树产业经济与环境治理困局

## ——基于福建 A 村的种植实践分析

　　如何协调环境保护与经济发展之间的关系一直是政策制定和实施过程中的重要课题。本案例展现了福建省自 2002 年以来的桉树种植政策的演变过程及其执行偏差——从作为产业经济政策鼓励桉树种植，到严重危害环境停止种植桉树，再到在经营主体的利益诉求下复种桉树，公共政策呈现频繁波动的特征。本文聚焦福建省 A 村的产业经济政策引发的环境治理困局，剖析桉树政策执行偏差的表现、原因以及经济发展与环境保护冲突下各政策参与主体的行动逻辑与做法，从政策互动的角度探讨产业经济政策与环境保护冲突下政府的行动策略以及村庄的可持续发展问题。

## 一、课题综述

### （一）课题背景

　　福建省于 2002 年推行集体林业产权制度改革，这一举措使林业经营主体的多元化成为可能，也因此形成了以家庭经营为主、流转给公司经营和联户经营等为辅的多种经营模式（陈珂等，2019）。为了进一步促进国民经济，因地制宜发展林业经济，福建省大力倡导桉树种植，并配套相关的资金、政策支持。桉树在成为福建省 GDP 的重要组成部分的同时，因对其不科学的种植方式给当地的生态环境造成了负面影响。

---

[作者简介] 姚瑶、李路杨、宋晓，中国政法大学本科毕业生。

当产业政策对环境造成负外部影响时，以牺牲"绿水青山"谋求"金山银山"的经济发展路径是否应该坚持？政府应如何权衡可持续发展的价值？福建省 A 村的桉树种植实践展现了经济发展与环境保护冲突下政府的行动逻辑，以及各利益主体间为影响桉树种植政策采取的行动策略。

（二）地域背景

案例 A 村地处福建省南部，是漳州市云霄县下河乡下辖的一个落后村。A 村隶属的漳州地处南亚热带，属亚热带季风性湿润气候，年平均温度 21℃，年降雨量 1000～1700 毫米，自然条件优越（杨民胜等，2014）。得天独厚的自然条件使漳州成为种植短周期工业林的最佳地域之一，是全国造林绿化规划纲要、国家木材战略储备规划的重要生产基地。但是由于缺乏科学的指导，A 村的桉树种植技术不成熟。种植者对于桉树人工林产量的过度追求造成了桉树人工林土壤养分入不敷出，集中表现为用水供给不足和土壤肥力下降。2011 年福建省政府意识到桉树种植对环境的负外部影响，发文限制桉树种植。但是这一政策在 A 村并未得到落实，A 村桉树种植的势头依旧不减，桉树对环境造成的破坏也以肉眼可见的速度增长。几年后，为了弥补工业林短缺，发挥政策的最大效益，福建省政府于 2017 年废止了限制桉树种植的文件，但又于 2018 年将桉树列入负面清单严格控制桉树林基地的发展，桉树种植政策呈现频繁波动的特征，产业政策与环境保护的矛盾愈演愈烈。

（三）研究意义

在理论价值层面，以政策过程理论为基础，透视福建省桉树产业扶贫政策在制定阶段面临的价值冲突、实施阶段面临的执行不畅以及专业化政策所要求的体系化管理路径，有利于提炼政府在政策各个阶段的行事逻辑，丰富对产业扶贫政策的过程化管理理论研究。在实践价值层面，基于对 A 村的调研分析，试图从多个层面寻求经济发展与环境之间的矛盾与冲突下村庄的可持续发展之道。而且，本案例也反映出当政府面临多重价值选择所带来的压力，如何实现更为优化的排列组合。在中国的政治体制下，政府作为政策制定的主体，一方面要横向进行多种政策价值之间的权衡与取舍；另一方面，在科层式的官僚体制下，下级政府也有责任纵向贯彻上级政府的政策理念与指令。本文将从政策互动的角度剖析经济发展与环境保护冲突下各政策参与主体的行动逻辑与做法，研究政策执行偏差的成因及应对策略，以探寻 A 村产业发展的可持续之路。

## 二、研究过程与研究方法

本文选取福建省 A 村为分析对象，从梳理在桉树政策三次变化中 A 村内部桉树种植情况和村庄治理改变为切入点，依时间顺序探析 A 村公共政策执行偏差的现象及其背后原因，由此寻求破解政策执行偏差困境的可能路径。本文综合采用包括访谈法、问卷法、参与观察法、文本分析法等多种研究方法，细致展开整个研究过程（见图 1）。

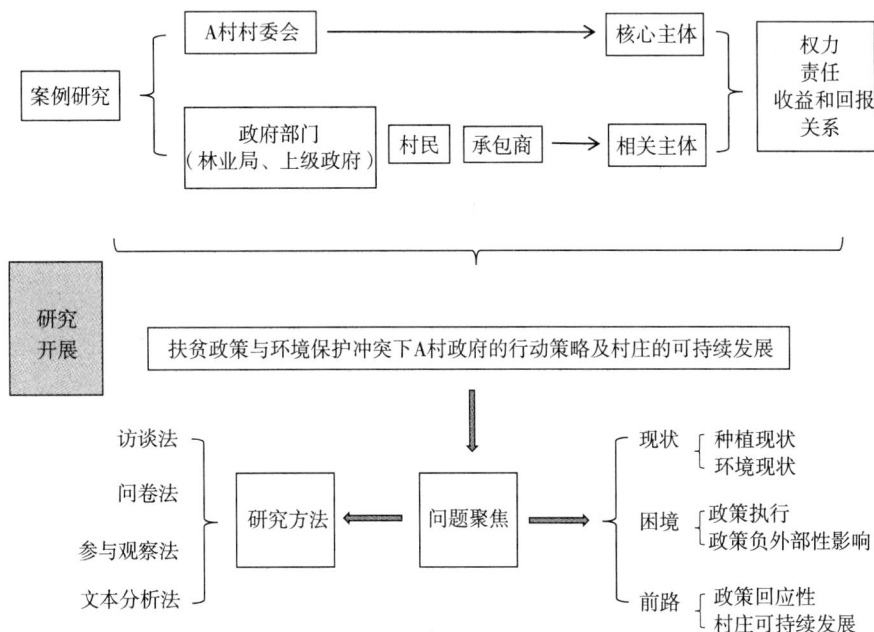

**图 1　研究过程与研究方法**

## 三、A 村的桉树产业与环境治理困局

### （一）阶段一：产业扶贫种桉树

中华人民共和国成立以来，福建省的集体林业制度经历了数次改革，取得了长足的发展。但由于以往的集体林权制度改革无法从根本上解决林地产权界定不清晰、流转不畅等问题，以致在集体林业经营中主体不明确，无法充分调动林农的积极性（康建山，2009）。2003 年 4 月，福建省出台了《关于推进集体林权制度改革的意见》，率先在全国推行以分山到户为主要特征的集体林权制度改革，使林地产权得到了进一步的明晰，非公有制经济迅速涌向林业①，由此，集体林权制度经历

---

① 根据福建省林业厅发布的《2004 年福建省林业经济形势分析》，截至 2004 年，全省非公有制造林面积已经过半，造林面积达 67.7 万亩，同比增长 39.4%，占全部造林更新总面积的比重已由上年的 47.4% 提高到 60.5%。

了由"公"到"私"的制度变革。

桉树作为速生丰产用材林，是世界著名的三大速生树种之一，种植一亩桉树在经济上相当于种植 8 亩杉木或种植 10 亩马尾松（鄢继文，2005）其较高的经济价值常常被作为植树造林的首选树种。桉树显著的经济价值促使福建省于 2002 年将桉树作为经济作物在省内大力推行，集体林权制度的改革也为民间资本进入林业创造了有利契机。2006 年及以前桉树造林面积如表 1 所示。

表 1　2006 年及以前桉树造林面积　　　　　　　　　单位：亩

| 合计 | 2000 年以前 | "十五"期间 | | | | | | 2006 年 |
| | | 合计 | 2001 年 | 2002 年 | 2003 年 | 2004 年 | 2005 年 | |
| 1741310 | 41494 | 1203216 | 25581 | 64436 | 200736 | 343942 | 568521 | 496600 |

桉树种植背后的巨大红利吸引了大批承包商在福建寻找桉树的适宜生长地。A村地处漳州，适宜的气候和降水吸引了承包商的目光。A 村的村民刚刚经历了"分山到户"的集体林权制度改革，但是他们仅拥有有限的林地进入权、排他权、管理权和索取权，非但不具有所有权，而且还受到当时当地林木采伐审批政策、林业税费政策等的约束（蔡晶晶，2011）。承包商伸出的橄榄枝让村民看到了出租林地带来的稳健的经济收益，加之果树带来的经济效益逐渐衰微，村民便纷纷与承包商签订林地承包合同，将林地出租给承包商进行桉树种植。

（二）阶段二：环境危害停桉树

随着种植桉树的经济效益的显现，村民也由出租林地转向桉树种植的队伍。但由于村民和村委会均过于强调森林对于增加经济收入的作用，忽视了对林地资源可持续发展的生态重要性的认识，桉树种植对于土地资源的破坏越发显现。一方面表现为用水供给不足。A 村位于福建省南部，这里常年雨水充沛并不应存在缺水的现象，但种植桉树不久后，A 村就开始出现缺水的情况。另一方面表现为林地的土壤肥力下降。村民发现种过桉树的土地很难再种植其他的树种，甚至连种过桉树的附近土地都出现类似情况，村民还观察到种过桉树的土地出现了沙化的表现。

不科学地桉树种植不仅是 A 村面临的问题，更是福建省普遍存在的问题。[①] 福建省政府意识到桉树对生态环境的负外部性影响，于 2011 年 6 月发布《福建省人民政府办公厅关于限制桉树人工林发展的通知》，强化引导现有适生区的桉树人工林地科学经营，并且严格控制新造桉树人工林。但是该文件仅具备行政指导性质，

---

[①] 主要问题有：在气候不适宜的闽西北和高海拔地区种植桉树，多次受冻造成经济和生态双重损失；在部分水源涵养地种植桉树，过分施肥和喷洒农药，给饮用水安全留下隐患；大面积种植尾巨桉、巨尾桉、巨桉、邓恩桉等少量几个无性系树种（品种）纯林，降低了桉树抗病、抗虫能力，也降低了林分的生态功能；一味地追求短轮伐期，采用萌芽更新方式，造成地力消耗严重。

并未赋予村委相应的具体的管理权限。并且村民在是否限制桉树种植的问题上也未形成一致的意见，由此桉树限种政策在落实环节遭遇重重阻碍。

### （三）阶段三：困境未决又复种

2016 年，基于对森林资源短缺的国情现状以及各经营主体的利益诉求的考虑，《福建省林业厅关于加强和规范"十三五"期间森林采伐管理的通知》出台，放宽了非林地林木采伐管理；2017 年，福建省政府发布《福建省人民政府关于废止一批省政府文件的决定》，正式废止了 2011 年发布的《福建省人民政府办公厅关于限制桉树人工林发展的通知》，彻底打破了对桉树种植的限制。

但是此前桉树对环境造成的负外部性影响使此次复种桉树将环境治理修缮考虑在内。政府将环境整治视为整体联动，首先，解决已经产生的环境污染问题。福建省于 2016 年发布《福建省小流域及农村水环境整治计划》，以推进饮用水水源地环境整治，改善小流域和农村水环境质量，保障全省水生态安全。在各部门的联合协作下，此次整治活动取得巨大成功。截至 2019 年 6 月，县级饮用水水源整治均已完成，饮用水的水质问题得到圆满解决。其次，除治理现存的环境问题外，做好预防工作也是此次攻坚战必不可少的环节。漳州市林业局推行的种植政策是严格规制桉树林基地的发展[①]，保护生态林发展。

这次联合治理行动基本解决了污染最严重的部分——村庄的水污染问题。但是一些隐性的、难以短期治理的环境问题，如土壤污染、生活用水短缺等依然没有得到解决。此外，科学经营的政策指导依然没有在 A 村得到落实。科学经营一直是政府用来缓解经济与环境冲突的主要措施，在对生态伤害最小的前提下保证农民的经济来源。虽然在省市层面出台了桉树种植的规范措施，但是上级并没有派专人指导林户科学种植，村委也没有对村民的种植予以技术指导，村民仍按落后的种植方式种植桉树。并且由于桉树带来的显著经济效益，越来越多的村民加入了桉树种植队伍。

面对改善效果不佳的种植情况，村民有心却无力阻拦。A 村原本就是经济贫困村，桉树的经济利益给村民额外带来可观的回报，使大部分村民都不愿意放弃。少部分不愿意种桉树的村民虽然挂心环境问题，但是并没有想到适合的措施来规范桉树种植。也有个别村民尝试向上级反映情况，但是由于村民个人影响力不足，村委又不愿介入经济纠纷且执行力弱，因此并未对此作出回应。反馈渠道不畅挫伤了村民参与意识，致使部分环境问题久而不决。A 村的桉树种植与环境保护的冲突问题究竟应该何去何从？

---

① 福建省发展和改革委员会：《福建省发展和改革委员会关于印发〈福建省第一批国家重点生态功能区县（市）产业准入负面清单（试行）〉的通知》，http：//fgw. fujian. gov. cn/xxgk/gsgg/201803/t20180316_2797359. htm.

## 四、A 村桉树政策的执行偏差

公共政策是一个问题导向的动态建构过程，其执行离不开内外影响因子的相互作用。当内外因子互具兼容性，即外部影响因子不至于限制政策执行，内部互动主体纵向目标管理顺畅、横向谈判基本达成一致，则政策执行整体顺畅；反之，不同因子的兼容失败则可能导致不同类型、不同程度的政策偏差。通过对案例 A 村的桉树产业政策执行的梳理，可以看出桉树种植政策执行过程存在以下类型的政策偏差：

（一）政策替代

在纵向的政府内部层级互动（下文称纵向互动）中，上下级政令传达不到位，市林业局以漳州市特殊的桉树种植历史为借口，做出了不同于原有政策精神实质的理解，是政策替代的体现（周国雄，2007）。在漳州市林业局看来，福建省出台的限制桉树种植的政策并非想要杜绝种植桉树，而是强调要科学、合理地种植桉树。而且考虑到桉树带来的巨大经济效益，也不能限制桉树种植。"大家看到文件中'限制'二字就曲解了政策的意思，政策传达的精神是倡导桉树的科学经营，而不是限制桉树的种植。我们承认桉树种植的确会给环境造成危害，但是任何经营树种都会对环境造成危害。如果为了生态保护而放弃桉树的经济效益，人民的生活就会受到极大的损害。"福建省林业局工作人员进一步解释，"桉树人工林实际上分为生态林和工业林两种。生态林当然要以生态方面的利益为第一位，为了社会效益可以限制桉树的种植。但是工业林是用来做工业原料，所以工业林不仅要解决工业问题，还要解决经济效益问题。如果没有很大的生产量，就没办法满足人民生活，林农致富就会受到阻碍。"由此，市林业局对政策文本理解偏差，进而产生执行错位。在限制桉树政策下发后，省政府禁止桉树扩种的指令被市林业局曲解为"可以种，但要科学种"。在该政策上传下达阶段，由于政策替代产生的执行偏差、市林业局的误解，直接造成了下级对上级政策的理解模糊，导致其难以落实。

（二）政策敷衍

在纵向互动中，由于科层体制僵化，县乡政府作为执行主体只做表面文章而不作具体的措施（向加吾，2006），由此产生政策敷衍。由于市林业局与省政府态度相左，县乡政府怠于进行政策实质目标审查，采取暧昧态度，仅对上级硬性指标进行贯彻。虽然福建省政府发布了限制桉树种植的文件，但文件仅具备行政指导性质，其中并没有规定违反的惩治措施。即使村委会发现了违反规定种植桉树的行为，他们也对此无可奈何，导致整体政策难以真正落实。其中，上级制定的环境保护政策在下达过程中越来越被象征性化（赵智川，2020），成为宣言式政策，仅突出展示对环保价值观的关怀（冉冉，2014）。虽然在省市层面出台了桉树种植的规范措施，但是上级并没有派专人指导林户科学种植，村委也没有对村民的种植予以技术指导。案例中有村民表示："以前我们怎么种桉树的，现在还是怎么种。没有人告诉我们要调整，也没有人管我们怎么种树。"而面对大范围承包商种植的桉树区域，更是没有人进行规范化管理。有村民说道，"这些承包商都是当初政策推行时熟悉政策的人，甚至有些还是干部的亲戚，他们承包时间很长，种得也比普通人家多很多，基本没有人管得到他们怎么种。既然承包商都这么种，我们当然也学着，希望周期短一点，这样我们收益也就会多点"。

### （三）政策残缺

在基层村委、村民以及承包商的横向互动中暴露出基层政策执行事权不对等、政策配套措施缺乏的问题。本案例中，村委虽处于相对的"官"位，但缺乏实权，治理权威碎片化（李珺，2020）。上级交派的任务与其手上的权力不对等，加之限制种桉树的政策并没有相关配套措施进行辅助，导致村委对于村民、承包商违背政策的行为有心无力。首先是 2002 年推行的林地产权改革将山地的使用权分给了各家各户，在"分山到户"的政策下，村"两委"没有权力干预村民的种植决策，更没有办法禁止村民种植桉树，只能说是倡导。"现在村民们虽然种的桉树不多，但是架不住每家每户都种了几百棵，更何况村民都是抱着'别人家种桉树我也种桉树'的从众心理种树的，只要村里有人种桉树，我们就不可能做到限制种植。"村支书无奈地谈道。其次是村里大片山地在 21 世纪初期被承包出去，期限长达 50 年，这让村委根本没有权限进行适宜的管理。而除村委面临的困境，关于是否限制桉树种植，村民间也没有形成一致的意见。所以无论政府支持种桉树还是限制种桉树，都会站在部分利益群体的对立面。虽然桉树种植已经给 A 村的环境造成破坏，但不可否认的是，桉树给村民带来的经济效益是存在的。

## 五、政策执行偏差原因探究

案例中，由桉树政策引发的经济与环境之间的冲突以及由此产生的政策执行产生偏差的核心原因在于两次桉树种植政策调整均未考虑到政策参与各主体的组织目标以及它们相互之间的兼容程度，导致各主体各自为政，无法为整体政策目标服务。所以，两次政策调整实际上就相当于产生为了两次目标的共振效应，但越发偏离政策初衷。本节从各主体内外互动角度构建政策执行内外互动网络框架，具体分析三阶段政策执行偏差成因。

### （一）内源性原因

桉树政策产生的经济与环境之间的冲突以及政策执行产生偏差的核心在于各参

与主体不同利益目标之间博弈激烈，存在着不同甚至具有冲突性的各动机致使政策网络未形成合力。回顾案例，两次政策调整均未考虑到政策参与各主体的组织目标以及它们相互之间的兼容程度，导致各主体各自为政，无法为整体政策目标服务。当环境问题显现，省政府立刻转变原来的经济政策目标为环境治理，而下级政府出于发展经济的政治需求的紧迫性难以割舍对桉树的种植，承包商和部分个体种植者出于经济利益考虑选择继续甚至扩大种植桉树，而部分受环境影响的村民则选择反对桉树种植。由此可见，各种目标在政策执行过程中激烈碰撞，不具兼容性的主体诉求很难在一个政策中进行满足。通过各阶段的分析，动机这一内源性因素的影响力被有力证实。

1. 阶段一：政策初次颁布实施

在鼓励桉树种植阶段，内部政策网络互动情况如表2所示。

表2　阶段一　内部政策网络互动

| 互动面向 | 互动主体 | 主体目标或诉求 | 主体行为 |
|---|---|---|---|
| 纵向互动 | 省政府 | ①提高森林资源供应量<br>②发展经济 | 推行鼓励政策 |
| | 市林业局 | 按上级目标完成任务 | 主推桉树进行种植 |
| | 县乡政府 | 按上级目标完成任务 | 具体落实桉树种植与补贴政策 |
| 横向互动 | 村委 | 落实上级任务 | ①出租集体山地<br>②帮助村民牵线出租个人山地 |
| | 村民 | 增加经济收入 | ①出租自家山地<br>②尝试种植桉树 |
| | 承包商 | 经济效益 | 大面积承包山地种植桉树 |
| 网络互动结果 | | 各主体互动和谐，内部因子兼容度高，政策执行顺畅。桉树被推广种植，一定程度上促进了当地经济发展 | |
| 政策产生问题 | | 桉树过度种植，外部因子失调，产生严重环境问题，如地下水短缺、水资源污染、泥土肥力下降等 | |

（1）纵向互动。主要依托政府内部的科层制目标管理，既有的研究呈现了地方政府的目标管理体系有大量的制度化规定，引导和控制下级组织的行动（陈家建，2016）。在本案例中，首先，省政府出于发展经济、提高省内森林资源供应量的需要，大力推行鼓励桉树种植的政策。这是由于2002年，国家林业局围绕"抓好六大工程，推进五大转变"的战略部署，推动速生丰产林基地建设。福建省紧跟中央的政策引导，在全省范围内推动以桉树为主的速丰林种植。2003年，福建省便将桉树作为经济树种在全省范围内大力推行。

政策下放后，漳州市林业局作为市一级的职能部门，主要承接省政府相关任务，同时需要兼顾本部门的职能需要。而在这一阶段，林业局的常规目标与专项目标均指向积极推行桉树种植政策。具体来看，桉树在福建省种植历史悠久，桉树种植面积尤以漳州市最大。从 1995 年开始，省速丰办与省林科院、漳州市林业局就与国有林场等单位合作，进行良种选育与遗传改良的科学研究。树种选育为桉树推广奠定了坚实的物质基础。并且桉树具有极大的经济效益，资料显示，2003 ~ 2013年，桉树为漳浦①林业产业创造达 15 亿元的社会价值（张小龙等，2015）。桉树种植能够弥补工业原料不足的问题，中国木浆的自给率仅有 10%，远远不能满足对桉木片的需求（张小龙等，2015）。并且桉树能够创造劳动岗位，满足人民生活需求。漳州市每年约有 1.5 亿元以上的资金投入桉树产业，可供 3 万个农村劳动力常年就业，为农民增收、农村发展做出重要贡献②。而县乡政府在这一阶段的常规目标与专项目标同样指向桉树推广种植，因此，根据各地的情况不同，相应的桉树种植补贴措施纷纷出台。

（2）横向互动。主要依托于村委、村民及承包商之间的谈判磋商。首先，村委在三者中处于相对有权地位，但是需要大量依靠村民与承包商的配合开展工作。落实上级政府命令是其常规工作目标，同时，A 村确实急需发展经济的良策。因为A 村长期以来以种植水果为业，但是水果的经济效益逐渐降低，村民的水果卖不出去，价格不高。但是对 A 村而言，桉树属于新兴树种，村民对桉树的接受度普遍不高。所以，村委通过补贴政策吸引外来承包商到 A 村承包桉树，从而完成上级交派的任务。一方面通过出租集体山地增加村财政收入，另一方面也帮助村民牵线出租自家山地，使村民增加收入。

对于承包商来说，福建省的桉树种植政策为私人进入速生林生产提供了有利条件，桉树背后蕴藏着巨大的经济效益，但是他们缺乏土地。A 村的气候条件非常适合桉树生长，加之 A 村对桉树种植有补贴措施，更是让承包商产生在 A 村种植桉树的欲望。而承包商通过在 A 村种植桉树获得了巨大的经济效益使村民看到桉树种植背后巨大的经济利益，他们从一开始对桉树持怀疑态度逐步加入桉树的种植中来。起初，由于 A 村长期以来以种植水果为主，村委让他们更换新的树种种植，村民看不到桉树的经济效益，所以不敢贸然行动。但是承包商需要大量土地进行桉树种植，许多外出打工的村民无暇打理山地，就将土地出租给承包商，获取额外收入。其他村民权衡后觉得出租的效益比水果种植效益更大，也会采取出租山地的行为。当桉树的经济效益显现后，村民看到桉树带来的巨大经济效益，而且相较果树而言，桉树更好管理，更多的村民便加入桉树的种植队伍中来。

2. 阶段二：第一次政策调整

在限制桉树种植阶段，内部政策网络互动情况如表 3 所示。

---

① 漳浦县为漳州市下辖的县。
② 福建省林业厅：《桉树产业在漳州迅猛发展》，http://lyt.fujian.gov.cn/zAgk/slpy/201809/t20180907_4481357.htm。

表3　阶段二　内部政策网络互动

| 互动面向 | 互动主体 | 主体目标 | 主体行为 |
|---|---|---|---|
| 纵向互动 | 省政府 | 环境保护 | ①引导现有适生区的桉树人工林地科学经营<br>②推行桉树替代树种<br>③严格控制新造桉树人工林 |
| | 市林业局 | 经济发展并兼顾环境保护 | 推行科学经营指导政策 |
| | 县乡政府 | ①发展乡村经济<br>②完成上级任务 | ①重视杨桃产业发展，忽视桉树经济林种植情况<br>②适当对桉树生态林予以管理 |
| 横向互动 | 村委 | ①维持村庄和谐<br>②增加经济收入 | 对桉树种植现状不予干涉 |
| | 村民 | 支持：增加经济收入 | 自行种植桉树 |
| | | 反对：维护家园环境 | 不参与桉树种植 |
| | 承包商 | 经济利益 | 继续种植桉树 |
| 网络互动结果 | | 内外影响因子不具兼容性，多主体互动失衡，导致政策执行偏离政策目标，政策调整不到位 | |
| 政策产生问题 | | 宏观层面：森林资源缺乏问题严重，经济发展缓慢<br>微观层面：桉树种植情况在A村并未得到缓减，环境问题仍未解决 | |

（1）纵向互动。环境问题出现后，政府决定开展政策调整，福建省政府认为，不科学的桉树种植造成环境危害已经成为福建省普遍存在的问题。原有的政策已经偏离其政策目标，对环境造成了巨大的影响。相应地，政策目标调整，福建省于2011年发布《福建省人民政府办公厅关于限制桉树人工林发展的通知》，强化引导现有适生区的桉树人工林地科学经营，推行桉树替代树种，并且严格控制新造桉树人工林。

但是市林业局接到任务后，出现了对政策目标的理解偏差，认为福建省的文件是指导桉树的科学种植，在发展经济的同时要兼顾环境问题，而不是一刀切地限制桉树种植。对于工业林而言，其不仅涉及工业原料的供给，还涉及民生的经济保障，因此不能停止。并且，不只桉树会产生问题，任何经营树种都会影响生态环境。环境问题无法避免，通过科学经营可以控制对环境的危害，从而实现经济与环境的协调发展。

面对省政府与市林业局的分歧，县乡政府采取了不作为的态度，消极执行政策。虽然桉树给当地带来了极大的经济效益，但就县乡而言，仍是以杨桃种植为主要产业。因此工作重点也相应地放在杨桃种植上，不太重视桉树。由此可以看出，政策理解和执行上的偏差贯穿整个纵向互动的过程。不同层级政府的常规目标与专项目标之间出现了冲突，对政策取向与价值的选择性衡量导致政策执行出现较大分歧。

（2）横向互动。在一线的横向互动上，村委延续的是县乡政府不作为的态度。

一方面是上级的政策态度暧昧不清，另一方面 A 村的现实状况使政策基本无法落实。首先，村委无权干预村民的种植决策。其次，虽然福建省政府发布了限制桉树种植的文件，但文件仅具备行政指导性质，其中并没有规定违反的惩治措施。即使村委会发现了违反规定种植桉树的行为，他们也没有办法惩治。再次，村民种植人数多，会产生从众现象。村民的种植面积虽然不大，但是几乎每家每户都会种植一两亩的桉树，而且多是持有"别人种我也种"的想法。如果村委做不到限制所有村民，轻者模仿种植依然会发生，重者则会被指责区别对待。村里对于是否限制种桉树的态度不一，无论政府支持种桉树还是限制种桉树，都会站在部分利益群体的对立面。最后，桉树带给村民的经济效益是客观的，如果没有其他替代措施，他们限制种桉树相当于断了村民的财路。

村民内部此时也产生了分歧。支持桉树种植的村民认为，虽然桉树种植已经给 A 村的环境造成破坏，但它的确给村民们带来了可观的经济效益。加之 A 村的村民大多外出打工，在自己空荒的两三亩山地上种些桉树，也算是一笔额外的收入。而且就连不种桉树的村民也可以通过帮助砍桉树、拔草、施肥获取酬劳。同时，环境的公共物品属性表明，个人的牺牲是没有用的，除非所有人都不种桉树保护环境，才会有明显的改善效果。而持反对意见的村民则坚持桉树给 A 村已经带来了非常严重的环境影响，如果不重视环境会继续恶化。但是，即使这些村民明确反对种植桉树，他们也没办法直接站出来反对。一是村里种桉树的人是大多数，二是村民间都沾亲带故，也不好指责他们。

对于承包商而言，他们并不住在 A 村，与 A 村牵连较少。即使 A 村的生态环境恶化也与他们无关，他们只想获得更多的经济利益。由此看第二阶段的整体横向互动，针对桉树种植与否的冲突显著产生，但是寡不敌众，对经济利益的坚守占了上风，三方的谈判磋商基本未达成一致。

这一阶段政策调整经历了激烈的横纵互动，本意是针对上一阶段的政策实施与目标的偏差促使政策目标进行调整。但是在这一阶段，外部影响因子展现出强烈的限制桉树种植的需求以及暴露出治理系统的缺位现状，但是在内部的政策互动网络中，主体的多目标导致政策执行产生了共振现象①，导致政策执行大幅偏离政策目标，政策调整不到位。结果是桉树在大部分地区的种植并未受到干扰，环境问题却有更进一步的恶化趋势，而部分限制种桉树的地区经济发展也相应地受到影响。

3. 阶段三：第二次政策调整

在桉树再种植阶段，内部政策网络互动情况如表 4 所示。

---

① 共振是指一物理系统在必须特定频率下，相比其他频率以更大的振幅做振动的情形，由于其将引起系统整体失调，所以人类在技术操作中通常试图避免共振现象。此处意指主体目标多偏离原政策目标。

表4 阶段三 内部政策网络互动

| 互动面向 | 互动主体 | 主体目标 | 主体行为 |
|---|---|---|---|
| 纵向互动 | 省政府 | ①补足森林资源短缺问题<br>②生态环境保护 | ①恢复桉树种植,但是禁止发展桉树林基地<br>②展开环境整治工作 |
| | 市林业局 | ①完成上级任务<br>②平衡经济与环境 | ①实行桉树复种政策<br>②大力推行科学经营模式 |
| | 县乡政府 | ①完成上级任务<br>②发展乡村经济 | ①配合完成环境整治工作<br>②重视杨桃产业发展 |
| 横向互动 | 村委 | ①维持村庄和谐<br>②增进经济发展 | 对桉树种植现状不予干涉 |
| | 村民 | 支持:增加经济收入 | 扩大种植桉树数量 |
| | | 反对:维护家园环境 | 不参与桉树种植 |
| | 承包商 | 经济利益 | 继续扩大种植桉树 |
| 网络互动结果 | | 目标管理失衡及磋商未果,导致政策执行偏离政策目标,政策调整仍不到位 | |
| 政策产生问题 | | 宏观层面:经济与环境无法有效兼顾<br>微观层面:桉树种植热潮复起,环境问题依旧严重 | |

（1）纵向互动。越发严重的环境问题，加之一部分地区经济发展受到的冲击，迫使省政府再次对政策进行调整。这一次，基于对森林资源短缺的国情现状以及各经营主体的利益诉求的考虑，省政府废除了限制桉树种植的政策，恢复桉树种植。但是同时考虑到桉树对环境的破坏，福建省虽然恢复桉树种植，却也将桉树列入负面清单禁止发展桉树林基地。与之并行地，省政府组织相关部门开展环境整治工作，专项治理桉树造成的环境污染。

市林业局接到任务后，积极落实桉树复种政策，同时考虑到桉树的环境危害，大力推行科学经营模式，以实现经济和环境的协调发展。而针对县乡政府的不作为，福建省要求各县于2018年7月起逐月上报饮用水整治情况，在上级政府的严格监督下，各政府积极开展整治活动。整体来看，这一阶段的纵向互动遵循着运动式治理的快速与高效，纵向加强监督，从制度层面减少政策偏离的可能。

（2）横向互动。但在横向互动上，村委依旧持不作为态度。虽然在省市层面出台了桉树种植的规范措施与监督体系，但是上级并没有派专人指导和监督林户科学种植，村委力量有限，也没有条件对村民的种植予以技术指导。而村委的无心无力直接导致村民依旧采取老方法继续种植桉树，相应地，他们的环保意识也没有得到加强。在新冠肺炎疫情影响下，大部分村民都无法继续外出打工，便选择在山上种桉树赚外快，A村的桉树反而更多了。一小部分持反对意见的村民也无计可施，因为他们拿不出经济效益更高的替代方案，也没有办法管。该政策调整对承包商的影响可以说微乎其微，基本不影响大面积种植。

可以看出，此次政策调整虽然力度大、范围广，但是并没有打通政策执行的"最后一公里"，在政策网络的横向互动上效果甚微。它仅使种桉树的人有了政策保障，反对桉树种植的人则更没有理由反对。并且，桉树的种植仍然没有科学指导，依旧延续破坏力大的种植方式，导致外部影响因子失衡，内部政策网络则出现目标管理不到位现象。双重政策目标在落实过程中由于各主体的利益选择，异化为单目标执行。整体互动上紧下松，多主体行为再次出现共振现象，导致政策执行偏离政策目标，政策调整仍不到位。而相应的结果就是对环境污染的整治片面化，水资源短缺、土壤污染都没有得到改善。村民的环保意识依然没有提高，经济利益仍旧是桉树种植的风向标。

### （二）外源性原因

结合实践案例，造成 A 村桉树政策执行困境除内源性原因外，还涉及政策环境因素和科层体制因素两个外源性原因。

#### 1. 政策环境因素

本案例中政策调整的执行过程并未充分考虑政策外部环境影响要素的主客观状况。例如，生态资源系统的资源类型、规模、平衡性，资源单位的流动性、增长与更新率，治理系统的产权系统、集体选择规则、监督与制裁过程以及资源使用者的人数、社会经济属性、对资源的依赖程度等（杨涛，2014）。这些外部影响要素在客观上制约着政策的执行，在主观上呼吁、推动着政策的进一步调整。而桉树政策的执行过程整体聚焦于内部网络互动，对外部要素的关切较少。

在鼓励桉树种植阶段，作为桉树种植主要资源系统的水资源与土地资源充足，其资源更新率基本可以支持桉树种植。在治理系统上，为了打破部门垄断林业经营的格局，福建省于 2002 年推动集体林权制度改革，分山到户，将山地的使用权归还农户，赋予他们自主经营的权利。集体林地改革为桉树的推行提供了制度上的保障，使该系统中，资源的使用者范围显著增加，普通村民、外地承包商等主体均有了进入资源系统的资格。由此可见，外部影响因子在此阶段基本有利于桉树的推广种植。

在限制桉树种植阶段，由于上一阶段 A 村产生了严重的环境问题，作为桉树种植主要资源系统的水资源出现短缺现象，土壤肥力显著下降，其资源更新率远远落后于桉树种植速率，生态系统不堪重负。在治理系统上，林地产权制度并没有进行相应的调整，政府及非政府组织整体治理体系亦无较大变化，再加上前期的鼓励种植政策使该系统中，资源的使用者范围显著增加。整体来看，外部影响因子在此阶段具有限制桉树种植的客观要求，但是无法提供限制其种植的治理要件。

在桉树恢复种植阶段，由于上一阶段 A 村桉树种植并未减少，环境问题却在进一步恶化，作为桉树种植主要资源系统的水资源短缺现象加剧，土壤肥力更为恶化，其资源更新率远远落后于桉树种植速率，生态系统更加不堪重负。在治理系统上，林地产权制度并没有进行相应的调整，政府及非政府组织整体治理体系亦无较大变化，再加上前期的鼓励种植政策使该系统中，资源的使用者范围显著增加。整体来看，外部影响因子在此阶段较之第二阶段仍具有强烈的限制桉树种植的客观要求，但是依旧无法提供限制其种植的治理要件。

2. 科层体制因素

两次政策调整皆为自上而下的政策目标贯彻，执行主体基于原有的经验和价值取向执行政策而未充分考虑基层实际问题与需求。在案例中，两次的政策调整路径主要为自上而下的贯彻落实，但是在政策过程的循环圈中，政策评估、反馈与调整是离不开上下互动的。基层在经济发展与环境保护之间的激烈矛盾与冲突并未成为省政府聚焦的关注点，导致政策落实越发恶化基层的执行现状。此外，基于固定的科层体制，信息反馈和监督渠道偏向单一化，导致在政策执行过程中缺少多方位、多层次的沟通反馈渠道。正是因为这一固定化模式，实践中很多公共治理面临的突发性、临时性问题难以得到及时纠正和解决，造成政策本意初衷和实际效果产生巨大差异。

## 六、破解政策执行偏差困境的可能路径

透析 A 村的桉树产业扶贫政策的发展路径以及由其引发的环境治理困局，可以看出政策执行偏差产生的根源在于在内外因子的影响下，政策网络未形成合力以致出现政策替代、政策敷衍以及政策残缺等现象。破解政策执行偏差的困局要从加强多元主体间的协作基础切入，并且综合考量社会生态系统内外部政策影响要素，完善公共政策执行的监督和反馈机制。基于此，本文提出以下策略建议：

（一）从内源性原因着手

构建参与主体协作基础，唤起各主体参与活力。充分协调各参与主体的利益，在政策制定与执行的全过程中把握公共政策执行的弹性。桉树种植政策不仅涉及中央与地方的利益，同时也囊括了各经济成分的利益，兼顾各类主体的利益目标，才能将政策贯彻执行。首先是政策制定阶段，应当提高制定主体的多元度以全面考虑各主体诉求，平衡各方利益。其次是在政策制定阶段，应当加强执行主体之间的沟通，增加执行主体的综合素质。

（二）从外源性原因入手

1. 综合考量社会生态系统内外部政策影响要素

公共政策执行过程中覆盖内外影响因素，各因素复合产生"1＋1＞2"的效

果。因此在执行过程应尽量全面考虑各影响因素，促进政策执行的协调性，提升对政策问题的回应度。政策行动发生在宏观环境中，回应着宏观环境中亟待解决的政策问题，而宏观环境与相应的结构变量直接或间接作用于政策执行的微观互动。对内外部政策影响要素的充分考量，有助于提高可持续发展政策与社会—政治—生态系统的兼容程度，润滑政策执行的客观限制主观阻碍。

2. 健全完善公共政策执行的监督制度与反馈制度

政府相关负责部门在政策执行过程中应发挥主导作用，同时协同其他社会力量加强监督和反馈效力。首先，严密的监督制度可以保障政策执行的规范化与法律化。社会力量在公共职务治理中有其特别优势。通过将媒体、群众等多元主体纳入监督体系，构建多元化、多层次、多渠道的监督网络，强化监督工作常态化并纳入绩效评价体系。其次，有效的反馈制度有助于纠正政策执行偏差。在政策的评估、反馈、调整与终结阶段，始终需要从问题出发，从政策客体的反应出发，去补充政策"半成品"的属性。自上而下的贯彻与自下而上的反馈，相辅相成才能够促进政策目标的最终实现。

## 参考文献

［1］杨民胜等. 开拓创新科学经营　推进桉树可持续发展——浅析福建漳州发展桉树实践［J］. 桉树科技，2014，31（3）：49-53.

［2］陈珂，刘璨，刘浩等. 农村林业投融资政策：回顾与实施——基于福建、浙江、辽宁3省的调研分析［J］. 林业经济，2019，41（1）：81-91.

［3］康建山. 福建集体林权制度改革研究［D］. 西南政法大学，2009.

［4］鄢继文. 从福建桉树造林热探讨林业的可持续发展［J］. 武夷科学，2005，21（1）：169-173.

［5］蔡晶晶. "分山到户"或"共有产权"：集体林权制度改革的社会—生态关键变量互动分析——以福建省5个案例村为例［J］. 经济社会体制比较，2011（6）：154-160.

［6］陈家建. 多维目标制度体系——地方政府运作逻辑的一个观察视角［J］. 社会发展研究，2016，3（1）：102-118+243-244.

［7］杨涛. 公共事务治理行动的影响因素——兼论埃莉诺·奥斯特罗姆社会—生态系统分析框架［J］. 南京社会科学，2014（10）：77-83+91.

［8］周国雄. 地方政府政策执行主观偏差行为的博弈分析［J］. 社会科学，2007（8）：73-79.

［9］向加吾. 当代中国公共政策执行主体的偏差行为：表现、原因及对策［J］. 四川行政学院学报，2006（1）：11-14.

［10］赵智川. 我国基层政府政策执行偏差分析与对策探究［J］. 新西部，2020（2）：87-88.

［11］冉冉．中国环境政治中的政策框架特征与执行偏差［J］．教学与研究，2014（5）：55－63.

［12］李珲．中央与地方关系视角下环境政策执行偏差及其破解［J］．东岳论丛，2020，41（4）：53－59.